L'AUTEUR

A 38 ans, Christophe JACOB est un autodidacte au parcours de vie semé d'embûches.

Thérapeute, écrivain et conférencier, il s'est servi de son expérience de formateur et de dirigeant associatif auprès de publics en grande difficulté afin de construire une démarche innovante dans l'approche de la souffrance de l'être.

Il est le créateur d'un concept nommé : Métaconscience.

Après deux graves maladies (cœur et foie), un divorce difficile et une montagne de soucis financier ; il a su trouver une réponse pourtant évidente aux maux des hommes en favorisant le décloisonnement des différents courants de pensées. C'est ainsi que l'approche Métaconsciente est née, produit de la congruence des savoirs et des expériences des individus.

Son profil atypique et authentique signe un trait de caractère fort servant ceux qui souhaitent devenir conscients du pouvoir de leurs perceptions ainsi que des schémas psychiques qu'il est possible de mettre en place afin que chaque individu retrouve son autonomie d'être.

Choisir sa liberté devient alors un acte conscient, possible et accessible à tous ceux qui ont la volonté de s'inscrire dans une démarche introspective vraie, détachée du « prêt à penser ». La réalité de chaque individu se retrouve ainsi plongée au cœur même des consciences humaines en interaction, permettant ainsi au plus grand nombre de ressentir l'essence même de notre nature :
la Métaconscience.

MÉTACONSCIENCE
« Choisir sa liberté »

Métaconscience
Tome 1

« Psycho-soma »
Une collection dirigée par Marie-France Muller

Dirigée par Marie-France Muller

Du même auteur

« La conscience qui guérit » - Éditions Quintessence, 2004
« Dialogue avec le divin qui est en nous » - Éditions Hélios, 2004

A paraître (2006) :
« Oser guérir » - Éditions Dangles
« *L'union sacrée* » - Éditions Dangles

Site et adresse de l'auteur :

- www.metaconscience.net

- metaconscience@wanadoo.fr

Christophe JACOB

MÉTACONSCIENCE
« Choisir sa liberté »

Dangles
DEPUIS 1926
EDITIONS

18, rue Lavoisier - BP 30039
450800 saint-Jean-de-Braye
www.editions-dangles.com

Remerciements

La première personne que je remercie est mon épouse Vanessa qui m'a permis, après des années d'hésitation, de me laisser écrire, de vivre ma passion en essayant de transmettre mes ressentis au lecteur. Merci pour son soutien et son amour inconditionnel.

Je remercie également mon éditeur et en particulier Marie-France Muller pour son attention authentique envers les auteurs ainsi que sa grande disponibilité.

Merci à mes patients de m'avoir permis d'expérimenter une nouvelle approche pleine de promesses si j'en crois les résultats étonnants qu'ils m'ont rapportés.

La liste serait trop longue, mais j'ai pris l'habitude de remercier ceux qui m'ont fait souffrir, car sans eux, il ne m'aurait jamais été possible d'écrire un tel ouvrage.

Merci à l'univers d'avoir fait de moi ce que je suis, merci à Méta-conscience pour ses cadeaux de la vie.

« Il y a quelque chose de pire que d'avoir une mauvaise pensée, c'est d'avoir une pensée toute faite ».

Charles PEGUY

INTRODUCTION

L'être humain a ceci de caractéristique par rapport à d'autres éléments de la nature : il dispose de cinq sens (la vue, l'ouïe, le toucher, l'odorat, le goût) qui vont lui permettre toute sa vie durant de se situer face aux différents contextes dans lesquels il évolue.

Des sens essentiels dans son évolution qui le conduisent à prendre position, à faire des choix en fonction de la perception qu'il ressent. C'est bien le parcours de notre expérience de vie qui va structurer notre mode de fonctionnement, selon nos choix et nos perceptions.

Ces cinq sens sont à l'origine de décisions ultimes et déterminent nos prises de position face à l'extérieur, un monde complexe qui semble parfois désordonné, chaotique. La liberté pour un individu de choisir ses axes de vie devient un paradoxe dans un univers de communication de plus en plus dense.

Si ce concept de Métaconscience est totalement novateur par sa forme, il n'est cependant pas nouveau dans le fond. Ce qui est révolutionnaire, c'est son originalité, celle d'oser proposer l'analyse de nos choix de libertés possibles face à la maladie, à la souffrance de l'être et la vie en général au travers de regards intérieurs authentiques avant tout, en restant cependant attentif à la recherche de la nature de notre essence mère.

Voilà pourquoi l'utilisation de différentes approches, à l'image de la complexité de l'être humain, a été une évidence afin de mener cette réflexion Métaconsciente. Il m'est en effet apparu, au cours de mes recherches personnelles, des analogies flagrantes dans des domaines de prime abord différents : la médecine, la science, la religion, la philosophie et la psychologie. Ce n'est là nullement un exercice de littérature comparée auquel j'invite le lecteur, mais plutôt un voyage au cœur de l'humanité, de notre essence, du but ultime que chacun tente de décrypter en lui, trop souvent à travers les autres, perdant de vue le potentiel merveilleux de force et de joie de vivre qui bouillonne en nous. Cette force, moteur de la guérison de maux, s'inscrit en tout et partout à la fois, quels que soient les moyens d'analyse utilisés (scientifiques, spirituels, philosophiques). Cet espace de liberté, largement ouvert à de multiples directions quant à nos choix, nos « possibles », devient la dimension intérieure intimement liée à notre libre arbitre.

Je vais m'efforcer de vous amener à réfléchir à des concepts qui ne sont pas si éloignés que cela de votre personne. Et c'est bien votre personne, votre être, que je souhaite prendre comme point de départ de cette étude. Pourquoi ce regard égocentrique en apparence ? Simplement parce que, comme l'exprime la célèbre maxime philosophique, « *Connais-toi toi-même et tu connaîtras l'Univers et les Dieux* », le reniement du moi, la méconnaissance de soi assombrissent considérablement le rideau épais devant nos yeux et ne laissent que peu de clarté à l'éveil de notre conscience. Le mot magique est lâché : conscience, prise de conscience. L'éveil brutal de nos cinq sens à la suite d'une situation précise, d'un choc, conduit parfois certains d'entre nous à cet état subi, cette fameuse prise de conscience. Pour quelques-uns, ce sera une rupture sentimentale, une maladie, pour d'autres un licenciement. Ils se retrouvent seuls, face à eux-mêmes, déstabilisés devant cet écho du moi qui n'en finit pas de résonner à leurs oreilles comme une longue plainte rauque et effrayante. Un lyrisme collant parfaitement aux situations plus ou moins liées à une solitude oppressante et bien réelle dans ces moments-là.

Car, c'est bien de cela qu'il s'agit en fin de compte quel que soit le malaise qui sommeille en nous : la peur de se retrouver seul, face à soi-même, en tête à tête avec sa souffrance engendre du désordre, de l'entropie et donne un effet loupe à la cause supposée de nos tracas. Bang ! La moindre petite chose prend une envergure phénoménale…

Et pourtant, les différents regards que l'on peut porter sur cette solitude ne paraissent pas tous sans issue. C'est aussi pour nous l'occasion formidable de faire la paix avec nous-mêmes, le moment de nous recueillir, de nous rassembler, de reconstruire le puzzle original à travers une recherche vraie, en plein accord avec les concepts auxquels nous croyons. Qu'ils soient mathématiques, religieux, médicaux ou autres, les recherches vers la connaissance, les chemins de l'information conduisent tout droit vers une libération, une force nouvelle.

Nous sommes nombreux à nous jeter à corps perdu à la recherche de bouées de sauvetage illusoires dans l'océan houleux des tentations alcools, drogues, sexe, orgie alimentaire, médicaments, sans avoir pris le temps de nous arrêter sur nous. Nos fuites deviennent la concrétisation optimale de nos successions de « non-acceptation » de situations de la vie, de leçons que nous nous gardons bien d'apprendre. Nous refusons alors le bien le plus précieux, celui de choisir, celui d'être libre, celui qui nous permet de distinguer les voies qui sont pour nous les plus à même d'identifier ce qu'est la liberté de l'être, la vraie.

Apprendre, acquérir la connaissance : une démarche semée d'embûches, de souvenirs scolaires ardus, complexes, d'échecs cuisants, de regards moqueurs, tout cela ancré au plus profond d'une mémoire qui ne souhaite qu'être renouvelée, mise à jour, libérée, loin des échos négatifs du passé.

Mais comment croire qu'il peut suffire de s'arrêter un instant, de s'observer afin que la douleur disparaisse, s'évanouisse comme par enchantement ?

C'est là que je vous demanderai - pour la première fois de votre vie peut-être - de ne pas croire ce qui est écrit dans un livre. Le croire serait, une fois de plus, un vieux réflexe du passé basé sur l'apport brut de la connaissance par le biais d'autrui. Dans le cheminement que je vous propose, ne croyez rien de ce qui est écrit : vous devrez sentir et ressentir par vous-même cet équilibre monter en vous, cette vérité qui vit en vous. Vous aurez peut-être enfin la possibilité de vous révéler à vous-même, par vous-même et découvrir votre foi, celle à laquelle vous avez donné vie, celle que vous avez créée, celle qui vous ressemble.

Ah ! La foi ! Truculent débat, alimenté par les passions des uns et la perfidie des autres ; la foi qui génère ces idées mystico-mystiques ancrées au plus profond des âges, balayée par son cortège d'agnostiques, grands religieux ou incarnations divines royales qui ont fait le lit de la séparation de la connaissance et du pouvoir. Quelle utopie de croire que quelques érudits audacieux et prétentieux avaient le privilège de distiller au goutte à goutte la connaissance essentielle à la survie de nos âmes ! La manipulation de l'information et l'isolement ont bien failli nous perdre et réussir à nous détourner de nous-mêmes. Je m'explique : de tout temps la connaissance et le savoir ont été perçus comme une vertu qui se devait d'appartenir à l'élite, qui par-là même accédait au pouvoir. Quelle élégante supercherie, habilement orchestrée, qui cantonnait bon nombre de bonnes gens à un triste sort d'ignorants n'ayant comme unique perspective de salut que la religion pour libérer les âmes, les beuveries pour oublier et les maladies comme excuses. Entre la peste et le choléra, difficile de choisir en toute conscience individuelle et objective. Le pouvoir politique oppressant laissait parfois dans le meilleur des cas la place à un pouvoir spirituel éternel et ô combien répressif.

Cette rapide analyse liée à la fois au pouvoir de l'information et à la politique est toujours d'actualité, car d'où que cela vienne, d'Orient, d'Occident, d'Asie, etc, le conscient collectif a intégré le concept de la foi comme : foi = pouvoir, foi = manipulation, foi = rigidité, tristesse, morosité ; ou l'inverse foi = illuminée, magiciens, mystiques, gourou de pacotille…

Le drame actuel est que, malgré des siècles et des siècles passés à faire et défaire les différentes théories et interprétations d'écritures saintes, peu d'Hommes ont découvert qu'ils n'étaient pas forcés d'entrer en totale adéquation avec une doctrine énoncée par untel ou untel. Seuls quelques-uns ont compris que ce que l'on osait présenter comme valeur étalon de la pensée libératrice universelle était bien difficile à digérer pour certains et menait davantage au dégoût qu'à la libération de l'être, à la libération de l'âme. Cependant, il n'est pas de meilleure façon d'accepter la foi que si l'on se la forge soi-même, si l'on sait où poser un regard en profondeur en son cœur, en sa conscience rationnelle ou pas, en ses émotions, ses ressentis. Ainsi il devient possible de dépasser l'impensable, de retrouver une foi en soi et une vie où la liberté de l'être et de l'âme est une vérité possible existant sans la caution extérieure de ceux qui savent toujours tout à votre place.

La notion de foi diverge selon l'approche scientifique, religieuse, philosophique, psychologique ou médicale. L'un qualifiera celle-ci de superconscience, l'autre d'ordre parfait intelligent, un autre encore de quintessence divine ou enfin de miracle de la vie. Cette vision de la foi à travers des mots différents converge vers un même point de mire : la connaissance. Cumul d'informations qui va augmenter notre capacité à prendre conscience, à prendre nos propres décisions, par nous-mêmes, en toute quiétude.

Une approche holistique de la science, de la religion, de la médecine, de la pensée va dans ce sens et invite tout simplement à regarder la vie de différentes façons afin que celle-ci s'ordonne dans le sens du super-mouvement organisationnel de l'univers. Les différentes perspectives sont certes soumises à des règles qui doivent nous permettre d'ajuster, de régler, afin d'obtenir la netteté de l'image, de son image, de l'image du monde. Les moyens utilisés importent peu du moment qu'ils convergent vers l'équilibre, la voie du milieu.

Chaque Homme ne dépend pas uniquement de ce qui l'entoure. Il dépend du regard qu'il veut bien porter sur lui dans un premier temps afin de se considérer dans le tout. Tout est question d'équilibre, de bon sens et de perspective. Un exercice de style simple si la motivation de départ de tout être humain reste de se fondre dans un univers où l'équilibre et l'harmonie sont synonymes de vie.

PREMIÈRE PARTIE

A QUI LA FAUTE ?

Chapitre I

C'est quoi ce cirque ?

Le sous-titre de cet ouvrage peut de prime abord paraître curieux à certaines personnes : « Choisir sa liberté ».

Dans nos pays occidentaux, nous pensons souvent que ce genre de propos n'est pas à l'ordre du jour, car nous avons la chance, paraît-il, de vivre en démocratie et par conséquent de nous endormir chaque soir dans la douillette et confortable couette de la liberté due à tout citoyen. Alors pourquoi avoir justement choisi un tel titre pour ce livre ?

Simplement parce que la notion de choix et de liberté ne se cantonne pas au monde qui nous entoure ! Il faut bien souvent employer des trésors d'ingéniosité afin de permettre au plus grand nombre l'accession à la compréhension de ce qu'est la notion de choix et de liberté. Car en fait, elle n'est pas seulement un concept extérieur à notre personne, gentiment proposé afin de pouvoir assurer notre existence en toute sécurité, première mission de toutes nations respectables.

La liberté a toujours été un fer de lance pour le commun des mortels qui se bat, se déchire, s'entretue pour une valeur qui ne demande pourtant qu'à vivre sans être arrêtée par qui ou quoi que ce soit. Je ne parle pas ici d'anarchie ou toute autre sottise inventée par le pouvoir déçu d'hommes en manque de grandeur d'esprit, je fais plutôt allusion à l'intelligence première et logique de la raison, celle qui dicte une évidence à nos actes : la conscience d'un individu possède une valeur unique, celle de penser, de créer, de s'exprimer dans le respect, la décence et l'intégrité propres à son statut d'animal doué de raison…

Je n'aime pas faire référence aux grands penseurs qui nous ont précédés, même si je leur accorde une grande reconnaissance sur le chemin de réflexions judicieuses qui ont pu être émises par certains. Cela n'est pas vraiment étonnant, car pour nous, en philosophie Métaconsciente, il n'est pas pensable de se fier uniquement aux dires de telles ou telles personnes qui supposent détenir la connaissance et le savoir absolu.

S'il m'est apparu incontournable aujourd'hui d'écrire, de coucher sur le papier mes réflexions sur la notion de souffrance, de choix et de liberté, ce n'est pas que je sois stigmatisé ou en proie aux saints sacrements de la canonisation, mais juste là, posé comme un observateur aguerri, curieux, avide de connaissances.

C'est par le biais d'expériences personnelles et professionnelles, notamment en tant que thérapeute, que s'est construite, face aux autres et grâce à leur concours, une perception de la souffrance différente à travers mon regard, ainsi que des évidences en terme de notion de choix et d'autonomie. Chaque situation, unique et complexe à la fois, m'a amené par des chemins différents à retrouver des analogies flagrantes entre la douleur, le mal ressenti en ma chair et mon âme, et les interprétations extérieures proposées, qu'elles soient scientifiques, philosophiques, religieuses ou psychologiques. C'est la pluralité de ces analogies, de ces pseudo-réponses emprisonnées dans leurs courants de pensées hermétiques qui a déchaîné en moi cette soif de connaissances, d'informations et surtout de réponses à mes douleurs.

Pourquoi n'existe-il pas un guide touristique du malade ? Où sont les guides du paumé, du citoyen de l'univers ? Existe-t-il un mode d'emploi spécifique ? Un véritable canal permettant de s'y retrouver avec sa souffrance au lieu d'être ballotté d'une science à l'autre, d'un jugement diagnostic strict à une prophylaxie hasardeuse, d'actes rituels mystiques à l'autocratie de maîtres gourous, etc. ?

La question du « pourquoi tout ça » s'imposait à moi comme une évidence ! Lorsque j'ai faim, j'ouvre mon réfrigérateur pour y trouver réponse à mes besoins ; lorsque je veux me détendre, j'allume la télévision, je prends un livre, j'écoute de la musique ; et là, alors que je me sens mal, lorsque je veux crier que je ne sais plus qui je suis, ce que je suis, que mes maux physiques et psychiques me détruisent du dedans : rien de concret.

Enfin si, des approches de solutions au travers de courants de pensées existent bien… Mais me sont-elles vraiment accessibles ?

La science ? Bof, je suis un littéraire, pas si cartésien que cela, c'est avant tout une affaire de spécialistes.

La philosophie ? Je devrais penser à m'acheter un bon dictionnaire et me mettre à lire deux mille livres au minimum…

La religion ? Avec toutes les images véhiculées par les pseudo fois, les rites, les combats de ces hommes qui parlent au nom de Dieu… très peu pour moi !

La psychologie ? C'est bien connu, ils sont tous fous ces psys. La « psycho-média-show » élève davantage les ego de ces pantins du système cognitif que de la véritable nature de l'esprit !

Bref, toujours une affaire de spécialistes. En admettant trouver des éléments de réponses un peu partout, il me restait quand même une difficulté non négligeable : le « comment je fais ? ». Oui en effet, une fois le « pourquoi », l'esprit causalité à peu près déterminé, quels moyens mettre en place pour pallier à cet effet destructeur ? À nouveau, mon regard se tournait vers les spécialistes, pauvre ignare que j'étais, suppliant intensément ceux-ci de nourrir mon appétit vorace d'informations extérieures à moi-même.

Ca y est, le mot est lâché : information, il se grave dans mon esprit et vient de m'apparaître comme la clef de voûte, le ciment précieux à la construction des réponses, non, pardon, des non-réponses.

Les différentes approches scientifiques, psychologiques, religieuses ou autres renfermaient toutes des bribes de réponses à mon « pourquoi », à mon « comment ». Le comble de l'absurde était que moi, le critique, j'allais cautionner toutes ces approches, m'étant égaré auparavant dans cet espace de « spécialistes, de professionnels ».

De là naquit le concept « METACONSCIENCE »

Qu'est-ce que cela signifie ?

Si l'on scinde en deux ce néologisme, MÉTA signifie « ce qui va au-delà, ce qui dépasse et englobe », avec l'idée de changement et de modification ; CONSCIENCE reprend l'idée de faculté de perception d'informations et de connaissances qui permettent de se situer dans l'espace et le temps.

C'est après avoir étudié au travers de la lecture de quelques ouvrages[1], expérimentée en mon corps et esprit différentes théories, confronté mes idées auprès d'autres penseurs, que la révélation d'un état de conscience permanent se modifiant continuellement et habitant corps, esprit, espace et temps, prit forme. Je me hasardai à penser cette Métaconscience telle une conscience universelle présente en tout et partout, circulant sans obstacle au sein de toute entité vivante, animée ou non. Une sorte de flux énergétique qui peut s'apparenter au *prana* indien qui, de plus, prend un sens fonctionnel intéressant. En effet, si ce flux énergétique avait un pouvoir organisationnel fort, si ce courant cosmique était la carte d'identité, les plans de l'architecture de l'univers, de la structure du monde, du mode de fonctionnement de la vie, du mode de fonctionnement de l'univers, de la nature de l'univers et de la nature de l'Homme ?

Et si ce rêve de congruence scientifique, religieux, philosophique s'inscrivait dans un concept à langage commun appelé Métaconscience ?

---

[1] Cf Bibliographie

C'est en tout cas le champ d'hypothèses non exhaustif auquel je décidai de m'attacher, traquant sans pitié le soupçon de vérité capable de révéler en moi le sens de la vie, si tant est qu'il y en eut un !

Le savoir est-il un privilège ?

Adolescent, l'âge des grands bouleversements physiques et psychiques, le monde des adultes auquel j'aspirais ne m'invitait pas franchement à endosser cette nouvelle coquille un peu rigide : le statut d'adulte. Tiraillé entre l'envie galopante d'une nouvelle liberté et le casse-tête douloureux des responsabilités naissantes, la passion et la force d'y croire l'emportèrent haut la main. Sans m'en apercevoir, j'entrais dans un monde expérimental pour lequel j'avais la plus grande sympathie : la simplicité et la provocation. En effet, n'était-il pas plus simple d'expérimenter sur le terrain plutôt que de tergiverser des heures durant sur des bancs d'école, noyé au plus profond de la masse estudiantine, loin des discours complexes et fumeux de professeurs ironiques, seuls détenteurs du savoir universel ? Cette vision réductrice et cinglante affichait cependant clairement mon dégoût pour l'éventuclle association à ce troupeau de moutons lobotomisés pour lequel l'on avait pris soin d'élever des ambitions honorables et calculées de « futurs » dirigeants de la masse. Un discours marxiste et déterministe m'engluait dans ce schéma de pensée bien plus rigide que celui que je dénonçais, je ne le compris que plus tard.

Croyant accéder plus rapidement à la vérité du « je sais faire mes choix » et du « comment je peux me libérer de mes souffrances », le chemin choisi ne fut pas celui de la simplicité, mais de l'apparente facilité ! Tel un guerrier brave et courageux, il fallait combattre coûte que coûte, gagner ces campagnes cruelles et intransigeantes contre l'envahisseur omniprésent : les spécialistes, les professionnels, ceux qui brandissent leurs diplômes comme des armes invincibles.

De nombreuses défaites entraînèrent de profondes blessures dans l'âme, dans l'esprit et enfin dans la chair. Une progression logique, silencieuse, sournoise qui gagne ses galons sur le terrain fatal de la souffrance, de la douleur, du mal être.

Nous sommes au XXIème siècle et malgré le grand âge de l'humanité, il est un état de fait sur lequel s'accordent tous les modes de pensée : la souffrance reste toujours d'actualité et semble passer à travers les âges sans qu'aucune modification destructrice ne soit venue entraver la quête qui est la sienne : exister par le mal, le désordre, le chaos.

Souffrance : le rôle de la religion…

La définition du dictionnaire est formelle et sans appel : « *douleur morale ou physique que l'on endure, qui nous est pénible* ».

À première vue, la souffrance n'engendre pas enchantement et émerveillement, si ce n'est pour une partie infinitésimale de la population mondiale, je fais allusion aux stigmatisés de tout poil, toutes religions confondues, sans oublier les fervents adeptes du sado-masochisme et j'en passe… C'est bien là l'exception extrême qui confirme la règle : douleur = bonheur.

En fait, arrêtons-nous un instant sur cette approche religieuse qui, de par sa spécificité, génère une multitude de préceptes moralistes comme la cause supposée de nos maux bien terrestres.

La source du mal se situe en amont de la genèse si l'on s'en réfère à l'Église catholique chrétienne romaine qui octroie la faute à Adam et Ève, victimes d'un reptile sournois. Quelle que soit en fait la religion évoquée, ce qui importe avant tout, c'est le rôle et la fonction qu'on lui attribue.

L'on observe dans toutes les sociétés humaines le même type de schéma : « la victimisation ». Cela fait des millénaires que l'Homme, ne sachant que faire de sa souffrance, a cherché l'échappatoire magique qui lui permettrait de se rassurer en sachant qu'après tout il n'y était pas pour grand-chose dans son malheur et qu'avant lui d'autres avaient respecté ce carcan spirituel, grand ordonnateur de « la cause » » et plus grave encore, du « comment en sortir ». Même si au départ la foi exacerbée de certains mystiques n'est nullement à remettre en doute, c'est plutôt le cadre rigide d'interprétation des hommes qui est à reconsidérer.

En effet, la lecture traditionnelle des textes saints quels qu'ils soient optait en faveur du même schéma victime-bourreau. Cette vision réductrice (surtout en Occident), castratrice pour la volonté d'introspection personnelle, va modeler le conscient collectif qui cherche un sens à sa vie, à son devenir. La volonté des individus de pouvoir s'épancher au sein d'une doctrine sécurisante et protectrice ne pouvait se réaliser qu'au travers ce tandem sadomasochiste. Ces précurseurs de la souffrance, conceptualisée de cette manière, assiégèrent de nombreuses âmes volontaires déterminées à porter le poids nécessaire, rédempteur et sanctificateur.

Une nuance venait déchirer le voile, organisant par-là même un nouveau phénomène, une sorte de « plagiat » du Christ, tel le sauveur. Que la réalité soit détournée volontairement ou non par une série de dogmes discutables, elle reste un état difficilement acceptable ; mais qu'elle s'enorgueillisse et accentue ces préceptes en endossant le rôle de sauveur, cela détourna définitivement nos chances de liberté de penser en autonomie. Le choix, la liberté de « panser » selon son propre ressenti fut annulé en un quart de seconde !

Comme une spirale qui s'alimente et croît par la puissance de ses éléments renforcés, tourbillon après tourbillon, l'apogée de l'absurde religieux fut atteint en Occident au XVIIème siècle où souffrir, se mortifier, accepter sa souffrance permettait l'accès à une autre dimension (le paradis), à l'état de béatitude absolue. Il est concevable que l'incompréhension de certains phénomènes physiques ou psychiques, comme la foudre ou la démence, chercha réponse au travers des mystiques qui développaient considérablement leurs pouvoirs sur ces ignares qu'étaient nos ancêtres.

Détenir l'information, même totalement fausse ou loufoque, n'avait aucune importance car, en fin de compte, ce qui importait c'était d'aseptiser l'autonomie de penser et de renforcer la cohésion du pouvoir par le biais de réponses extérieures à la personne. Une réelle prise en charge en quelque sorte, une réponse paternaliste calquée sur le schéma du microcosme familial parent enfant.

Un second tandem, de type analogico-social, s'immisçait discrètement au creux des consciences collectives bien pensantes : fiez-vous à notre pouvoir Divin et à nos dogmes, car la vérité est ailleurs… Du coup la souffrance, la douleur qui, c'est sûr, ne pouvaient être le fruit que d'actions extérieures, se sont vues également projeter dans le temps comme des particules élémentaires. Leur origine avait forcément un point d'ancrage au-delà de la vie présente, et pourquoi pas dans d'autres vies. Il en était fini de notre opportunité de choisir notre liberté d'être, car « être » ne pouvait s'accomplir qu'à travers le prisme pervers de dame religion.

L'Orient et l'Inde en particulier culpabilisaient leurs fidèles, non pas uniquement en les projetant, comme en Occident, vers un futur dont le salut était le seul enjeu, mais en ouvrant le champ de l'espace et du temps plus largement. Le temps allait cautionner la faute, la culpabilité, la fatalité. Ici également, il n'était plus vraiment question de choix ni de liberté de l'être…

La fatalité comme outil de culpabilisation ne resta pas une spécialité orientale car, déjà chez nous, le simulacre d'une réalité enfin libre et authentique s'édifiait de connivence avec le monde de l'éducation. Les parents, les éducateurs, adultes de surcroît, formés ou « déformés » par des siècles de pensées sans oxygène, cherchèrent l'air pur dans le cadre d'applications séculaires des idéologies religieuses en s'accrochant désespérément à ce que l'on avait bien voulu leur laisser : l'éducation.

Tel un chat qui se mord la queue, le rôle d'éducateur, dirigé en sous main par la toute puissante religion, ne laissait que peu de liberté à la pensée individualiste et rebelle : gloups !

Les grands penseurs, poètes et écrivains, tel Baudelaire qui écrivait : « *Merci mon Dieu, soyez béni, vous qui nous donnez la souffrance comme un divin remède à nos impuretés* » ; La Fontaine avant lui affirmait : *« Plutôt souffrir que mourir »*. Mais de quoi avaient-ils donc peur ? Que craignaient-ils donc, au point de s'en remettre à autrui ? Car, c'est bien de cela qu'il s'agit. L'un remercie Dieu pour ses souffrances, croyant gagner le paradis dès sa mort ; l'autre au contraire craint le châtiment suprême, l'enfer et s'empresse de vivre ici-bas au mieux avec sa douleur. Pourquoi ces Hommes, les Hommes ont-ils mis autant d'espoir à l'extérieur d'eux-mêmes ?

Il est étonnant cependant de voir que des siècles auparavant, les Grecs avaient également conceptualisé la souffrance et la maladie en identifiant, tout comme en Occident, deux causes essentielles à la souffrance, retranchées derrière une approche matérielle, organique ou spirituelle. Socrate fut certainement un précurseur dans l'édification d'une pensée nouvelle, « la psychosomatique ». Association évidente de nos jours qui, à l'époque, révolutionnait l'analyse définie comme soit déterministe organique, soit magique et spirituelle.

Un courant de pensée différent existait cependant en Chine et en Inde où une dimension intéressante venait asseoir certaines idéologies religieuses : « l'holisme ». Un courant de pensée projetant l'Homme au centre du tout dont il est composé et qui ne tolère l'analyse déterministe, séparatrice.

Pour le bouddhisme, l'esprit est le centre, le noyau autour duquel le monde empirique, illusoire tourne perpétuellement. Le détachement de la douleur physique perçue comme réelle est un mirage loin de l'essence de l'esprit du moi qui, lui, est dans un autre monde. Nous sommes loin de la réalité occidentale, matérialiste où la personne subit toujours souffrance et maladie mais où, contrairement à nous, la réponse s'inscrit au sein de la personne.

En Chine, le taoïsme trouve l'effet causalité dans la veine mystique des démons réveillés par une cause physiologique (mauvaise alimentation) ou une cause spirituelle (des péchés). Les prophylaxies proposées divergent de l'Occident en ce sens que spiritualité, alimentation et exercices se complètent parfaitement.

En Occident la prière existe, les exercices physiques sont peu présents si ce n'est par des rituels de mortifications diverses et le régime alimentaire se solde par des privations pures et simples.

En Islam, on retrouve une approche peu différente de celle du Christianisme : pour le Coran, Dieu tout puissant laisse le fidèle supporter le poids de ses péchés, l'invitant après la mort à la vie éternelle.

La maladie et la souffrance en Occident, vécues comme un fléau purement physiologique par certains scientifiques de l'époque des Lumières, constituèrent le schisme religion-science ; alors qu'en Orient, corps et esprit ne formaient qu'un seul être. Ce n'est que l'athéisme politique chinois qui tenta d'avoir raison du « poison » bouddhiste et taoïste, sans succès ! Pauvres petits hommes rouges…

En fait, il eut été tout aussi pertinent de commencer l'analyse de la souffrance de l'être par la notion de choix et de liberté, ou par le biais de la science, de la médecine ou de tout autre domaine. L'ordre en fait n'a que peu d'importance si l'on considère celle-ci selon l'approche Métaconsciente, agissant en tout et partout, dans tous les sens. Je reviendrai plus tard sur cette remarque.

Le mécanisme psychologique des comportements humains face aux rôles et à la fonction du cadre religieux induit une nouvelle dimension, celle de la conscience. Pourquoi l'intrusion de ce nouveau concept, subitement, alors que justement cette histoire de conscience, de nos âmes, était religieusement gardée, protégée ? Et c'est bien là le problème, la théologie du mal, relayée par une forte envie de pouvoir, a cloisonné l'esprit et la conscience afin que celle-ci lui appartienne et du même coup a limité la faculté d'autonomie de penser, de décision, de libre arbitre, de choix conscient individuel. La prise de conscience était sous le joug du salut, autant dire inexistante. Le phénomène n'est pas spécifique à telle ou telle religion, on le retrouve plus ouvertement au sein de nombreuses idéologies politiques malheureusement.

Que l'on s'entende bien sur un point, il n'est pas de mon ressort de faire ici le procès de la religion, mais d'essayer de comprendre quels « patterns », schémas psychologiques continus ont été créés, inscrits et renouvelés au sein de notre conscience collective et individuelle, nous empêchant ainsi d'accéder consciemment à notre liberté intérieure.

Ils m'ont dépouillé de ma souffrance, de mes réflexions…

Pour clore cette analyse religieuse, tentons de dégager ces fameux « patterns » ; ces modèles schématiques qui, comme nous allons le voir, trouvent leur place telle une pièce unique et complémentaire à la construction d'un puzzle.

Si on vous materne, que l'on vous enferme dans des règles établies et immuables, bref si l'on vous prive de liberté, vous allez vous raccrocher aux limites que l'on vous a fixées et construire une sensation désagréable, celle de la peur. Le tandem bourreau - victime est en place, le rôle du sauveur aussi. La foi que l'on vous propose n'est pas la vôtre, mais celle du prêt à l'emploi, de la prise de conscience avortée. La souffrance de l'être devient alors, avant même qu'un quelconque symptôme apparaisse, le produit subit et habilement orchestré par la main d'un Dieu répressif.

Votre douleur a été façonnée, conceptualisée à l'extérieur de vous-même et ne vous appartient même pas. Votre conscience et votre âme ne font qu'un, mises sous tutelle religieuse. On vous dépossède de votre mal pour vous l'échanger ou pire encore, le surcharger par un autre, celui du « bien-penser » spirituel et moral.

Un pan d'une nouvelle religion vient de naître :
« le prêt-à-penser ».

Chapitre II

Le « prêt-à-penser » : l'antidote du choix et de la liberté

Voici donc une bien curieuse idée qui pourtant n'est pas sans laisser qui que ce soit de marbre. En effet, la ressemblance avec la notion de prêt-à-porter, celui que l'on trouve au sein des boutiques de vêtements, rejoint gaillardement le même concept, celui de porter sur sa conscience l'habit décliné de la conscience d'autres personnes, plus évoluées, donc plus brillantes paraît-il…

Tout aussi déterminant dans l'évolution de l'Homme que la découverte de la roue, « le prêt-à-penser » a érigé ses monuments au cours des millénaires, toutes civilisations confondues. Cette activité moraliste n'était pas l'unique terrain de prédilection de la pensée religieuse et spirituelle, car elle s'étendit magnifiquement dans toute sa splendeur à une science « invasive » et curative, la médecine. Le « pourquoi » à la question de la souffrance devait bien trouver un complément de réponse auprès d'esprits stratifiés, saucissonnés, en bref cartésiens.

Et si la science, la médecine, à l'approche réductrice et analyste, détenaient la clé du savoir ?

Certains grands philosophes de l'Antiquité ne nous avaient pas attendus pour réfléchir à cette hypothèse et n'auraient certainement pas compris que l'on sépare science et religion. Cette particularité occidentale était en partie mue par de nobles sentiments pour certains, par de farfelus idéalismes pour d'autres ou tout simplement par goût du pouvoir. Cela étant, la progression technologique de ce siècle passé est somme toute révolutionnaire, mais n'échappe pas au « prêt-à-penser ».

Dieu et la science : un si joli tandem

De nos jours, il n'est pas rare d'entendre à la radio ou à la télévision des slogans publicitaires vantant les bienfaits du vaccin contre la grippe, de celui contre l'hépatite B (dit inoffensif) ; alors qu'en contrepartie, on nous annonce tranquillement qu'on arrête l'ordonnancement de ce dernier car il est vrai qu'auparavant les souches étaient trop virulentes et potentiellement dangereuses pour certains organismes humains.

De qui se moque-t-on ? Ceux-là même qui défendaient bec et ongles la prescription massive d'antibiotiques en viennent à inviter les médecins à freiner ce type de prescriptions abusives et pas si pertinentes en soi. Au sein de structures hospitalières honorables, combien d'infirmières et de médecins ont dû arracher in extremis l'autorisation d'utiliser davantage d'analgésiques (antidouleur) pour permettre l'apaisement des maux du malade ? Comme si souffrir là-aussi était une façon d'expier.

Une fois de plus un décalage notoire s'est entretenu sous le patronage du « prêt-à-penser » : « *Ne bougez pas, on s'occupe de tout, on est des spécialistes, des professionnels, c'est scientifique !* » Eh zou !

Belle analogie avec la pensée religieuse qui se considérait toute puissante, dominatrice, seule détentrice du savoir, du « nous savons pourquoi vous souffrez » - le diagnostic selon les symptômes - et du « comment on fait pour s'en sortir ». Des prophylaxies de type rationnel et scientifique qui en fait étaient la résultante d'un empirisme sous-marin, d'expériences grandeur nature sur les animaux doués de non-raison que nous sommes parfois.

Qui d'entre nous n'a pas eu un jour le sentiment d'être un cobaye ? En fait, cela ne serait peut-être pas si dérangeant si quelque part une bribe d'honnêteté auréolait ces têtes bien pensantes qui ne peuvent, sous prétexte que la science a toujours réponse à tout, admettre que la médecine ne doit pas seulement s'assimiler à l'enchevêtrement de modules fonctionnels et organiques.

Il est pourtant effarant de constater qu'au sein même des professions de santé, le professeur Trucmuche défend la ligue contre la vaccination et que le professeur Dupont, lui, professe dans ses cours de virologie d'école en soins infirmiers que les personnes s'opposant à la vaccination sont des hurluberlus faisant partie de sectes (j'ai assisté moi-même à ce cours durant mon bref séjour de neuf mois dans cette formation en soins infirmiers). Quelle honte pour la médecine de prendre en otage de jeunes cerveaux bien moulés en leur inculquant du « prêt-à-penser » avec tant d'ouverture d'esprit !

Où se trouve la niche d'espoir pour la souffrance ballottée d'études en contre études, de statistiques en diagrammes, de diagnostics en contre-diagnostics ? Où peut-on respirer l'air de la liberté de choisir en toute quiétude son devenir médical ?

Et si nos maux n'étaient pas, en fin de compte, « lamellisables » et observables sous microscope ? Si l'inconnue, la donnée manquante n'était pas paramétrable, quantifiable en mesure étalon ?

Cela pourrait ressembler alors à un aveu peu gratifiant ; le spectre de la peur, cette maladie sans consistance matérielle, s'insinuerait insidieusement comme elle le fit auparavant, s'emparant de l'esprit d'Hommes de foi qui n'eurent comme seule alternative, eux aussi, que le bluff expérimental, la tromperie, la création placebo d'un cadre supposé rassurant.

Une fois de plus le schéma fonctionnel de la souffrance souffre d'une inflation cognitive appelée prétention.

La peur, cette fragile et fuyante idée de la réalité, allait nourrir l'ambition du célèbre tandem bourreau/victime. Le coupable venait de l'extérieur, l'agresseur identifié accusait des dimensions certes infinitésimales, mais exponentielles en puissance destructrice.

Qu'en était-il de cette notion de conscience qui, débarrassée de son emprise mystico-répressive, avait affronté sans broncher une dissection anatomique supposée libératrice, alors qu'en fait elle venait de s'acoquiner avec une nouvelle égérie : la preuve absolue.

Quand la preuve pointe son nez…

Alors que la science venait tout juste d'enfourcher son nouveau cheval de bataille, la religion, elle, plus spirituelle, avait pris soin d'exprimer l'argument proscrit depuis des millénaires : la preuve.

La preuve ontologique de l'existence de Dieu se résumait en ces termes : « Dieu est parfait, donc il existe ! », la souffrance qui en découle n'a pas à s'expliquer, elle se vit, on fait avec et c'est tout !

C'était là sans compter sur ces esprits rationnels et calculateurs qui tentèrent de mettre en équation nos maux.

Alors que la religion transfusait ses responsabilités sur l'entité divine tout en invitant le condamné… (oh pardon, le fidèle) à se triturer les méninges, la science, la médecine, les mathématiciens et physiciens brandissaient glorieusement leurs savants calculs qui, il est vrai, démontraient a priori une certaine efficacité. On se rendit en effet bien vite compte qu'un bon médecin accomplissait davantage de miracles que l'Église elle-même. L'aventure vers un nouvel eldorado de l'antidouleur, plus concret, plus simple et surtout plus proche de la réalité, allait capter l'attention du pénitent en souffrance.

Jusqu'au jour où, enfin arrivés aux frontières ultimes de la matière, les scientifiques, médusés, découvrirent de curieux aspects dans leurs études. Il est vrai que les sciences s'étaient humanisées puisque certaines d'entre elles s'appelaient « sciences humaines » et que certains scalpels de la chair avaient muté en scalpels de l'âme sous le contrôle magistralement orchestré par les psys.

Décidément, maladie et souffrance s'épanchaient au travers de bien des domaines, sous bien des formes, dans bien des lieux. Un nouveau regard devait être posé, l'on ne pouvait reculer, l'évidence était là : la matière est intelligente !

Et si au cœur de la matière se trouvait la réponse à nos maux ?
Est-il possible qu'une organisation interne à notre matière soit une forme d'intelligence magistralement orchestrée ?
De la Métaconscience qui sait ?...

Il eut été impensable aujourd'hui, après des siècles et des siècles de tergiversations et de démonstrations hyperboliques, que personne en fin de compte n'aboutisse à l'évidence même liée à l'essence de la vic : **la matière est intelligente.**

Il fallut tout de même attendre le début de ce siècle pour qu'enfin naisse dans l'esprit des physiciens, mathématiciens et scientifiques une lueur de génie qui s'enflamma progressivement.

L'ascétisme religieux allait sombrer devant un spectre d'étude nouveau : la théorie quantique. Je demande d'ores et déjà pardon aux physiciens quantiques qui me l'accorderont pour ma simplification extrême[2] , mais c'est dans le souci de rendre plus populaire cette découverte fascinante.

En disséquant l'atome en particules subatomiques, l'on se rendit compte qu'une particule pensée solide au départ pouvait suivre des cycles de transformation selon le temps et l'espace (Einstein et sa relativité) et que de plus elle pouvait être soit une onde, soit de l'énergie.

---

[2] Cf Bibliographie

Après nous avoir démontré qu'un atome était composé de 99,9 % de vide et que nous étions composés d'atomes... (déduisez la suite), on nous démontra que le monde qui nous entoure n'était qu'un champ d'ondes.

En clair, une double réalité existait sans que l'on ne se soit rendu compte de rien.

Plus fort encore, on prouva que tout ce qui nous entoure n'était qu'ondes, qu'informations qui ne prenaient l'aspect de forme ou de couleur que par l'acte d'observation de l'observateur, donc de sa conscience.

Pour résumer sommairement, nous sommes faits de vide, composés de particules qui sont soit des ondes, soit de l'énergie et tout cela n'existe que par l'acte d'observation de l'observateur. La réalité matérielle que nous voyons n'est qu'une illusion d'optique, un bel hologramme.

Eh oui ! Tiens ! L'hologramme est bien le meilleur exemple : en projetant un faisceau laser au travers d'un morceau du tableau d'un peintre, le tableau entier apparaît en trois dimensions avec la parfaite illusion de la réalité ! Transcendante, cette histoire et bien réelle. Enfin avait-on mis le doigt sur la carte aux trésors qu'Einstein, De Broglie, Böhm, Planck, Prigogyne, Sheldrake, (liste non exhaustive) se sont appliqués à décoder. C'est bien là le terme adéquat, car c'est bien d'informations dont il s'agit.

L'information d'une onde, sa longueur va vous permettre de voir rouge alors qu'en fait le rouge n'existe pas : c'est une onde !

Le rapport évident avec une nouvelle conception, un nouveau regard sur la souffrance va devenir une certitude.

Informations : épicentre des maux

L'information telle que l'on peut la concevoir se présente sous l'aspect de signaux, d'éléments ou de systèmes qui sont transmis d'un émetteur vers un récepteur. Si l'on assimile le monde qui nous entoure à la diffusion de l'information (donc extérieur), le récepteur - vous ou moi - traduit cette information (à l'intérieur).

Mais si l'on introduit la dimension expliquée ci-avant, cela donne ceci :
MOI, être humain composé de vide, d'ondes et d'énergie, ne suis qu'une illusion immatérielle qui, tout comme mon cerveau, traduit de l'information qui n'existe que virtuellement !

Le coup est rude et pour le néophyte, cela invite à une seconde lecture. L'on peut enfoncer le clou en disant que lorsque je souffre, ma souffrance n'est peut-être qu'illusion, simplement virtuelle, et qu'elle dépend de la traduction que j'en ai faite.

Ordre et désordre : la spirale infernale

Il est une fois de plus une évidence qui ne supporte aucune remise en question : le monde évolue, bouge, se transforme. Lavoisier, célèbre scientifique chimiste du XVIIIème siècle, l'avait compris sans utiliser de grands moyens puisqu'il déclara : « rien ne se perd, rien ne se crée, tout se transforme ». Cela peut se résumer de la façon suivante : nous vivons dans un monde d'informations en perpétuel mouvement où notre conscience a les capacités de traiter l'information positive ou négative selon la perception de celle-ci.

Karl Pribram, neurochirurgien au départ, spécialiste du cerveau et de l'holographie, pense que notre univers n'est qu'une projection holographique d'un univers fondamental où le temps et l'espace sont différents, dans une autre dimension.

Cette théorie est identique à celle de David Böhm avec son univers « implié » et déplié. Pourquoi s'arrêter avec autant d'intérêt sur ces découvertes scientifiques qui n'ont pas, a priori, de rapport direct avec notre souffrance, le « pourquoi », le « comment » ? Détrompez-vous, la potion d'Astérix n'a rien à envier à cette théorie.

Chapitre III

La théorie quantique : unification des vérités cachées

Pour celles et ceux qui ne connaissent strictement rien à la physique subatomique, je me dois de vous rassurer : ce chapitre n'est pas un cours de physique quantique, tout au plus une mise en bouche de ce qu'est la réalité démontrée et avalisée par la science moderne au travers d'un langage plus vulgarisé.

Je ne suis pas un « spécialiste » en physique et encore moins mathématicien, seulement curieux d'avoir pu constater des similitudes étonnamment troublantes avec les réponses qu'apporte la religion lorsqu'on parle de la notion de choix et de liberté d'un individu. Nos décisions, nos perceptions liées à notre vie, notre réalité, notre souffrance au quotidien prennent une toute autre allure sous les feux de la rampe scientifique qui, quoi qu'elle en dise, cautionne par ses récentes découvertes l'existence d'un système organisationnel intelligent et sensé, créateur et création à la fois : bienvenue dans le monde de la théorie quantique.

La théorie quantique fait figure de révélation inattendue dans les courants de pensées que nous avons explorés, poursuivant notre quête salutaire sur le chemin de l'éradication de la souffrance au profit des choix et libertés individuelles et conscientes. Heureusement, bien d'autres avant moi se sont essayés à cet exercice périlleux : trouver la constante qui peut organiser ces divers processus de schémas de pensées religieuses, scientifiques, philosophiques ou autres.

Sans le savoir, lors de l'étude de la physique quantique, j'allais trouver l'outil magique qui allait me permettre d'élaborer les prémices de Métaconscience.

En effet bien plus qu'un simple outil, un coup de projecteur éblouissant mit en lumière les analogies flagrantes entre les différents courants de pensées. Ces intégristes de la pensée, du « prêt-à-penser » quels qu'ils soient, venaient de trouver le chemin de la paix ou du moins l'itinéraire conseillé par « Bison Futé ». Le véhicule, lui, qui est la motivation et la volonté de confondre les ambitions les plus nobles au service de la souffrance des Hommes, manque, me semble-t-il, d'un peu d'énergie.

L'équation de la foi...

Comme nous l'avons vu précédemment, la finalité intrinsèque de la religion était de cristalliser toute ambition et volonté potentielles du fidèle en le détournant vers des dogmes hermétiques. Ce processus conservateur émanant de la question du « pourquoi on souffre » et surtout du « comment on s'en sort » face à cette souffrance, n'était en fin de compte pas si compliqué, pour peu qu'il faille se donner la peine de lire entre les lignes.

Bourrée de contradictions réductionnistes et fantaisistes, l'interprétation des textes sacrés, Sutras, Talmud, Coran, Bible, etc., renvoyait l'Homme en quête de foi, d'une foi (composée elle-même d'une multitude de regards et traductions extérieures différentes) à trouver l'interprétation qui correspondait le plus à son caractère, ses principes, ses aspirations, et surtout à sa soif de pouvoir. Là où, nous l'avons vu, le bat blesse, c'est que peu de religions poussaient l'Homme à « l'autonomie de foi » déchirée entre un Dieu parfait grand ordonnateur et un Homme impur voué à l'expiation. Pourtant une simple mise en équation, primaire, est très révélatrice :

« Dieu est parfait ; très bien. Or l'Homme, qui ne l'est pas, lui, a pourtant créé les religions ! ». Logiquement, la religion étant le produit de l'Homme ne peut être parfaite, qu'un pâle reflet de Dieu, qu'un regard flou, que le nectar d'un filtre divin. Aïe ! Ça fait mal !

Par conséquent, la souffrance décrite dans cette hypothèse est à reconsidérer sérieusement surtout, et c'est là que la théorie quantique entre en jeu, si l'on s'amuse à déchiffrer les messages cachés dans les saintes écritures.

Si l'on crée ce nouveau langage universel où les mots ne sont plus des concepts hermétiques et endogènes, mais au contraire s'assimilent à de l'information présente en tout et partout, au-delà du temps et de l'espace, les notions fondamentales de responsabilité, de cause et d'effet s'effondrent.

Afin d'appuyer ma démonstration, je vais à présent commenter quelques approches et concepts religieux revisités par la théorie quantique. L'objectif premier, ne le perdons pas de vue, étant de trouver des réponses à nos maux terrestres ou perçus comme tels. Nos possibilités de choisir ainsi en toute liberté notre volonté d'observer nos maux vont enfin pouvoir se modifier !

Dans la religion chrétienne, certaines idées populaires, phrases ou dictons, sont plein de bon sens.

Par exemple « *L'homme est fait à l'image de Dieu* » - ce qui implique que l'inverse est vrai ; cela reprend exactement les théorèmes de Böhm et de Pribam qui partent du principe que nous sommes l'illusion projetée d'une autre dimension où le filtre se situe dans notre cerveau par le biais de cette fameuse conscience (une étude y est consacrée plus loin). Curieux, me direz-vous, mais voyons au-delà.

La maxime « *Aide-toi et le ciel t'aidera* » est clairvoyante ; forcément, si nous sommes composés d'informations dont le système tout entier est composé également, il devient naturel de puiser en soi la bonne information présente dans le tout. Évident en théorie, et c'est bien là le but de cet ouvrage de comprendre comment trouver la « bonne » information, possible annihilation de la souffrance.

Tout le secret de cette démarche mérite que l'on s'y attarde[3]. Le symbole eucharistique à lui seul révèle toute la puissance de la vision holographique proposée par nos savants. Comme le souligne l'excellent ouvrage *Christ* et *Karma* de mon ami le Père François Brune : « *On a beau rompre l'hostie autant de fois que l'on veut, chaque parcelle, chaque point de l'hostie est le corps du Christ tout entier* », et il poursuit : « *Selon notre mode de sensibilité, comme le disait Bernard d'Espagnat, ces hosties sont juxtaposées dans l'espace, elles coïncident toutes avec le corps du Christ, au-delà du temps et de l'espace* ». N'est-ce pas là étonnant de retrouver une analogie flagrante avec celle de l'hologramme : « *un petit morceau du tout construit le tout* » ? De la science-fiction, me direz-vous ? Non, un regard objectif qui demande, il est vrai, une sacrée gymnastique de l'esprit pour le non initié.

Pour terminer avec cette approche catholique romaine, le mystère de la Trinité, corps, esprit et esprit saint vient tout naturellement corroborer l'explication scientifique si l'on considère toujours l'existence des différents mondes où l'espace et le temps sont différents.

En effet, ce même schéma tripartite se retrouve dans le courant de pensée bouddhiste où les rishis (sages indiens inscrits dans la pensée védique) introduisent la notion de Métaconscience par le biais de

---

[3] Cf. Seconde et troisième parties de ce livre.

ce qu'ils appellent « la félicité ». Celle-ci en fait peut se traduire comme une sorte de schéma originel qui serait une vibration reliant l'esprit et la matière, permettant à chaque élément de l'organisme d'être lié à un élément d'intelligence.

La félicité quantique est revêtue de l'illusion d'un système d'informations parfait (Dieu), incrusté d'informations déformées (nous), tout cela dans un champ d'ondes fluctuant selon le mode de perception de l'observateur, en l'occurrence nous-mêmes.

Notre être ou notre conscience est une émanation d'un être ou d'une conscience bien supérieure qui permet à nos yeux de croire en une réalité dès que nous faisons l'acte d'observer quoi que ce soit. Nous sommes reliés à toutes ces dimensions par un flux intelligent : le flux Métaconscient.

Ces mêmes rishis poursuivent au travers de vers sacrés du Véda : « *On devient ce que l'on voit* », « *Nous ne sommes pas les spectateurs du champ unifié, nous sommes le champ unifié* », chaque personne devient par-là même un être infini non limité dans le temps et dans l'espace. Le principe de l'hologramme démontre par conséquent que notre conscience, notre identité de l'âme individuelle, est une perception attachée à une dimension de conscience qui englobe toutes réalités, quelles qu'elles soient. La liberté d'être s'étend au plus profond de chaque individu, au cœur d'une réalité universelle vue comme faisant partie intégrante de notre personne.

Il devient évident alors que la pensée, cette « matérialisation de l'information », crée une onde par notre perception, crée du champ quantique, du champ unifié, de l'illusion de réalité matérielle.

Cela s'appelle également, dans la religion bouddhiste, le *Prana* assimilé à un fluide vital dans lequel est baigné l'univers. Il circule dans les nadis du corps éthérique et s'active par le biais de respirations et de techniques de yoga appelées pranayama.

Affolant, délirant, pourrait-on dire, et cependant cette traduction aux apparences si simplistes est néanmoins le fruit de démonstrations techniques, pratiques, théoriques, mathématiques, philosophiques, théologiques, et j'en oublie ! Ce qui choque en fait, c'est que l'unification d'une même idéologie décryptée avec tant de force et de conviction différentes et parfois même opposées, soit logique et potentiellement crédible !

Adieu la spécificité cloisonnée et sécurisante, bonjour la pluralité de pensées via la congruence science, religion, philosophie, etc.

Poursuivons notre échappée dans ce monde fantasmagorique pour certains, mais délicieusement perturbant pour d'autres. Quels sont les fondements de la religion bouddhiste ? L'Homme est au centre de l'univers illusoire que sa conscience rend réel. Son essence même est ailleurs dans une autre dimension. Là encore, je n'y suis pour rien, mais c'est bien une traduction particulière d'un théorème quantique (pardon au Dalaï-Lama d'être si réducteur).

En Islam également, on peut aisément tenter le même exercice concernant par exemple le rite du pèlerinage à La Mecque. Le prophète Mahomet, ayant prié à cet endroit, déclara que quiconque y réciterait quarante prières de suite bénéficierait d'une protection particulière. Si l'on tient compte du fait que le rite peut être expiatoire, le prophète est un « illuminé » (sens non péjoratif) par Dieu qui transmet sa foi au travers de pratiques rituelles afin d'étendre son illumination.

Le schéma quantique est identique : une information parfaite, distillée, filtrée par la conscience humaine, se retransmet par des moyens cadres que nous appelons rituels.

Les rites comme canaux du flux quantique : genèse de la Métaconscience

Le mot « cadre » interpelle par son sens rigide et circoncis. Cependant, il est un fait notoire et attaché à la culture humaine que tout rituel religieux s'associe à une notion irrationnelle visant la « matérialisation » éventuelle de souhaits dans le temps ou l'espace : on appelle cela plus couramment un souhait exaucé ou un miracle…

Rien de nouveau jusqu'ici, si ce n'est qu'on soulève le coin du voile obscur de la conscience créatrice effective.

Une nouvelle analogie est tellement tentante que je ne puis m'empêcher de vous faire partager cette découverte. « Âmes sensibles, orthodoxes, bornés de préjugés et concepts momifiés, s'abstenir », c'est ce que je vous conseille, car nous allons franchir un pas de plus dans notre promenade vers le génocide de la souffrance. Je tiens toutefois à repréciser que je ne suis nullement physicien, mais que le lecteur pourra s'informer plus amplement sur la physique subatomique au travers de la bibliographie à la fin de ce livre.

Le rapport culte/souffrance est très étroit et se justifie par la volonté d'exprimer un désir sincère et profond afin d'attirer une grâce, un apaisement à nos souffrances, bref une puissance magique « cataplasmique ».

Mais alors se pose le douloureux problème du « comment sortir de ses souffrances ». Si l'on a en fait accepté l'idée que le « pourquoi » à nos maux est la résultante d'une distorsion de l'information par notre cerveau, il doit bien exister un catalyseur d'informations, tel un entonnoir magique, qui concentre cette information déformée afin de la rendre plus dense et surtout plus pure. L'aspect binaire négatif/positif doit bien s'inscrire dans un système, un processus identifiable ?

Ma conscience est dilution d'une super-conscience. Mon cerveau peut-il trouver le chemin du « comment » revenir vers cette perfection plus pure et génératrice de bien-être ? Réparer ma vision déformée de la réalité ?

Peut-être en effet existe-t-il bien, à mon humble avis, plusieurs façons de concrétiser cette foi. Mais attardons-nous sur l'un des moyens propres à la religion : la prière et les rites.

C'est un peu comme si l'on observait ces pratiques sous des lunettes à foyers holographiques et holistiques. L'holisme considère l'Homme comme faisant partie d'un tout. Cela tombe bien, c'est exactement le rapprochement que nous tentons avec nos lunettes à foyers holographiques qui nous permettent de voir l'univers comme un petit morceau d'un plus grand univers. Prières et rites seraient en quelque sorte le canal, l'outil « focalisateur » d'énergie contraire à la distorsion de l'information venue d'ailleurs, voire créée par notre conscience ici-bas. Ce qui du coup accrédite la pratique de cultes ou cérémonies religieuses.

Il y a toutefois un petit « hic », si j'ose m'exprimer ainsi. Comme cela est démontré plus loin, c'est la fonction « ressentie » ou « sensation » qui, dans notre cerveau, enclenche la prise de conscience et par-là même la création, la matérialisation de l'information sous forme de réalité. Souvenez-vous que l'observation donne la forme à la particule ou l'onde (théorie quantique).

Autrement dit, croire en un canal ne suffit pas : il faut le sentir, le ressentir ; c'est ce qu'on appelle la foi. Vous pouvez toute votre vie réciter des colonnes de chapelets, si vous ne faites qu'y croire en espérant, votre canal aura un spectre large et onduleux. Si vous ressentez, si vous cherchez en vous et non au travers de pratiques extérieures à la vôtre, vous avez de bonnes chances d'unifier la bonne information de ce champ quantique.

En clair, de façon provocatrice, l'on peut résumer ainsi : ne croyez pas, mais ressentez la foi ; ne cherchez pas à l'extérieur ce qui se trouve à l'intérieur ; trouvez l'outil, le canal qui vous convient à vous et pas aux autres ou aux pouvoirs que les autres veulent vous imposer.

Facile, me direz-vous ? Simpliste, pensez-vous ? Eh oui ! Mais cet adage ne semble être la panacée que d'une minorité étiquetée sous le nom de moines, grands religieux ou prophètes.

Si l'Église a perdu tant de fidèles, ce n'est pas tellement par manque de foi, mais plutôt par inadéquation de pratiques bêtes et idiotes, non réfléchies, non ressenties, justes imposées et martelées. La foi est toujours présente, elle n'a pris que d'autres formes et fait le lit des sectes mystiques ou d'extrémistes orthodoxes retranchés dans leurs fiefs féodaux. Il est si facile pour les chefs d'organisations sectaires de se fourvoyer dans les méandres des bêtises de l'Église : quelle aubaine !

La démarche que je propose est presque extraterrestre, mélangeant science et religion, philosophie et psychologie. Les schémas extérieurs que l'on insuffle à l'intérieur ont vieilli, laissant la place à l'introspection (de l'intérieur vers l'extérieur).

En somme, le salut est peut-être au-delà de nous-mêmes… Nous sommes partis prenante, invités à la reconnaissance de notre essence ; plus fort encore, nous sommes notre salut.

La santé rationnelle au cœur de l'irrationnel

Comme je l'ai fait remarquer auparavant, les progrès de la médecine allopathique classique sont indéniables et ont certainement largement contribué à l'amélioration de nos modes de vie. Nous vivons plus longtemps dans de meilleures conditions d'hygiène et matérielles. C'est bel et bien là toute l'ambiguïté de cette médecine matérialiste qui intervient en dernier ressort sur le mal identifié physiquement, au moment de la crise.

Les médecines alternatives, elles, moins rationnelles, dont le courant de pensée s'est accru ces vingt-cinq dernières années, proposent d'ouvrir le débat.

Il n'y a pas à mon sens de procès à intenter contre qui que ce soit, si ce n'est à l'autocratie de penser, à l'autoritarisme sectaire de certains états dits démocrates, à l'ignorance et à la bêtise de l'homme sans scrupule.

Opérons de façon identique, comme nous l'avons fait précédemment pour la foi.

Dans un premier temps, si l'on regarde ce que signifient explicitement les termes maladie et souffrance, la réponse nous renvoie à toutes sortes de concepts identiques. La notion de déséquilibre, de désordre moléculaire revient constamment.

Comme le souligne Régis Dutheil dans *La médecine superlumineuse* : « *le regard dit "classique" nous permet de définir un mal organique (lésions, coupures, irréversibles ou non), et un mal fonctionnel (hypertension, stress, dermatose)* ». Cette classification en fait n'a pas lieu d'être selon moi, car elle découle d'un rationalisme à toute épreuve occultant totalement la dimension de l'esprit, de la conscience.

À nouveau cette fameuse conscience qui, à elle seule, détient certainement de nombreuses clés sur le « pourquoi » et le « comment » de nos maux.

Si l'on s'en réfère à notre approche quantique, c'est bien notre conscience, véritable architecte de l'information, qui construit une réalité comme un maçon sa maison. On peut sans crainte appuyer alors la thèse - et non l'hypothèse - des anciens médecins ayurvédiques (qui étaient également des sages), lesquels prétendaient que le corps est créé à partir de la conscience. Tout bonnement quantique, cette réflexion, n'est-ce pas ?.. Et pourtant, il y a plus de 3 000 ans l'accélérateur de particules n'existait pas ! Ces médecins entraient plus profondément, plus loin dans le corps de l'Homme, jusqu'à son esprit, sa pensée (traduite par sa conscience).

Ce voyage irrationnel dans le rationnel a été nommé par le Dr Deepack Chopra (dans son livre, *Le Corps Quantique*) « *le voyage du corps physique au cœur de la réalité profonde* ». Il tente par la suite le périlleux exercice de démontrer que le corps physique et l'esprit ne sont qu'une même pièce dont les deux faces seraient deux mondes où temps et espace sont différents. Ce qui est fascinant, c'est l'interprétation pertinente qu'il ose proposer. Il appelle « saut quantique » ce que la religion appelle « miracle » et la médecine « réminiscence ».

Arrêtons-nous un instant sur ce fait précis. Le médecin généraliste accepte l'idée de la somatisation comme une éventualité, l'on peut même dire comme un fait. Si c'est déjà là un progrès, le problème à mon avis est que cette somatisation est à « sens unique » pour ces personnes. Vous savez, comme au code de la route : une fois engagé, plus de retour en arrière possible.

En effet, il est envisageable que votre pensée inscrive la maladie dans vos cellules, dans votre chair, mais il est impensable que ce même schéma puisse s'appliquer à la guérison ! Quand cela se produit, on l'appelle timidement réminiscence, ce qui revient pour la médecine à admettre son peu d'ouverture d'esprit face à une guérison quantique.

Comme l'indique très justement Claudia Rainville dans *Métamédecine* :

« Intuitivement, je savais que l'être humain possédait la capacité de développer la maladie : soit en attirant par fréquence vibratoire l'agent infectieux, soit en déstabilisant les molécules de leurs cellules permettant ainsi le développement d'une pathologie. Lorsque je me hasardais à proposer cette hypothèse, j'attirais la risée », et elle poursuit *: « Assurer la responsabilité de ce que l'on vit, c'est reconnaître et accepter que nos pensées, nos sentiments, nos attitudes, ont donné naissance aux situations heureuses et malheureuses que nous avons rencontrées, aux difficultés ou aux bonheurs que nous vivons actuellement ».*
En tant que thérapeute Métaconscient, j'adhère totalement à cette vision des choses, de part mes expériences personnelles et professionnelles.

Dans nos hôpitaux, ghettos de la souffrance matérialiste et cartésienne, on pallie à l'urgence, on intervient souvent en situation de crise - en quelque sorte à l'état final de la somatisation de nos pensées. Maintenant, vous allez peut-être me dire que tout cela c'est physique, c'est chimique ! Bien sûr que ça l'est ; ce qui interpelle, c'est comment l'esprit - donc un sentiment, une sensation - peut déplacer des atomes de carbone, d'oxygène et d'autres particules dans nos cellules cérébrales. Comme si la pensée immatérielle, cachée on ne sait où dans ce fatras de matière grise, arrivait comme par magie à transmettre tranquillement son ressenti en une cascade d'actions cellulaires ! Tout notre corps se comporte comme une gigantesque usine qui fabrique enzymes, protéines, neurotransmetteurs, qui se régulent entre eux sous l'influence de quelque chose d'irrationnel à la source : la pensée, cette chose insaisissable, immatérielle.

Troublante conclusion mystique, pourrait-on dire, qui enorgueillirait la fibre des pseudos mystico-guérisseurs.

Le Pr. Dean Ornish, connu aux États-Unis comme le Pape de la nouvelle cardiologie curative, est en train de révolutionner cet univers en déclarant que l'amour est notre meilleur médecin[4]. La Californie, il est vrai, est actuellement La Mecque de la médecine d'une nouvelle ère.

[4] Love and Survival

Le Pr. Georges Salomon de l'université de Stanford introduit une nouvelle discipline, la psycho-neuro-immunologie (P.N.I.), enseignée dans une dizaine d'universités américaines[5]. Petite sœur de la psychosomatique, cette jeune science affirme que, jusqu'au fond de nos cellules, notre corps et notre esprit sont inséparables. C'est le choix entre différentes thérapies (complémentaires aux soins classiques) qui véhicule une force de guérison surprenante. Méditations, taï-chi, yoga, visualisation font plus qu'améliorer l'ordinaire médical : ils l'optimisent ; mieux encore, ils créent « la dynamique guérison ».

C'est à peu de choses près ce que propose le Dr Deepak Chopra par le biais d'une médecine millénaire l'Ayur-Véda, spécifique à l'Inde dont il est originaire. Le vieil argument placebo n'a qu'à bien se tenir ; susciter une réaction psychologique isolée, sans profond ni réel intérêt ou motivation, aura le même effet qu'un médicament à long terme.

C'est bien le sentiment d'être aimé qui, à lui seul, enclenche des processus susceptibles de modifier la structure chimique de nos cellules.

Incroyable mais vrai, l'amour régulateur des maux ; les mots régulateurs de nos souffrances !

---

[5] Étude éffectuée par le Dr. David Spiegel à l'université de Stanford dans les années 80 sur deux groupes de femmes atteintent d'un cancer du sein.

Chapitre IV

Radiographie Métaconsciente de la conscience

Comme nous venons de le voir, il semblerait qu'au cœur même de la conscience se trouve une sorte de mécanisme impalpable qui pourtant réussit à provoquer des réactions matérielles visibles. On peut toujours se demander pourquoi une simple pensée purement virtuelle arrive à déplacer des molécules, à les organiser, les structurer. Nous trouvons parfaitement normal qu'après s'être écorché le genou, par exemple, le processus de cicatrisation permette une reconstruction identique et parfaite, tout comme avant l'incident. En extrapolant un peu, on peut être tenté de se dire que si une pensée consciente, forte d'une action volontaire puissante, se crée en nous avec insistance, nous avons alors la possibilité d'activer notre conscience afin de guérir des maux quels qu'ils soient ! Un état d'esprit équilibré est conscient peut-il déterminer une guérison davantage pertinente ?

L'enjeu est de taille, car si tel est le cas, il est envisageable pour chaque être humain de choisir ses pensées en fonction de sa volonté et d'y être très attentif. Un nouvel espace de liberté souffle ainsi au creux de la conscience de tous les hommes. Est-il alors concevable et raisonnable de penser que la liberté d'un homme se fonde sur la pensée, sur un acte d'observation individuel, dans un premier temps ? La conscience d'un être humain observée sous l'approche Métaconsciente place les sentiments d'un individu au centre même de la nature profonde de la conscience. Nous allons développer cette théorie par la suite, mais avant, arrêtons-nous sur les regards qui nous sont proposés de nos jours face à la notion de conscience.

Essayons dans un premier temps de saisir le concept « conscience », toujours identifié selon les différents courants de pensées.

On peut simplifier relativement facilement la définition scientifique qui distingue trois états propres à cette conscience que sont : l'éveil, le sommeil ou le rêve. C'est bien la perception de l'un de ces trois états qui entraîne l'acte de conscience et la prise de connaissance de sa réalité. C'est donc lors de l'un de ces trois états que notre esprit va créer de l'activité mentale et psychologique, déterminante pour la construction d'une réalité. Lorsque je parle d'esprit, je l'assimile à l'ego, au « jeu », à la production de pensées, à la personnalité. Si l'on tente l'analogie quantique, on observe rapidement le schéma suivant : étant donné le fait que nous sommes constitués d'informations, d'ondes ayant pris la forme de particules sous l'action d'observation, la conscience est un phénomène intérieur chez l'Homme qui se produit par perception, donc observation. J'entends par « intérieur » propre à son esprit qui par-là même constitue l'une des trois réalités : éveil, rêve ou sommeil. Trois états différents qui engendrent trois réalités différentes (qui pourtant coexistent).

Or, il existe à ce stade un état de conscience qui n'ose être étiqueté comme tel par la science comme état de conscience probant : la Métaconscience. Revoilà le spectre du flux quantique et religieux organisationnel, non directionnel, qui trouve son origine dans une autre dimension où l'espace et le temps sont différents du nôtre. J'oserais même dire que son origine se confond dans notre dimension espace-temps.

Cette super-conscience qui, à elle seule relie toutes les autres, fait partie intégrante de nos consciences, de nos sens, de nos réalités. Un champ de conscience sans début ni fin, ni droite, ni gauche, un champ large à 360° qui vit en « intra » et en « inter » de l'Homme. Une giga connexion unificatrice qui corrobore les découvertes d'Einstein avec sa célèbre formule $E = MC^2$ (l'énergie peut devenir matière et inversement). Un 6e sens où l'espace et le temps tutoient uniquement l'instant présent, où la notion d'ordre balaie celle du désordre, bref un espace presque divin, presque parfait, pourquoi pas le Nivarna.

Prendre le temps d'observer nos maux au travers de cette Méta-conscience va bouleverser notre « regard porté », notre vision de la réalité, de nos réalités.

Le vénéré Lama Thoubten Zapa Rinpoché, Maître Kadampa, écrit dans son livre *Dompter son esprit*, « *Regardez vos projections d'existence véritable..., le "je" existant véritablement recouvre le simple "je". De votre propre point de vue, le sujet, le "je", est couvert par l'existence véritable, tout comme le sont l'action et l'objet. Ils sont tous décorés par l'apparence de l'existence véritable ; regardez toutes ces choses, conscients qu'elles sont vides ! Concentrez-vous sur le fait que chaque chose, le sujet, l'action, l'objet est vide. La moindre chose qui existe est vide* ».

Sans avoir reçu une quelconque formation en physique quantique, ce Lama démontre ici que la notion de vide - qui compose 99 % d'une chaise ou d'une table - est bien une réalité. De plus, lorsqu'il affirme que le « je » est recouvert par l'existence véritable, j'entrevois mon néologisme de Métaconscience. Il persiste et signe sa définition de notre conscience en écrivant : « *Rien n'existe sans désignation » (principe quantique) » ; « Le "je" n'existe pas sans la désignation "je", du matin jusqu'au soir nous parlons de choses qui sont simplement imputées, pensons à des choses qui sont simplement imputées, entendons des choses qui sont simplement imputées, etc.* ».

En clair, notre esprit, par le simple fait d'observation, s'impute une réalité, selon les trois états de la conscience primaire humaine.

Si l'on ose s'aventurer plus loin, de la même manière, il impute la souffrance à notre esprit qui se crée elle-même une densité subjective jusqu'à se matérialiser.

L'esprit humain est une machine à fabriquer une réalité individuelle grâce à nos cinq sens qui nous permettent par acte d'observation de croire à cette réalité. La réalité d'un homme est comme un mirage en plein désert. Sa véritable nature appartient à une conscience qui recouvre et habite la sienne.

Complètement délirant pour certains, mais dangereusement logique ! Les moyens « techniques » qu'utilisent les Lamas afin d'éradiquer cette souffrance passent par la méditation et l'accès à un niveau de conscience supérieur identique à celui de Métaconscience. La construction de limites par l'esprit permet à celui-ci de s'identifier lui-même comme étant le « je » ; c'est une des définitions de la conscience, incluant par-là même une nouvelle notion fondamentale, celle de la dualité, de l'aspect binaire.

Visitons un moment ce nouveau concept de la dualité.

L'ego se forge son identité dans l'expérimentation d'actions, réactions, sentiments qui bâtissent la structure de la personnalité virtuelle. J'emploie ici volontairement l'expression « virtuelle » dans la suite logique de ma démonstration et je serai amené plus loin à appuyer celle-ci. Notre esprit capte donc des informations extérieures et c'est bien l'attention alliée à notre intelligence qui classe celles-ci en rapport avec notre conception du monde. Le plus souvent ce dernier constitue une source infinie de peurs et de craintes liées à la séparation du « je » ; c'est ce qu'on appelle la dualité. C'est cette spécificité qui nous amène à créer une multitude de scénarios, de projections, de lamentations sur des prisons passées virtuelles dans lesquelles nous nous alimentons afin de poursuivre la construction de formidables barrages de sécurité.

Le problème est que si l'on ressent avec force ces barrières, elles deviennent aussitôt notre réalité et le tour de l'ego est joué. Vicieux, voire pernicieux, ce système maléfique donne du poids à une réalité sans consistance. Il est pourtant une question incontournable pour l'être humain, c'est de savoir quelles sont ses limites ? Cette dualité lui permet de se positionner, de se trouver une place dans le système. Donc, en fin de compte, de trouver l'équilibre dans un monde entropique, évolutif, en pleine croissance.

La recherche de la preuve : un leurre inconscient

Parvenir à trouver la preuve irréfutable qui soulagera nos angoisses et nos peurs face aux démons de la vie, s'apparente à la quête du Saint Graal. Pour peu que l'on soit atypique et pressé de relever le défi le plus fou de nos sociétés contemporaines, cette mission supra normale peut s'éterniser des siècles et des siècles.

C'est en fait ce qui se passe depuis le début des temps et, je vous rassure, je n'ai pas l'intention de vous l'apporter ici même ou du moins pas en entier. La preuve stimule notre intellect, trace les chemins de nos espoirs, traque fiévreusement la supercherie et l'illusion. Elle se métamorphose en commando anti-terroriste, prêt à déployer sa force d'action, expérimentée, cautionnée par un rationalisme indubitable. Et c'est bien d'expérience qu'il s'agit.

Le grand match de l'expérience face au ressenti peut commencer. Une dualité millénaire pour un noble combat, celui de la stabilité, de l'équilibre en toutes choses, bref, pour la médaille de la vie saine.
En pensée bouddhiste, on appelle cela la recherche du milieu ; en mathématiques, une résolution d'équation. L'objectif reste toujours le même ; ce qui diffère, c'est le niveau de conscience qui va permettre d'approcher le résultat. Encore faut-il que l'on ait conscience de son propre niveau de conscience.

Eh oui ! Bonne idée ! Il existe bien un moyen d'atteindre cet objectif. On appelle cela l'introspection. Oui mais voilà, même si au départ nous venons au monde tout beau et tout neuf et que nous prenions cette hypothèse comme analyse, entrent alors en jeu les notions de « critères » et de « facteurs » internes et externes qui vont mouler notre conscience. Ne nous affolons pas, il faut bien poser des conditions à cette introspection individuelle afin de déterminer comment procéder à une analyse concrète.

Un bébé qui a ses propres modes de perception de l'information, de par sa conception génétique et ses facultés sensorielles et intelligentes va se créer tout au long de son éducation ses limites et barrières ; enfin, celles que l'on aura bien voulu lui donner. Ce sont ses expériences, ses réussites, ses échecs qui vont être le ciment de sa personnalité. Il va donc se forger son esprit, ses jugements grâce à l'interaction d'une multitude d'informations qui l'auront bombardé.

J'attire ici volontairement votre attention sur l'attention et l'éducation. La manière d'inculquer une information va déterminer, ou du moins influencer, le mode de pensée du récepteur qui aura une conscience autonome ou pas, fragile ou rigide, forte ou fuyante.

La notion de dualité revient à nouveau, supplantée par l'outil tranchant qu'est la preuve. Le « comment sortir de sa souffrance » et le « pourquoi je souffre » renaissent de leurs cendres.

Comme la moitié de notre identité est façonnée par notre environnement, rares sont les sociétés dites « saines » qui axent avant tout l'éducation sur l'introspection, puis sur le regard extérieur ; notre bébé devenu adulte intégrera les mêmes schémas collectifs qu'il aura pris à son compte avant de chercher et de trouver péniblement un chemin plus intérieur et autonome. Sa conscience est modelée par la conscience collective et vice et versa. Je rêve pourtant en secret du jour où des cours d'introspection personnels alliés à l'ouverture de conscience feront partie des programmes éducatifs et ceci dès le plus jeune âge ! Qui sait ?

L'inné et l'acquis sont en opposition et complémentaires, le rationnel et l'émotif également, la conscience unique et collective aussi.

La preuve, construction matérialisée par notre conscience, création presque rationnelle d'une pensée irrationnelle, cette preuve salvatrice a bien une concrétisation effective en une réalité plus tangible : elle est, telle que notre monde la considère, un équilibre fragile, une « charge binaire » composée de rationnel et d'émotionnel, comme le spermatozoïde et l'ovule sont deux composantes indissociables de l'embryon humain. La preuve en elle-même n'existe pas plus que cette table ou cette chaise composées à 99 % de vide.

J'ai souvent, au cours de mes conférences, essayé de démontrer mes propos, alors qu'en fait, après de nombreuses rencontres avec le public, je me suis rendu compte que je faisais exactement le contraire de ce que je disais en essayant de prouver aux personnes par des moyens divers que la preuve est un leurre, qu'elle n'existe avant toute chose que dans l'esprit de la personne. C'est bien pour cette raison qu'inviter les gens à ressentir, à réfléchir et à s'interroger sur ce qu'ils sont, reste la manière la plus simple de leur permettre d'accéder à la compréhension de cet état de fait. Nos consciences individuelles créent leur propre réalité, alors pourquoi diable vouloir obliger qui que ce soit à entrer dans une réalité qu'elles n'auraient pas créée elles-mêmes ? Ressentons dans notre réalité personnelle quel impact l'information extérieure a sur nous et modifions ainsi la nôtre, c'est tout ! C'est peut-être par là que commence le chemin qui nous amène à choisir notre liberté d'être…

Si notre vision de la conscience ne décolle pas de ses trois états de réalité primaire que sont l'éveil, le sommeil et le rêve, elle restera un leurre, une seule face, un plus cherchant son moins, la nuit courant après le jour. Si nous gardons comme preuve nos schémas de pensée propre à l'ego qui sont toujours une réponse se trouvant à extérieur de nous, nous n'élevons pas le débat inhérent à la preuve, nous l'appauvrissons. Heureusement, les états de conscience primaire sont eux aussi « couverts » par cette super-conscience. Une autre conscience intervient alors, le quatrième état de conscience peut-être : Métaconscience.

L'expansion de conscience

Lorsque le médecin pose un diagnostic, sa première inquiétude est minée par le souci de l'évolution de la maladie soupçonnée. Ce doute inquisiteur va prendre de l'ampleur grâce à une réalité démontrée par tous scientifiques : nous vivons dans un monde entropique.

En clair, cela signifie que l'ordre des choses n'est qu'un désordre permanent, en perpétuel mouvement, qui ne cesse d'augmenter.

Ce qui semblait incroyable il y a quelques années vient de se produire aujourd'hui ; ce désordre en fait ne l'est pas tant que ça, il paraîtrait même qu'il a un ordre et une fonction précise.

D'un côté, nous avons un ordre coexistant tant bien que mal avec du désordre ; de l'autre, un élément, une sorte de charge comme une batterie qui mesure en quelque sorte notre degré de capacité énergétique. Cette charge, je l'ai baptisée la charge binaire. En fait sa nature est très élémentaire, elle est composée d'informations et, vous vous en doutiez, c'est bien de cette information dont nous sommes nous-mêmes composés.

Où est-ce que je veux en venir ? C'est simple : la maladie, la douleur, la souffrance sont une panne, un manque, une batterie vidée d'énergie qui en fait n'est que de l'information. Pour étayer ma démonstration, utilisons la métaphore. Une automobile, composée d'une multitude de pièces mécaniques différentes, peut rouler si l'on lui donne de l'énergie, du carburant. Elle fait son chemin au travers de routes sinueuses, parfois en mauvais état, traversant tous types de paysages, dans des conditions météorologiques différentes et aléatoires. Si le carburant vient à manquer, c'est la panne sèche. Les pièces de la voiture ont beau avoir été changées, révisées à cause des secousses, rien n'y fait ; pas de carburant, pas de tours de roues. Notre mécanique humaine subit bien des tracas suivant l'environnement, les chemins que l'on décide de suivre dans la vie. La médecine répare notre corps, mais sans la force de vie, le courage, la motivation, la foi en la vie, pas de goût de vivre : c'est le chaos, le découragement, l'arrêt de la vie. Et c'est bien l'information qui va équilibrer notre conscience défaillante.

Nous sommes le désordre, l'entropie que nous alimentons d'ordre, donc d'informations afin de stabiliser un état conscient au mieux de sa forme. La charge binaire devient la mesure qui nous dit si nous basculons dans le plus ou dans le moins. Et lorsque nous n'arrivons pas à équilibrer, lorsque trop de désordre s'installe, la maladie apparaît au niveau de cette dernière barrière qu'est notre corps. Ce type de conception scientifique est soutenu par Illya Prigogyne (Prix Nobel de chimie), bien avant par Costa de Beauregard.

Mais alors où se cache cette information si précieuse et essentielle à la libération de nos maux ? Comment faire pour l'ancrer en nous et sortir du schéma douloureux de la souffrance ?

Retournons un peu en arrière à la fin du chapitre II. J'ai brièvement expliqué que selon les dernières expériences scientifiques, nous ne sommes que des hologrammes, des petites projections d'un autre univers.

C'est donc cette information ordonnée qui, filtrée par notre conscience, se déforme plus ou moins, construisant un monde entropique où le temps s'écoule, le vieillissement existe et la matière semble palpable. Ce phénomène lié à l'observation du sujet s'appelle la fonction psi ou collapse du psi.

Ce qui importe ici, c'est que sachant pertinemment qu'à partir du moment où nous sommes à l'image d'un monde d'informations parfaites, mais que l'action d'observation de notre conscience déforme celle-ci, c'est bel et bien notre façon de capter ces informations qui va harmoniser notre vision des choses, stabiliser la charge binaire du plus et du moins, contrebalancer le désordre de notre monde. Nous faisons alors fonction de « *pompe à néguentropie* » selon l'expression du Pr. Régis Dutheil, qui régule l'entropie ici-bas.

Je conçois le caractère abstrait de mon argumentation et pour l'accréditer, prenons le cas de l'exercice de méditation.

Il y a vingt ans, Keith Wallace, physiologiste américain, a établi une étude troublante. Il a découvert, en observant deux groupes de personnes de même âge (55 ans), que le second qui pratiquait la méditation avait un âge biologique différent, jusqu'à 20 ans de moins pour le meilleur résultat, de celui de l'autre groupe.

Quel rapport, me direz-vous ? Il est simple à vrai dire. La méditation permet d'accéder à une autre dimension, selon les pratiquants, proche d'un quatrième état de conscience, celui dont nous parlions précédemment (la Métaconscience). Curieusement, cet état de méditation a toutes les caractéristiques d'un univers où le temps est suspendu, différent, presque parfait ; exactement notre univers à conscience exponentielle, l'univers de la Métaconscience qui fait de nous un hologramme.

Les sages captent l'information, rechargent leurs batteries, se détachent un moment du poids de leur conscience terrestre.

N'en déplaise au plus sceptique, la science elle-même a recensé cette fameuse information sous le nom de « préons », des particules subatomiques qui voyagent à des vitesses astronomiques d'un monde à l'autre (pardon pour cette simplification à la hache), et ceci, dans un champ de matière tachyonique.

En d'autres termes, l'information de la Métaconscience est présente en chacun de nous, pour peu que l'on sache regarder de plus près notre monde. Elle stabilise et au mieux réduit le désordre qui s'accroît dans notre monde. Cet ordre parfait viendrait panser nos plaies de façon vibratoire.

Ceci n'est pas très nouveau si l'on s'en réfère à certaines vibrations utilisées par l'Homme comme la musique et le son. Nous ne développerons pas ici cette analogie qui sera reprise plus loin.

La pertinence de notre remarque sur l'action de la méditation dans le schéma corps/esprit reste tout à fait passionnante. Celui-ci nous renvoie à nouveau à deux axes opposés et fondamentaux pour la compréhension du mécanisme de la douleur : l'interaction intérieure et extérieure, le « dedans » face au « dehors ».

Les sens sont l'essence de la conscience

L'hypothèse selon laquelle tout a un sens réprime en nous cette terrible image kafkaïenne d'une existence en labyrinthe sans issue réelle. Trouver un sens à l'événement qui surgit sournoisement de derrière les fagots devient notre seconde nature.

Le sens devient la raison et la raison la cause.

Objectivement, en toute conscience, l'être humain va s'octroyer le droit de montrer, voire démontrer, que c'est bien la faute venue d'un « non-sens », donc d'un tourbillon chaotique de sens différents. Le « pourquoi je souffre » fusionne avec le sens et le «comment je fais pour en sortir » cherche la direction de celui-ci. En clair, ma souffrance n'a pas de sens, dit-on souvent, mais pourtant je cherche une direction pour m'en sortir…

L'accusation et la personnification de nos maux ne peuvent se résoudre à l'idée qu'un non-sens, idiot et sans logique, puisse gouverner en nous.

Il est une chose sur laquelle tout le monde est d'accord : le corps est intelligent…

Biologistes, médecins, chercheurs s'accordent sur ce point que viennent appuyer les mathématiciens et physiciens. La vie n'est pas idiote, inutile et stupide, elle est même foncièrement bien organisée dans son désordre. Du plus petit neurotransmetteur au plus horrible macrophage, tous connaissent parfaitement leurs missions et s'y attachent avec une rigueur stupéfiante.

Le Dr Chopra écrit : « *Le corps est une rivière d'atomes, l'esprit une rivière de pensées, et ce qui les maintient ensemble, une rivière d'intelligence* ». Quelle merveilleuse métaphore pleine de subtilité et de finesse ! Et si la rivière d'intelligence était Métaconscience ?

Comme mentionné précédemment, lorsque l'on se blesse légèrement, quelle magie restructure une à une les composantes de la matière telle qu'elle était auparavant ? Cela nous apparaît comme quelque chose dc normal, d'évident, naturel ! Pourquoi ne pourrait-il pas en être de même pour des troubles plus profonds ? L'idée que le sens ait effectivement une direction définie au travers de buts et de finalités déterminées affole notre ego. Pourquoi donc ?

La réponse coule de source, on nous met devant le fait accompli : nous sommes peut-être responsables de notre état, de nos états de conscience. Et là encore, une nouvelle fois, le filtre de notre conscience modifie sans complaisance les ondes d'un sens « parfait » situé dans cette dimension holographique parfaite (néguentropique) en désordre bien réel dans notre dimension terrestre (entropique). C'est encore une fois le même schéma qui se dégage, celui du sens, essence de la conscience.

Ce fameux sens qui nous obsède détient en lui une caractéristique propre à tous les éléments qui constituent notre vision globale des choses de la vie, je veux parler de la polarité, des ambivalences, des oppositions, donc de la pensée binaire dite « classique ».

Déjà observée précédemment, ce qui attire mon attention présentement, c'est l'introduction de ce mode de pensée au sein même de notre schéma corps/esprit. Pour être plus clair, je dirais que tout a un sens à partir du moment où celui-ci sait identifier sa place au sein d'organisations délimitées.

Délimitées par quoi ? Par la charge binaire qui transporte la pensée binaire comme un système de mesure qui devance le positionnement. Ce schéma s'étend à toutes sortes de concepts historiques, anthropologiques et bien sûr contemporains.

Notre charge binaire, autrement dit nos facultés potentielles de perspicacité à nous situer dans des limites, fixe notre conscience à un état déterminé, à l'instant même de l'observation. On est donc plus ou moins équilibré à ce moment-là. C'est cela, cette action consciente, cernée, formalisée en terme de « j'en suis à ce stade, j'ai déjà accompli cela et je tends vers cela » qui oriente le sens de l'essentiel vers une conscience libérée, un choix de vivre conscient de sa liberté d'être.

Guy Finley, dans *Les clés pour le lâcher prise* appelle cela « *le libre esprit* ». L'appellation est audacieuse et bien fondée selon moi. Elle reprend l'idée du quatrième état de conscience que j'ai défini au travers du néologisme Métaconscience.

L'accession à cet état s'opère par concentration, prise de recul, observation de sa propre conscience, de son propre mode de fonctionnement interne, en d'autres termes, par méditation : encore elle !

> *Tout a toujours un sens, même si cela ne semble pas vraiment pertinent à première vue. C'est notre positionnement conscient et l'observation de la direction de nos actes de vie qui déterminent nos potentialités à saisir notre espace de liberté intérieure en toute harmonie.*

La question qui se pose à présent n'est pas de discuter de telle ou telle technique, mais du niveau d'acceptation de ses états de conscience comme vecteur subtil, capable de mobiliser des énergies du « moi » via le canal approprié, choisi et de retenir ici-bas l'autre côté de l'univers. Mais c'est cette image de « l'autre côté » qu'il faut viser.

Les yogis indiens nous montrent la voie ! Ils cherchent à l'intérieur le monde extérieur. Incompréhensible pour le novice, mais clair pour tous si l'on se recentre à nouveau dans le schéma de la construction holographique et du sens de la conscience.

Nous créons notre réalité après nous être arrêtés sur un acte d'observation, donc qu'il y a-t-il d'illogique à ce que nous décidions de créer tous les concepts qui nous entourent ? Ne sommes-nous pas en fin de compte responsable de la création de nos fantômes ?

Voici une très jolie histoire racontée par Claudia Rainville et je vais tenter de la reprendre rapidement : « *Un homme arrivé aux portes du Paradis trouva un bel arbre contre lequel il s'endormit. À son réveil il avait faim, et une multitude de mets apparurent devant lui sur une table. Intrigué, il pensa que du vin épancherait sa soif, et là de somptueuses jarres vinrent compléter le tableau. Après s'être repu, il prit peur et se dit : "C'est impossible, ce sont des fantômes qui m'ont tendu un piège et qui veulent me tuer !", et là, apparurent d'horribles fantômes qui le tuèrent* ».

Cette belle ou lamentable histoire, comme on veut, fait naître le germe du doute comme origine de destruction. C'est souvent le cas et en ce qui concerne nos affaires de conscience, d'introspection objective, de positionnement et d'acceptation, le sens est ici le même.

Le doute, c'est de se dire : « Je n'y crois pas, je ne l'ai pas vu, ça n'existe pas ». Cela devrait être : « Qu'est-ce que cela ? Qu'est-ce que je ressens ? Quels changements cela peut-il opérer en moi afin d'atteindre un équilibre intérieur satisfaisant ? »

Les ultrasons, les ultraviolets, les ondes infrarouges existent bien, mais pas visuellement pour nous, notre conscience et son satané filtre.

Dans les années soixante-dix, quand les physiciens émirent l'hypothèse que des particules subatomiques existaient et correspondaient à des vibrations, ce fut le doute.

Aujourd'hui, nous savons que l'univers (tous univers confondus) est tissé de milliards et milliards de vibrations qui nous apparaissent sous forme d'objets, de couleurs et qu'il forme la matière et l'énergie.

Nous sommes en fait baignés dans un réseau d'informations gigantesque qui assure notre équilibre selon le ressenti de notre état conscient et que nous projetons dans notre réalité sous la forme de notre organisme, de notre pensée, de nos émotions, de nos microbes, etc.

Et c'est bien notre volonté de ressentir librement cette information ou désinformation présente dans l'univers qui enclenche un processus négatif ou positif. Nous créons une réalité physique, matérielle, mais nous créons également notre psychisme, la forme et la densité de nos personnalités, de nos rôles, de nos fonctions.

La réponse à la question « Pourquoi on souffre ? » est inévitable : parce que, de notre capacité à assurer notre devoir d'être responsable, découle le sens de la vie que l'on veut bien se donner ! La maxime est rude, mais ô combien réaliste.

Chapitre V

Les sentiments, vecteurs tout puissants de guérison

Nous allons ici même opérer une transition, un moment clé dans la poursuite de notre investigation.

En effet, il est parfois difficile pour le citoyen lambda de cerner toutes les nuances auxquelles nous avons fait allusion au chapitre précédent. Le caractère scientifique, souvent complexe, tente de nous éloigner de réalités plus concrètes, plus saisissables en quelque sorte. Je fais ici allusion à une approche plus psychologique où le ressenti occupe une place prépondérante dans notre quotidien.

Si j'ai choisi d'écrire sur la souffrance, c'est qu'il y avait à mon avis un regard peut-être différent à porter sur cette entité. N'étant pas psychologue de formation, ni diplômé d'un quelconque cycle universitaire en sciences humaines, j'éprouvais cependant l'ardent désir de comprendre le « pourquoi » et le « comment » de notre souffrance. La difficulté majeure, comme je l'ai déjà dit dans l'introduction, sera pour moi de démontrer que la capacité à reconnaître le mode de fonctionnement de nos maux ne passe pas forcément par l'affichage dans le salon d'une ribambelle de diplômes.

Beaucoup de gens se cachent derrière leurs diplômes comme la valeur étalon, seule valable dans la vie. Pourtant combien d'entre eux ont passé le diplôme de la vie avec succès ?

Ayant pour seul et unique diplôme un Baccalauréat G3 (Techniques Commerciales), je ne puis prétendre aujourd'hui que ce bout de papier renferme l'essentiel de mes connaissances, de mes acquis, de mes ressentis. Et pourtant, c'est bien lui qui sanctionne (le terme est très juste) votre niveau scolaire, et vous confine dans un marasme intellectuel arrêté et perçu par les autres comme mesure étalon de votre savoir (surtout en France). Cela ne m'a pas empêché de devenir thérapeute, créateur de la thérapie Métaconsciente, laquelle a largement démontré la pertinence de son action que nous découvrirons au travers de nombreux témoignages et techniques diverses dans les deux prochains ouvrages *Osez guérir : les soins Métaconscients* ainsi que *L'union sacrée : conscience et unité du couple*[6].

Voilà donc pourquoi de nos jours, en France et ailleurs, une ouverture d'esprit si restreinte, un tel carcan poussiéreux amène progressivement l'être humain à s'enfermer dans des limites dites concrètes (du prêt à penser) au détriment d'une faculté essentielle à la survie de **l'Homme : son instinct, son intuition, en clair, ses sentiments et ressentis.**

[6] Aux Éditions Dangles

La texture de l'affectif

Les sentiments qu'une personne perçoit en elle à l'égard du monde qui l'entoure ont une réalité existentielle qui n'est pas à démontrer, surtout pour deux êtres qui s'aiment passionnément. Qui oserait prétendre à deux jeunes tourtereaux qui se déclarent mutuellement leur amour qu'ils n'éprouvent rien parce que leur amour n'est pas palpable, qu'il ne se matérialise pas ? La flamme de l'amour qui brûle dans leurs yeux n'est qu'une métaphore, l'expression d'un sentiment qui reste non matériel et qui, de plus, n'est peut-être après tout qu'un jeu d'acteurs.

La dimension affective délimite un espace, non accessible aux catalogues et étiquettes d'échantillonnage. Quel Homme pourrait se prévaloir d'avoir mis en boîte un sentiment, de l'avoir saucissonné et observé sous microscope ?

La tentation est certes quelque part cachée au plus profond de la pensée rationaliste. La preuve en est que les scientifiques (encore eux) ont cherché à apporter leur pierre à l'édifice de cette quête. Le ballet des termes employés est technique, artificiel, médical et reste très sophistiqué ; je vous épargnerai celui-ci.

Toutefois, la conclusion de ces recherches sur la « matérialisation » du sentiment a abouti. À quoi ? Eh bien comme toutes les autres, à la même triade : tout n'est que successions d'ondes, de particules et de réactions chimiques ; de vibration affective au processus chimique complexe et enfin au rêve que nous partageons tous : le bien être, voire le bonheur.

Mais le bonheur, c'est quoi ?

Il n'est pas difficile pour certains de clamer haut et fort qu'ils sont heureux alors que d'autres ont toutes les peines du monde à faire entrer ce terme dans leur vocabulaire.

J'ai pendant de longues années cru que le bonheur se trouvait caché quelque part, au loin, dans le futur, comme un pays devant lequel une police vigilante scrutait vos bagages avant de vous laisser franchir la frontière. Une fois passée celle-ci, on y était, et là, plus question de regarder en arrière. Je puis affirmer aujourd'hui que je me suis tout bonnement trompé. Oui, je pensais que l'on pouvait prendre racine dans un pays imaginaire, que l'on venait vous arroser, prendre soin de vous et que cela perdurait jusqu'à la fin de la vie. Normal après tout, on en avait tellement bavé pour y arriver, pas question de recommencer une fois l'objectif atteint !

Hélas, il est une composante qui ne m'était pas venue à l'esprit : la stabilité est éphémère et de par notre nature en perpétuel mouvement, il devenait évident que ce pays du bonheur était, soit une gigantesque supercherie orchestrée par un grand magicien masochiste, soit une réalité potentielle construite d'une multitude de facettes interchangeables, interconnectées ! Cela y est, le casse-tête recommençait, et l'impression de nager à contre-courant des chutes du Niagara inondait ma boîte crânienne.

Alors, la question banale du « pourquoi », mais surtout du « comment » enfla dans mon cerveau bouillonnant. Une telle émulsion que j'en inversais l'ordre des questions, en m'attachant en priorité au « comment » !

Première grosse erreur ! Avant de prescrire le médicament, il vaut mieux connaître la maladie, non ?

Premier conseil Métaconscient essentiel : face à une difficulté, ne précipitez pas les choses !

La seule alternative que je m'étais autorisé, c'était de croire que la « pseudo-possibilité » d'un futur meilleur passait obligatoirement par un chemin d'expiation. Je devais payer la note à l'avance, un peu comme ces pauvres gens du Moyen Âge qui achetaient les fameuses « indulgences », ces passe-droits payés sur terre avec de l'argent en échange d'une clémence face à nos péchés une fois arrivé au ciel, tel un contrat bipartite entre l'émotionnel et l'irrationnel, une passation de pouvoir occulte, une abnégation du moi en sous-traitance.

L'alchimie des sentiments, la complexité de la gestion de ceux-ci en situation de vie, m'amenait à croire que des facteurs extérieurs à moi-même régissaient mon parcours, mes intentions.

Bref, le ressenti tel qu'il mérite d'être observé était bafoué, et ce sont bien mes peurs et angoisses qui dictaient à mon esprit l'action de confier aux autres la responsabilité de mon devenir. Ben tiens !

Tant qu'à faire, faisons le vite, en sautant toutes les étapes d'introspection, cela évitera à la raison de s'y mêler et surtout de déclencher un processus d'analyse de mes états d'âme bien à moi.

Dans un premier temps, cette rapidité à éluder le problème évacue par-là même toute chance réelle d'arriver à une « prise de conscience » .

Le plus grave étant que, en cherchant « comment » parvenir à la solution d'une difficulté, la peur entrave considérablement la mise en place des bons schémas d'analyse, d'observation, de compréhension et d'action.

Alors, quant à accéder à la notion de Metaconscience, cela devient une énigme ; mieux encore, cela n'existe pas ou juste au travers de questions métaphysiques du style « Mais qu'est-ce que j'ai bien pu faire au Bon Dieu pour mériter ça ! ».

Ne pas prendre le temps, c'est reporter sa prise de conscience, c'est s'excuser en désignant les autres comme responsables.

Qui n'a pas un jour regardé avec envie un objet (voiture, maison, en se disant : « Ca, c'est réservé à ceux qui ont de l'argent, les riches, toujours les mêmes » ?

A un degré plus ou moins élevé, cette remarque a conduit un bon nombre d'entre nous à se réfugier courageusement derrière cette affirmation protectrice. Un sentiment d'insatisfaction non palpable nous renvoie à un autre sentiment du même ordre qui apparaît bien réel celui-là : la frustration.

Cette réalité a été entièrement créée par notre pensée. Elle devient notre réalité parce que l'on est pressé de passer devant l'évidence, devant notre manque de lucidité à l'égard de nous-mêmes.

Le « comment » à la question du mal rencontré devient la priorité, tandis que le « pourquoi » est tout bonnement oublié.

Petites réflexions sur le « pourquoi je souffre »

Nous nous sommes employés dans les chapitres précédents à critiquer sévèrement les courants de pensée quels qu'ils soient au regard des faits qu'ils proposaient à la question du « pourquoi ».

Pourquoi a-t-on mal ? À qui la faute ? Etc.

L'étendue de la question du « pourquoi » n'est pas un mystère, c'est la recherche de la réponse qui est plus compliquée.

Le questionnement de l'individu sur la nature de ce qui lui arrive est une preuve que ce dernier a conscience du déroulement de sa vie, de la perception de son environnement et peut-être aussi des jugements qu'il porte sur lui et les autres. C'est pour cette raison qu'il est primordial de ne pas mettre la charrue avant les bœufs et de contempler avec attention le schéma que l'on construit devant la question du « pourquoi ».

Cela vous paraît peut-être un peu subjectif, trop philosophique ou inutile, mais vous allez voir que nous entrons dans l'essence même de la nature de l'Homme, au plus profond de son âme, de ses aspirations.

Lorsqu'on se pose la question du « pourquoi », on feint un instant de ne pas tout saisir du mal qui nous frappe. Quelles en sont les raisons ?

Ce peut être un cas d'aveuglement pur et simple : subjugué ou écrasé par l'information qui nous arrive, son poids élimine radicalement toute réflexion objective et nous jette tout entier dans la question au détriment de l'étude. Une fois de plus, le sentiment éclair écarte la prise de conscience de la réalité extérieure. Le temps devient notre ennemi n° 1.

Je me souviens du jour où j'appris le décès d'Éric, l'ami d'autrefois avec lequel j'avais partagé tant de joies et de réflexions. Je me souviens de nos grandes discussions d'adolescents révoltés, persuadés de pouvoir changer le monde si l'on voulait bien nous en confier la charge. Je me souviens de tous ces « pourquoi », toutes les injustices subies et tous ces combats qu'il menait en vain auprès de personnes sans avenir, condamnées par la société. Je me vois encore, admiratif devant ce jeune poète écorché, érudit qui explorait toutes ses limites afin de comprendre ses « pourquoi ». Un jour, à 24 ans, il mourut, sa voiture écrasée entre deux camions, comme cela, en un instant, sur une banale route de province.

Que dire devant le poids de cette souffrance ? Pourquoi ? À qui la faute ? C'est trop injuste ! Cela, c'est ce qui vient directement à l'esprit. Ses parents, sa sœur avaient forcément un regard encore plus impitoyable.

Et pourtant, au-delà de la douleur, qu'y a-t-il ?

La volonté de comprendre un drame, la privation d'affection, de sentiments d'amour, une séparation, une rupture, bref une fracture non réductible.

C'est bien là le premier maillon de la chaîne nous permettant d'avancer qui apparaît ; la séparation, élément ô combien important dans la compréhension du « pourquoi ». Sans vouloir faire ici un exposé selon Freud, je suis en parfait accord avec sa pensée lorsqu'il dit que la séparation du sein de la mère et de l'enfant constitue l'un des premiers traumatismes.

Quel rapport avec un deuil, me direz-vous ? Eh bien, c'est tout simplement le premier pour l'individu. Il y a forcément une gigantesque distance entre le premier deuil et celui énoncé ci-dessus. Alors comment a-t-elle pu se creuser au point de devenir cet abîme de souffrance ? Par le biais de deuils successifs non compris, non acceptés, qui engendrent cette fameuse réaction d'aveuglement.

Cela vous semble idiot et réducteur ? Peut-être. Comment expliquez-vous que certaines personnes vivent au mieux un deuil alors que d'autres portent toute leur vie ce poids insupportable ?

Il ne s'agit pas ici d'éliminer la douleur, mais bel et bien de l'identifier, de la comprendre, de l'exprimer, de la ressentir. Une fois extériorisée, elle laisse un moment de pause s'installer en nous, le temps de l'introspection peut enfin s'amorcer, à moins que d'autres « pourquoi » ne surgissent continuellement.

J'ai pris un cas extrême qui ne souffre pas la discussion arbitraire. Mais c'est généralement dans ce cas-ci, le plus dur, que le « déni », ce refus de comprendre, ainsi que la recherche du « pourquoi » s'instaurent en un éclair. La séparation est une privation injuste qui nous renvoie à bien d'autres situations identiques jalonnées par une dimension bien ennuyeuse : la dimension affective.

En effet, si le deuil, quel qu'il soit, reste une épreuve, c'est bien parce que la dimension affective entre en jeu, et ce, à un point non négligeable. Nous venons de voir une situation d'aveuglement qui est somme toute, tout à fait compréhensible, et loin de moi l'idée de porter un jugement.

Nous entrevoyons ici la notion de la charge binaire comme élément d'analyse indispensable à la question du « pourquoi ». Rappelons un instant que la charge binaire est l'ensemble des facteurs et critères inscrits en nous, digérés ou non et qui conditionnent notre faculté de réponse.

Cette « charge binaire » est plus ou moins dense, souple et permet donc de favoriser l'acceptation d'une situation ou non (binaire n'étant pas à prendre au sens strict, mais plutôt comme une amplitude, un potentiel de 0 à 1). Les sentiments vont donc investir cette « charge » qui vit en nous et commande par notre volonté les réactions qu'on va laisser transparaître.

Du même coup la rupture, quelle qu'elle soit, devient un fait et l'acte en lui-même crée le sentiment d'une part, puis d'autre part, la concentration absolue de tous ces sentiments identiques déjà vécus qui viennent affirmer le poids du ressenti. C'est cette situation qui multiplie les difficultés d'introspection. On ne gère plus un sentiment selon un fait, mais une masse d'émotions cernées de vécus différents.

Si l'on se hasarde à chercher l'analogie scientifique, le même schéma existe en physique quantique. Une onde devient une particule si on l'observe (donc un fait) et cet acte par lui-même crée aussi le sentiment de perception, d'odeurs, de couleurs, etc. De là naît la perception ou plutôt les perceptions combinées de multitudes de particules enregistrées par le passé en une concrétisation sous la forme d'un champ en fleurs, pour donner un exemple.

Ce parallèle est troublant, car il est lourd de sens.

En effet, la preuve scientifique que nous projetons (une réalité faite d'ondes) revient à dire que nos situations de vie senties, ressenties, ainsi que les vécus enregistrés en nous créent une réalité, la réalité que nous voulons bien nous donner. Nos émotions, les actes et faits qui s'y rapportent, interprétés individuellement, selon un mode de perception qui nous est propre, conditionneraient la réalité qui nous incombe.

« Je pense donc je suis » prend tout son sens, « je crée ce que je ressens » devient tangible.

La réponse à la question du « pourquoi » affole nos sens qui du coup sentent bien que c'est elle qu'il faut mettre en priorité avant le « comment ».

Et pourquoi ? Nous venons de le démontrer, la réalité quelle qu'elle soit est nôtre avant tout, ce qui implique une réalité tout autre, bien établie au-delà de nos lamentations.

Nous sommes responsables de ce qui nous arrive.

Poursuivons alors dans le dédale des réactions humaines.

Le déni, le refus de notre conscience à obtempérer face à la souffrance est l'une des réactions. Qu'elle soit justifiable ou pas, c'est pourtant celle qui nous vient en premier à l'esprit, car elle bouscule nos habitudes, notre stabilité et nous oblige à faire un effort, celui de l'attention. C'est cet effort d'attention, bien plus délicat que l'observation elle-même, qui sclérose notre volonté d'introspection.

C'est bien pour cette raison qu'il est illusoire de croire que la réponse à mon « pourquoi » va m'être donnée sans que j'aie un quelconque travail à fournir. C'est tout simplement impossible. Avec la pratique de l'introspection, la notion de « pourquoi » s'étiole jusqu'à mourir péniblement sous le glaive de l'attention.

Philosophons quelques lignes sur le sujet.

J'ai une difficulté qui se présente à moi. Ma première réaction est de me demander pourquoi cela m'arrive ! Très bien, le processus est enclenché et ne peut qu'aller de l'avant, comme vous allez le constater.

1er cas : le refus

Je refuse purement et simplement la réalité des faits, m'imposant par-là même une réponse externe qui est censée me protéger de l'introspection.

Le « pourquoi » est biaisé, je bâtis une fausse réalité, une fausse réponse dont le seul objectif est de m'empêcher de regarder en moi, donc de m'éviter de faire « l'effort », celui que l'on redoute tant. Mais c'est déjà trop tard : par le simple fait de refuser, j'entretiens un effort de mensonge interne qui est peut-être bien plus vaste que je ne le pense.

Le « pourquoi » ne trouvant pas la vraie réponse va alimenter ma conscience en de nouveaux « pourquoi », jusqu'à ce qu'une bribe de réponse vienne satisfaire mon ego. L'énergie dépensée à masquer la réalité en voulant noyer l'effort est proportionnellement de 2 à10, voire 20 fois supérieure à celle que j'aurais pu utiliser pour regarder en moi ce qui s'y passait. Selon mon entêtement, le poids de l'effort prend de l'inertie et s'accouple insidieusement avec son faux frère : la frustration.

Le temps ne fait qu'accroître la densité de la souffrance et joue le rôle d'arbitre, comptant les points marqués par l'aveuglement.

2e cas : la résignation

Cette réaction teintée de soumission, de renoncement ou de démission véhicule souvent les idées de lâcheté, d'abandon ou d'apathie qui engluent nos sens, nos jugements.

Cette protection d'introspection embrume l'esprit et cherche à faire disparaître le « pourquoi » en passant directement au « comment ». On saute l'étape, sans se donner la moindre chance, avec pour seul objectif la fin de tout ça, au plus vite ; accepter sans même poser de question.

L'effort existe, mais à des milliers d'années-lumière de la personne qui joue le jeu d'une victimisation extrême d'où toute tentative de recherche de solution est exclue. La démarche d'auto-analyse est ici stoppée nette par une absence de motivation et l'effort n'a pas lieu d'être.

Ce cas est sans doute très lourd à porter car, être résigné et convaincu, c'est avoir confié sciemment sa vie en d'autres mains, c'est refuser l'autonomie de penser, c'est un suicide lent où le champ introspectif se réduit comme une peau de chagrin.

3e cas : la fuite

Il est évident que, quelle que soit la réaction face au « pourquoi » d'une situation, la composante fuite s'active avec plus ou moins d'intérêts selon les cas.

Mais ici, lorsque je parle de fuite, cela traduit l'excès d'efforts gigantesques concédé aux actions « anti-prise de conscience ».

Cet effort sans fin dépasse le refus simple, il le discrédite avec dédain, ne lui accordant aucune consistance propre. Pour lui, il ne s'agit pas de refus, c'est de l'acceptation via des plans d'actions inimaginables et limites inconscientes. Il efface le refus de la contre conscience, fuyant à l'extérieur, au-dehors des schémas d'analyse internes à la personne.

Le tourbillon du questionnement « pourquoi » devient fou et augmente proportionnellement l'effort jusqu'à ce qu'il bute un jour sur un fait qui puisse lui permettre de passer à un autre mécanisme de réaction.

Ayant moi-même fait les frais de ce type de réaction, je sais que le chemin abrupt vers l'introspection peut-être extrêmement long, surtout s'il est double (en couple).

4e cas : l'acceptation

Habile construction des différents éléments spécifiques à la réaction, c'est le cas où l'équilibre émotionnel et rationnel cohabite au sein d'un même état d'esprit : l'harmonie.

L'effort émis en direction de cette approche est conscient, réfléchi, analysé, senti, exprimé ; bref, cet effort n'est pas synonyme de parcours du combattant, mais plutôt d'outil salutaire, révélateur de vraies réponses aux « pourquoi ». Du coup ces réponses n'en sont même plus, car le pourquoi s'élimine. La violence du « pourquoi » cède la place au regard intérieur.

La volonté de vérifier la pertinence de la prise de conscience, après avoir posé l'acte d'observer la situation, est le moteur, l'énergie calculée qui soulage et apaise l'esprit. Elle permet d'entrevoir plus aisément le « comment » en toute connaissance des faits.

L'on réduit ainsi la marge d'erreur par l'action, en privilégiant dans un premier temps le regard intérieur.

Ces quatre façons de réagir face à une situation de « pourquoi » ne sont pas exhaustives.

On ne fonctionne pas exclusivement selon le cas n° 1 ou n° 3. C'est un peu comme dans une recette de gâteau où l'on combine plusieurs ingrédients, la difficulté résidant dans le fait de réussir le gâteau sans le brûler et surtout de savoir le démouler.

Voyons tout ceci au travers d'un scénario que j'ai moi-même expérimenté de façon très « brillante ».

Alors que je me trouvais sans emploi depuis plusieurs mois et que mon ex-femme assumait des boulots sans intérêt, je m'apitoyais lâchement sur mon sort, incapable de trouver une stabilité quelconque. Je fuyais dans des projets totalement irréalistes, résigné d'avance : une amplitude phénoménale jalonnée de refus de prise de conscience de mon comportement asocial. Le « pourquoi » n'était certainement pas à l'intérieur de moi-même, je le projetais généreusement sur un monde dur et inhumain et surtout sur l'éducation que mes parents fautifs m'avaient donnée.

Une telle confusion interne, avec le refus d'accepter mes faiblesses, m'entraîna un temps dans la spirale de l'alcool, de la nourriture et bien sûr de la maladie. Je dois bien admettre aujourd'hui que les premières bribes d'acceptation des faits se sont fait attendre au sein d'une douleur que j'avais méthodiquement stratifiée. Cette sinistrose auto-programmée fut bien plus rigide que toutes les règles que je percevais à l'extérieur comme intransigeantes. La grandiloquence de mes jugements avait valeur d'évangile. Le seul petit problème était que l'écho autour de moi ne me revenait jamais comme je l'attendais. Je cherchais mes limites, les contours de ma personnalité que j'avais pris soin de laisser être modelée par les autres.

Ne confiez jamais à autrui ce que vous pouvez faire vous-même.

Pour parvenir au schéma d'acceptation, je passais du refus catégorique à la fuite, puis à la résignation. Ce n'est qu'après m'être fait bien mal dans ma tête, puis dans mon corps, que la lueur de l'espoir d'acceptation naquit. Et si la réponse au « pourquoi » était en moi avant tout ? Si le « pourquoi » existait comme étant mien d'abord, support de travail au « pourquoi » des autres ? Si le pouvoir de mes pulsions à me détruire pouvait me servir à construire, à me construire, non plus pour les autres, mais par les autres, en ayant cerné mes limites ? Et si l'imaginaire et la projection d'un futur idéalisé, c'était maintenant, ici, au temps présent ? Autant de questions-réponses qui laissaient supposer l'émergence d'une notion fondamentale : les limites.

Se regarder le nombril aide à ne plus souffrir

Ce n'est pas une invitation narcissique, bien au contraire ! C'est un appel à s'observer dans un premier temps, voilà tout, sans jugement, en laissant son ego de côté.

Nous ne sommes pas encore dans le « comment », mais bien plus en amont du « pourquoi ». L'étiologie du mal-être est certes bourrée d'explications sur les raisons qui tentent de prendre le pouvoir dans notre vie et cela nous échappe souvent parce qu'il nous semble plus évident de scruter les réponses à l'extérieur qu'à l'intérieur.

Commençons par définir ce qu'est la relation avec soi-même.

Une courte analyse du mot « relation » inonde rapidement le papier d'autres mots qui nous paraissent familiers. Être en relation avec soi-même implique l'idée de communication interne. Curieux peut-être, car comment communiquer avec soi-même ? La communication dénonce un émetteur et un récepteur. Dans ce cas précis, je suis les deux ? Non, pas tout à fait, c'est un peu plus compliqué.

Il vaut mieux dans un premier temps définir ce que nous sommes et comment nous fonctionnons.

Comme nous l'avons déjà dit, la nature nous a dotés de cinq sens qui nous permettent de nous repérer dans le temps et l'espace et du coup de prendre conscience d'une réalité. Comme elle ne fait jamais les choses à moitié, cette conscience a une petite sœur ou plutôt un petit frère que l'on nomme inconscient. Vous verrez par la suite que ce cadet bien timide nous sert très souvent de caution ou d'excuse.

La conscience est la faculté de percevoir sa réalité, c'est l'ego (le moi) qui apporte en cachette de la nourriture à son petit frère, l'inconscient, toujours trop réservé celui-là.

Cette relation du conscient vers l'inconscient existe grâce à l'environnement extérieur qui nous permet de nous approprier nos limites dans les domaines de la pulsion primitive ou irraisonnée (appelée le ça) ou vers des fondements plus moraux et rigides (le surmoi). Le malheur pour nous autres est que l'ego, qui pense exister de façon unique et privilégiée, se bat contre son petit frère, très discret, qui du coup profite du moment de sommeil pour le bombarder de ses réflexions oniriques. Il faut dire que dans la journée, il n'a pas grand-chose à dire et trouve que son mutisme est parfois pesant. Alors il se venge et balance dans le sommeil les enregistrements qu'il a perçus dans la journée, subit en silence et tente d'alerter le conscient avant son réveil. Quand cela n'est pas suffisant, il est plus vicieux, ce petit malin, et impulse des réactions parfois douteuses qui ne sont rien d'autre que le produit du ras-le-bol de l'inconscient.

Imaginez un instant notre inconscient bridé sans cesse alors qu'il aimerait souffler un peu devant les bagarres incessantes du ça et du surmoi, ses deux enfants. Alors il végète, il attend et arbitre les combats, et quand il n'en peut plus, saute dans le tas. Il conditionne ses réactions en une seule, qu'il arrivera bien à faire passer dans le conscient. Concrètement, cela s'appelle « péter les plombs » pour un rien, alors qu'en fait le refoulement dans l'inconscient depuis x temps n'a plus assez de place pour s'exprimer. Ça, c'est un cas courant, dit normal, où les grosses pathologies, névroses, psychoses sont présentes en sous-marin, au cas où !

Cette présentation sommaire de la vision psychanalytique classique manque à mon avis d'une dimension non négligeable : Métaconscience.

L'on y revient enfin car, c'est bien en elle que réside la clé du repos de nos consciences. Elle joue un peu le régulateur entre conscient et inconscient, comme le surmoi avec le ça.

La seule différence, c'est qu'elle n'est pas proscrite dans un espace confiné, obligée de subir un frein quelconque. Elle est partout à la fois et son aspect éthérique, si subtil, nous laisse souvent croire qu'elle n'existe pas !

Cela se complique terriblement pour le quidam qui sait à peine qu'il a un conscient et un inconscient. Pourtant, s'il y regarde de plus près, il sait pertinemment trouver cette troisième conscience, dite Métaconscience. Elle le baigne depuis tout petit, forcément, car il en est issu comme nous tous.

De quoi est-ce que je parle ?

Vous savez bien, ce que certains appellent le Créateur, d'autres l'intelligence supérieure, Dieu ou encore la structure mathématique et physique parfaite. Les uns l'enferment dans des temples ou églises, l'identifiant sous le nom de foi, les autres dans des formules et de savants calculs sous le nom de science. D'autres encore tentent de la saisir par le biais de pensées philosophiques ou d'essais psychologiques. Reportez-vous à la notion de Métaconscience plus avant et vous saisirez cette idée complémentaire.

Alors intervient l'autopsie (l'auto-psy ?) de la relation avec soi-même.

Qui dit relation évoque l'échange, la communication de l'émetteur et du récepteur. Le récepteur est constitué par notre conscience, notre inconscient et la Métaconscience qui sont l'émetteur également. Comme le serpent se mord la queue, cette histoire frise l'absurde ! Pas de panique, tout est très simple.

Le fait de recevoir des informations dans notre conscience passe dans notre inconscient.

Elles viennent d'où ces informations ?

De l'extérieur, des autres, mais également de ce sixième sens qu'est la Métaconscience, telle une petite voix intérieure. Rien d'anormal si l'on reprend notre vision holographique du monde dont nous sommes le fruit, le petit morceau de Métaconscience, super-conscience d'un autre univers, d'un autre espace-temps (qui est aussi le nôtre).

Cette super-conscience est à l'intérieur comme à l'extérieur, car elle construit le tout. Du coup elle est aussi émettrice, tout comme les autres personnes avec leur conscient et inconscient, ainsi que toutes les informations qui sont à l'extérieur de nous-mêmes. Par le simple fait d'accuser réception, si l'on peut dire, des informations extérieures, nous enclenchons une réponse, des réactions et donc devenons des émetteurs.

C'est un peu la vision d'une vis sans fin dont le but est de maintenir le système en équilibre sans donner trop d'importance à une conscience plus qu'à une autre. Lorsque je souhaite être en relation avec moi-même, c'est que je suis conscient d'une chose essentielle : mes limites.

L'aspect subjectif de toutes ces notions de conscience nous éloigne à tort de la définition des limites qui pourtant vont modeler, façonner, créer notre personnalité, notre caractère, notre essence existentielle, donc notre réalité.

Ces détours vers les chemins de la conscience sont nécessaires pour connaître le « pourquoi » de l'établissement de tant de barrières. Notre mode de perception de l'information va concrétiser un mode de réaction, de pensée et donc une réalité.

> *Connaître ses limites, c'est saisir l'importance de leurs influences. Accepter ses limites, c'est communiquer clairement ses sentiments.*

C'est l'interaction de toutes ces notions qui au premier abord n'invite pas à la réflexion.

Là encore, l'effort d'analyse de notre mode de fonctionnement revêt des allures de chemin de croix. C'est pourtant une vision faussée ! Le chemin de croix commence pour celui qui se dérobe devant l'auto-analyse. A-t-on déjà vu un pilote de formule 1 arriver dix minutes avant le départ sans connaître sa voiture et gagner la course ? Ce serait drôlement audacieux, voire inconscient !

Le plan d'action/réaction humaine est identique. Si je ne me connais pas moi-même, comment puis-je avancer sans encombre dans la vie ? Je vais donc définir des stratégies, des moyens de reconnaissance sur lesquels je puisse m'appuyer (cela est largement développé plus loin).

La question qui demeure en rapport avec le « pourquoi » est : mais qu'est-ce qui fait que ce jeu de communication interne est possible ?

Nous avons observé une partie au travers de trois types de conscience, mais d'autres facettes restent dans l'ombre !

La souffrance de la relation sous influence

Entrer en communication avec soi-même, c'est accepter d'ouvrir la porte à autrui, sans se laisser déborder par ce que l'on peut trouver derrière.

Comment est-ce possible ? En se protégeant ? En suivant les quatre cas observés précédemment ou en limitant le flux d'informations que l'on nous communique ?

J'opte pour la seconde solution qui me paraît bien plus sage, voire plus efficace.

Seulement voilà, limiter le flux de données, c'est limiter l'émotionnel, c'est brider l'affectif au détriment du rationnel tout puissant. En d'autres termes, cela revient à dire que nous tentons vainement de circonscrire l'influence de l'autre. Cette influence captive l'attention, tente d'amener le récepteur à épouser sa cause. Elle est une négociatrice perspicace qui connaît toutes les notes qui composent la partition de la symphonie de la vie.

Nier l'influence revient à nier les fondements mêmes de la communication. Lorsque nous échangeons, notre objectif implicite est bien de nous faire comprendre et de tenter d'amener l'autre à accepter notre schéma de pensée. Si c'est ce qui se passe tout naturellement, il n'en demeure pas moins que le simple fait de transmettre une information à quelqu'un ne peut que lui apporter un complément, donc susciter une réaction, quelle qu'elle soit.

L'influence naît de « l'accusé de réception » de notre conscient tout d'abord, puis, de façon plus tardive, des réactions de notre inconscient. Cette valeur ajoutée à la communication, cette substance intrinsèque à notre esprit va conditionner nos réactions et bâtir de la naissance à la mort un empire organisé en termes « d'affects » et de « patterns ».

Sous le nom d'affects se cachent les différents états affectifs élémentaires qui construisent notre vision globale affective. L'on peut parler de notre mode d'identification des sentiments, ceux de l'extérieur façonnant ceux de l'intérieur, jusqu'à délimiter une identité propre à nos sentiments.

C'est au cours de ce mode d'identification que naissent les « patterns », ces schémas ou types de plans, de stratifications inhérents au fonctionnement du psychisme humain. Tout cet assemblage de pièces rapportées s'actualise dans le temps et est censé poser les limites selon les perceptions émettrices enregistrées.

Oui mais voilà, c'est ici que l'influence agit et essaie d'assumer son rôle et sa fonction. Quels sont-ils ?

Le rôle de l'influence est de présenter une image, de soudoyer l'émotif au regard de celle-ci, de jouer sur la corde sensible en faisant appel aux ressentis comme une valeur étalon.

Sa fonction est de placer, d'intégrer « le pattern » de l'individu en cherchant à le modifier selon sa propre image.

Présentée de cette façon, l'influence ne fait pas bonne figure et contribue largement au déploiement d'une myriade de parades, de protections efficaces contre l'envahisseur : les sentiments de l'autre.

Pourquoi ? Pourquoi craindre l'influence à ce point ? Y a-t-il danger de mort quelque part ?

Qui d'entre nous n'a pas ressenti un jour une petite culpabilité face à un être cher qui nous fait comprendre le manque d'attention à son égard ?

Le message est reçu 5/5, la preuve en est qu'une drôle d'impression de malaise s'insinue malgré nous.
La communication est établie, reste à comprendre ce qui s'est passé.

Quand la mémoire devient notre réalité

Nous vivons dans un monde où la notion de temps ne cesse d'accroître son pouvoir sur nos frêles épaules. La représentation psychique que nous nous en faisons valide le pouvoir ascendant de la notion inconsistante qu'est le temps.

Rien d'irrationnel, me direz-vous ! Une valeur immatérielle que l'Homme tend à rendre vérifiable en fixant des paramètres en heures, années et siècles, par exemple.

Ce sont ces paramètres, ces limites qui nous sont si chères qui vont pourtant nous déstabiliser considérablement.
Qui dit paramètres, dit mesures, donc évaluation et observation. Le schéma classique est en place, on a observé, donc créé une réalité.

Seulement voilà, là où l'influence devient une autorité bien embarrassante, c'est qu'elle n'intervient pas qu'une fois au cours de la vie ! Le moins qu'on puisse dire, c'est qu'elle vit en nous du début à la fin. Pris sous cet angle, c'est un vrai drame qui nous guette à la moindre parole. Mieux encore, à partir du moment où vous êtes conscient d'être vivant, vous communiquez, donc vous émettez et vous recevez de l'information, et forcément une dose d'influence.

Quelle horreur ! Aucun contrôle a priori sur cette satanée influence qui vit en tout et partout. Ça me rappelle quelque chose, comme notre fameuse Métaconscience, nous y reviendrons.

L'influence va devenir une entité à part entière qui va trouver l'âme sœur en la personne de madame « mémoire ». Un couple magnifique qui rayonnera toute notre existence, et qui imposera parfois de manière impitoyable sa dure loi du : « Attention danger, regarde par le passé ».

Une mutation insidieuse s'opère sous nos yeux, sans complexe : l'influence donne vie à la mémoire émotionnelle.

Nous sommes en droit de nous demander pourquoi c'est si dangereux ? Par le simple fait que, de ce vivier émotif, nous allons rapidement chercher, scruter, ratisser la moindre information susceptible de nous amener la réponse au « pourquoi je souffre », et surtout au « comment je peux faire pour sortir » de la nouvelle situation rencontrée.

Si cela s'arrêtait là, le danger ne serait pas bien grand. Mais imaginez un instant que votre mémoire, construite sur des influences qui vous ont pétri de certitudes infaillibles, ait acquis une puissance si profonde en vous qu'elle ne soit plus que la seule et unique source de vos réactions. Cela reviendrait à dire que votre expérience du passé, votre vécu dicte vos réactions et prend le pouvoir sur vos décisions présentes, voire à venir !

Le passé n'est pas le présent, même pas un pâle reflet : il est mort.

Le temps peut alors devenir un terrible ennemi, personnalisé sous forme de « patterns » programmés et reprogrammés dans le même sens.

Il existe bien une actualisation de vos informations, mais sans le savoir, ce n'est pas vous, au moment présent, qui décidez de votre réaction, mais votre vécu, vos limites passées, vos influences et expériences rencontrées.

Vous allez me dire qu'après tout, c'est bien la sécurité et le cadre fixés qui nous servent d'exemples. En fait, je ne le pense pas. La notion d'effort, de regard en soi est souvent balayée au profit du vécu, de ce vieux réflexe sécuritaire qui s'intronise valeur étalon. J'appelle cela de la répression introspective, de la mémoire morte, en fait une simple donnée, de l'information, rien de plus. Notre grand-mère de quatre-vingt-dix ans, malade, nous a toujours appris dans notre enfance à soigner les personnes âgées, puis plus tard votre femme infirmière s'évertue à vous convertir à la gériatrie appliquée.

Qu'en est-il de vos sentiments ?

Il serait étonnant de vous coincer en train de piquer le sac d'une délicieuse mamie ?

La réflexion de grand-mère vous paraît fondée et une cascade de flèches « mortificatrices » transperce votre cœur pitoyable. Je ne vous encourage pas non plus à lui soutenir que son chantage affectif suffit.

Alors à qui s'en prendre ? À eux ? À l'éducation ? À vos parents ? À votre femme ?

Il y a bien un responsable dans cette situation ! Très juste, et ce responsable, c'est vous ! Je sais, cela fait mal, mais tant qu'à faire, crevons l'abcès tout de suite.

Être lucide sur son existence passée et présente, c'est se donner les moyens d'assumer ses responsabilités propres, ici et maintenant.

Responsable, mais pas coupable

Lorsque l'on évoque la notion de responsabilité personnelle, on peut s'attendre à évoluer en terrain miné.

« Jeter le bébé avec l'eau du bain » nous frôle l'esprit et certains vivent joyeusement en toute insouciance cet infanticide. Si je me permets cette métaphore ironique c'est qu'elle traduit trop souvent nos comportements, à la seule différence que l'enfant s'apparente à la nouvelle situation rencontrée et l'eau à l'environnement intérieur.

Colette Portelance dans son livre *La Communication Authentique*, donne une définition de la responsabilité tout à fait intéressante : « *La responsabilité, c'est la capacité d'une personne à exercer le pouvoir sur sa vie en cherchant en elle-même la source de ses souffrances, en travaillant à se transformer plutôt que de blâmer les autres et d'exercer un pouvoir sur eux, en essayant constamment de les changer* ».

Une définition ô combien réaliste qui tranche avec les discours de l'Église, des scientifiques ou des médecins.

Voici qu'on entre dans le vif du sujet, qui n'est autre que notre personne, actrice et metteur en scène de sa vie.

Au cours d'une formation que j'animais, un participant m'interpella sur cette notion de responsabilité en me disant : « Attendez, celui qui naît dans une famille de Sarcelles à la 7ème ou 8ème place n'est pas responsable de son sort ! ». Une remarque fondée, certes, mais totalement hors sujet de la responsabilité telle que je la conçois.

On ne naît pas responsable, on le devient.

Quant à la possibilité d'un schéma lié à la réincarnation, je ne l'exclus pas totalement et je garde cette approche pour plus tard.

Un grand débat a longtemps opposé les psychologues sur l'inné et l'acquis. Dès qu'il y a communication, influence, on touche à l'acquis.

Doit-on considérer le fœtus dans l'inné ou dans l'acquis ? L'inné serait purement biologique, donc intramoléculaire (ADN), l'acquis interviendrait dès que la vie a conscience d'exister ?

L'intelligence qui organise la fécondation du spermatozoïde et de l'ovule est-elle déjà une conscience intelligente ou un simple mécanisme ?

Cette question, vous allez le voir, prend tout son sens face à la notion de responsabilité. Elle révèle l'importance du rôle et de la fonction de la Métaconscience qui n'est autre qu'un état de conscience permanent, en tout et partout, qui baigne nos consciences. Cela revient à dire qu'il y a une responsabilité sous-jacente à nous-même qui est ancrée en nous avant l'inné, avant l'acquis, et qui du coup ne nous dégage absolument pas de celle-ci. Au contraire, nous sommes composés de « particules » de responsabilité, donc entièrement responsables de nous-mêmes et, pire encore, des autres. Toutes relations interpersonnelles créent un réseau gigantesque d'influences, hors du temps, qui ne peut s'actualiser, se reprogrammer qu'au présent, à l'instant (T) de conscience en profitant de l'échange, de l'autre comme miroir de nos émotions, de nos ressentis.

Lorsque j'écris : « On ne naît pas responsable, on le devient », cela équivaut à dire que l'on prend conscience de la responsabilité qui nous habite, du pouvoir qui est en nous et par le fait d'observer, la responsabilité devient effective, tout comme la moindre particule qui prend forme sous nos yeux.

Il devient alors impossible de rejeter la faute sur autrui. C'est l'hôpital qui se moque de l'infirmerie dans le cas contraire. Dire que l'on n'est pas responsable de notre naissance est ridicule, car nous devenons responsables « tout court » quand nous sommes conscients d'être là ! Forcément, celà signifie être conscient, donc influencer, tout comme être influencé, communiquer et échanger.

Au cours d'une autre formation, un stagiaire me dit : « Mais si je ferme les yeux, si je me bouche les oreilles, si je reste assis sans rien faire, je ne communique pas ! ». Faux ! Le simple fait d'être conscient du vide que l'on s'impose déclenche obligatoirement « l'effort conscience ». La non-communication totale n'existe pas, car même si l'on se refuse aux informations extérieures, l'information intérieure, notre pensée, elle, se sert de cette non-communication pour réfléchir, échafauder de nouveaux plans.

Quoi qu'on fasse, il est regrettable pour l'Homme d'admettre qu'il n'a pas de pouvoir sur une chose : le mode de l'information. Et pour quelle raison ? Car il est lui-même de l'information qui circule sans frontières. Celui qui croit maîtriser l'information au XXIe siècle n'a rien compris.

On ne peut bâillonner les perceptions individuelles. Il est possible de les influencer. Mais croire que l'on peut créer un schéma identique de pensées en une seule concentration de message unique et standard est : ***stupide***.

Observez les systèmes et régimes totalitaires qui finissent par imploser un jour ou l'autre. Quelle utopie de croire qu'un genre unique de pensée, d'information, caractérise l'idéal de l'homme[7] . En tout cas, pas sur cette planète, j'en suis sûr.

---

[7] À l'exception, peut-être, de l'amour universel qui reste cependant une notion subjective.

Nous sommes composés de milliers de pièces différentes, de milliards de particules. C'est la diversité qui fait notre originalité de conception. Comment pourrions-nous échapper à notre nature faite d'interactions constantes, celle-là même qui régit le monde, nos esprits, sous prétexte qu'il faille désigner un coupable ?

Non ! Je vous le redis, non !
On ne maîtrisera jamais l'information !

Mais par contre, il est probable d'imaginer contrôler son information, son monde d'information. Et là, pas question d'aller chercher le responsable à l'extérieur ; c'est de votre information qu'il s'agit ! Celle qui vous compose et celle que vous entretenez, noyée dans le champ d'influence de l'Information avec un grand I. Vous saisissez la nuance ?

Vous êtes responsable de votre choix de vie, de votre liberté, de vos limites, du pouvoir que vous donnez à autrui. Nier cette évidence porte un autre nom : « la fuite de conscience ».

J'en vois parmi vous qui me lisent du bout des yeux, en pensant très fort : « c'est facile d'écrire ça, mais dans telle ou telle situation… ». Taratata, au lieu de gémir, voyons « pourquoi » (toujours lui) ce que j'écris renoue avec le bon sens.

Chapitre VI

Besoins et désirs : quelle différence ?

Il n'est pas toujours bien vu par l'ego d'entendre ce que nous venons à peine de démontrer : « Vous êtes responsables de vos choix ! ». Généralement lorsque je dis ce genre de chose en thérapie ou en conférence, je ressens très souvent des impressions proches de celle d'un condamné ficelé au poteau, prêt à recevoir une belle rafale de balles au travers du corps. Je sais alors que j'ai fait mouche ! Faire réagir ses concitoyens sur un tel sujet nous replonge directement dans la causalité, car bon sang de bon soir, on veut bien admettre avoir une responsabilité quelque part, mais il ne faudrait tout de même pas pousser le bouchon trop loin ! Nous sommes certainement esclaves de quelque chose qui nous pousse parfois à agir avec plus ou moins de conscience effective.

Bingo ! Voici enfin venir dans toute sa splendeur le spectre terrifiant d'une notion qui va réconforter cet ego prétentieux, je veux parler de la notion de besoins. Vous voyez ? Tout va bien !

Va-t-on enfin apporter la preuve de la culpabilité externe à l'Homme ? Existe-t-il donc une notion qui mettrait en déroute les vieilles institutions déchaînées de nos consciences acculées ? Peut-être !

Il n'est pas question ici de réécrire la pyramide des besoins selon le brillant psychologue américain A. Maslow. Toutefois, j'esquisserai volontiers un portrait explicite de cette notion de besoin qui excite de manière significative nos neurones et ce, sous l'approche Métaconsciente.

À l'instar de son enfant chéri « le désir », le besoin s'immerge aisément dans l'océan de pensée relatif à l'inné et à l'acquis.

Lorsque l'enfant quitte l'antre de sa mère, ses perceptions premières ont de quoi l'inquiéter en référence au monde d'où il vient. Très vite se fait sentir une petite faim dans cet estomac tout neuf qui, allez savoir pourquoi, va torturer le bambin jusqu'à obtention de faveurs, c'est-à-dire de nourriture.

Voilà une définition primaire du besoin, dit alimentaire, et qui, comme vous le constatez, induit derechef désordre et déséquilibre dans le sein même de l'innocence. La vie ne fait que commencer et déjà son lot de petits tracas lui succède.

Ce n'est pas sans compter sur notre très chère conscience, bien jeune elle aussi, mais qui fourmille d'ingéniosité et de subterfuges divers. Lesquels ? Les désirs.

Les besoins étant satisfaits, notre petite conscience pleine de pétillantes et nouvelles ressources va essayer de tirer la couverture à elle, en toute naïveté. Papa et maman comprennent que lorsque je pleure, ils doivent me prendre pour satisfaire un besoin, alors pourquoi pas leur présenter le petit frère désir ?

Eh oui ! Le biberon c'est normal, mais le dodo entre papa et maman c'est encore mieux ! Qu'on me change la couche reste fondamental mais que l'on me porte des heures durant ça me promène ! Un rapide raccourci, mais criant n'est-ce pas ? (Surtout pour les parents).

Un regard humoristique qui traduit joyeusement la transmutation réaliste d'un état premier à un état second.

L'évolution du besoin en désir accapare méticuleusement toutes les huiles essentielles des rouages de la dépendance et logiquement de la codépendance.

Ce qui importe ici, c'est de comprendre « pourquoi » un tel mécanisme se met en place et surtout quels canaux endiguent le flux de nos besoins et désirs.

La traduction bouddhiste, quel que soit l'enseignement (Tchan, Zen, tibétain), relate avec force et conviction l'intérêt pour l'esprit humain de se détacher, voire d'abandonner ses désirs. Il y a là éviction à mon avis de la notion fondamentale du besoin telle qu'on l'entend en Occident. Ce courant spirituel s'attache plus précisément à cerner la tessiture de l'harmonie liée aux désirs, nommant d'emblée par « dharma » la subtilité transfuge des besoins. Ils n'en dénombrent pas moins de huit, appelés dharmas mondains, résumés par Nagarjouna de façon suivante :

« Acquérir les choses matérielles ou ne pas en acquérir ; le bonheur ou le malheur ; les sons intéressants et les sons inintéressants ; la louange ou la critique ; ces huit dharmas mondains ne sont pas les objets de mon esprit. Pour moi, ils sont tous pareils. »

Comme j'envie ce sage qui observe une telle neutralité à l'égard de ce que nous appelons les choses de la vie. Le moine bouddhiste démontre que le désir s'accroche à l'esprit et que ce dernier accentue la nature du désir en créant d'autres désirs. La spirale infernale s'élève et perturbe nos pensées prisonnières de leurs propres créations, disons même leur auto création.

La traduction plus simpliste que l'on peut proposer tient en peu de mots : inutile d'acquérir des désirs, car ils sont sources de problèmes. En choisissant la voie du milieu, celle du dharma, on retrouve son unité, son équilibre et zou ! Fini les soucis.

Plus efficace en durée que la potion du druide Panoramix, il ne faut toutefois pas espérer une dilution au sein de nos tissus aussi rapide que le fameux breuvage gaulois. Le « hic », si je puis m'exprimer ainsi, se cache sous les traits de la formidable force intérieure, cet « effort » d'introspection auquel cela nous engage.

Un peu trop éthérique cette substance, pour nous autres occidentaux. Quoique la religion bouddhiste tente une percée brillante ces derniers temps au détriment de nos vieilles religions judéo-chrétiennes poussiéreuses. Parlons-en un moment.

Dans la genèse de la Bible, c'est aussi là que se situe toute l'origine de nos maux, puisque le désir suscité par le vil serpent va perturber considérablement Adam et Ève, eux qui n'avaient comme seuls et uniques besoins de nombreuses balades naturistes sous le regard du Père.

La Chrétienté, nous l'avons vu, s'est rapidement improvisée mère abusive et a permis de laisser dans le besoin, selon ses désirs, ses paroissiens esseulés. Les besoins prenaient l'allure de sceptres endiamantés et les désirs d'emprise et de pouvoir divin. Mais cependant, le message dirigé vers le pèlerin restait toujours le même : « Le désir est péché, et le besoin doit être ridicule et austère ».

Voilà un point commun à de nombreuses religions, et je ne m'étalerai pas davantage sur cet aspect.

La médecine traditionnelle associe l'idée de besoins à l'équilibre vital, et aux moyens qui sont sollicités afin de maintenir celui-ci en vie. Il faut attendre Maslow pour ouvrir la porte à une nouvelle génération de besoins, qui se confondent en évolution avec les désirs. Cette phagocytose cyclique trace un nouveau chemin, moins terre à terre, où la dimension holistique émet ses premiers signaux de vie.

Malgré l'influence de Descartes et de nombreux philosophes antiques, la médecine ne se refait une santé que depuis quelques dizaines d'années. Stupéfaite face à l'évolution technologique invasive, elle découvre que la viande humaine se nourrit aussi de pensées.

L'étrange frontière du besoin en désir s'effondre sous la complicité des scientifiques médusés. L'interaction maléfique sévit en nous faussement, déroutant les plans établis par la cervelle humaine. Les besoins sont un fait, les désirs tout autant. Une décalcomanie indélébile qui dessine le contour fragile de l'esprit humain et de son pouvoir latent. Il devient archaïque de penser le corps humain comme un édifice érigé à la gloire de l'alimentation saine et de ses premiers dérivés.

> *Besoins futiles ou désirs essentiels, besoins frivoles et désirs rudimentaires, une perception antinomique qui consolide les frémissements d'un nouvel entendement social : les désirs supplantent les besoins.*

La force d'impact de nos moyens modernes de communication dicte un totalitarisme nouveau, envahit la conscience individuelle afin de mieux modeler notre conscience collective.

L'ère de la consommation absolue exacerbe besoins et désirs. Observons cet imbroglio infâme de subtilités mercantiles qui singent la nature en tentant d'adopter des comportements subtilisés à l'être humain.

L'objet n'est plus convoitise, il devient identité inscrite en nous, collusion implicite collective sous l'égide du besoin et du désir désemparé. La perte de nos repères sociaux s'intensifie et vient corroborer les fascinantes découvertes scientifiques quantiques.

Tout bouge, un perpétuel mouvement organisé en mouvement organisé en amont qui fluctue, passe par divers stades et cherche à trouver l'équilibre dans la plus grande cacophonie sociale. L'entropie et la néguentropie se confondent, apportant consistance à un fait immuable : besoins = désirs.

Plus fort encore : l'un alimente l'autre, l'un accouche de l'autre. Une coagulation instantanée qui cicatrise plus ou moins bien selon l'état du malade, de nous-mêmes, de notre capacité de lucidité via notre conscience.

L'on en revient toujours au même constat : tout n'est que magma sans forme descriptible et tout est simple et limpide comme de l'eau claire. Cette imbrication infernale, cette réalité irrationnelle mine nos modes de pensées, saccageant repères et limites.

Telle une mort annoncée à la nécessaire évolution, régénératrice et créatrice de la vie.

Le « pourquoi » à cette situation n'a pas plus de sens que de s'en prendre à ses chaussures parce que les lacets sont trop serrés. Le terrain du « comment » se prépare doucement. Néanmoins il reste à comprendre quels sont ces besoins/désirs qui encadrent la personne, et je vous proposerai quelques définitions non exhaustives bien entendu.

Le besoin d'amour

Je me serais volontiers contenté de vous présenter cet unique besoin comme celui qui est à mes yeux l'essentiel, au risque d'emprunter un langage évangéliste. De quoi s'agit-il finalement ? Scindons en deux cette notion.

Nous venons de disséquer la notion de besoin sans avoir abordé in abstracto le concept de la dépendance.

Si le besoin crée la dépendance, c'est que l'esprit s'accroche coûte que coûte à une sécurité virtuelle qu'il construit, façonne avec le temps. Il lie une nouvelle artère nourricière, entre le cœur de la pensée et l'action projetée dont l'on attend la réponse.

De là va se constituer l'action, la réaction afférente à nos modes de perception individuelle.

Comme le suggère Marcel Proust : « *L'avenir est ce qui existe dans notre pensée* ».

En clair, toute projection sécuritaire ou non n'est que la création de notre pensée, des limites que l'on se met consciemment ou non ici et maintenant. La dépendance existe par le fait qu'elle est le fruit de la conscience, d'un acte d'observation qui a permis de porter un jugement sur lequel l'on va s'appuyer mordicus afin d'évoluer.

Votre taux de dépendance dépend de votre taux de conscience.

Si vous acceptez facilement l'hypothèse que l'évolution passe par la mort et la renaissance et que c'est l'équilibre en mouvement auquel il faut s'attacher, votre taux de dépendance sera faible. Si vous refusez l'évolution, négligez la remise en question et que vous vous laissez dicter votre vie selon la peur de tout perdre, vous avez un taux de dépendance fort. L'effet boule-de-neige ne se fait pas attendre longtemps, car une forte dépendance entraînera un besoin grandissant et des désirs proportionnels.

N'oubliez pas qu'en physique quantique, le désordre se nourrit de désordre qui amène un dérèglement plus grand, jusqu'à la destruction de celui-ci. Le besoin en lui-même tout comme le désir et la dépendance n'est pas condamnable. C'est la gestion de tout cela qui laisse souvent à désirer et bouscule notre état de conscience friable. Ce qui devrait être assimilé au piquant de la vie est souvent synonyme d'assujettissement, de soumission, voire d'esclavage.

L'amour quant à lui rappelle à l'ordre.

La définition du Petit Robert est la suivante : « *disposition favorable de **l'affectivité** et de la **volonté** à l'égard de ce qui est **senti** ou reconnu comme **bon**, diversifié selon l'objet qui l'inspire* ». Tout un programme !

Il est cependant étrange de repérer aussi aisément des particularités également communes aux besoins et aux désirs.

L'émotion, cette perception enflée traque sans vergogne le trouble, le chaos psychologique qu'il peut provoquer dans l'esprit de la personne qui la rencontre.

Il y a bien là aussi tentative d'abordage du moi, de l'ego déjà mal en point, qui aurait vite fait de chavirer si ses barrières sécuritaires, ses mémoires protectrices n'étaient pas là. Mais l'émotion est une arme redoutable qu'il faut manier avec dextérité.

Elle n'est qu'un outil qui, s'il est destiné à réguler le flux de désordre, prend des allures de baume balsamique, soulageant la douleur, apaisant nos maux. Cette fonction purificatrice nécessite l'apport d'une énergie qui lui permette de fonctionner : l'amour.

Qu'est-ce que l'amour ?

C'est la médecine de l'âme, le remède de l'angoisse, l'antidote de la peur ; c'est la fusion unique, la vision commune, le regard identique ; c'est l'harmonie partagée, l'équilibre réciproque, la communion consommée ; c'est la médiation absolue, l'attention observée, le don essaimé ; c'est la force de voir, au-delà des limites, par-dessus les barrières de tous ces regards portés ; c'est faire plus qu'y croire, le ressentir et se l'approprier pour mieux le donner ; c'est une lueur d'espoir dans les nuits sombres de pensées enfermées, prisonnières, séquestrées ; c'est une volonté avant tout, une honnêteté démontrée, une conscience éclairée. C'est une faveur de la vie, une magie déclarée, c'est l'essence et le sens pour lesquels nous sommes nés.

Des pages et des pages ne suffiraient pas à tenter de décrire cette étrangeté. Ce cadeau magnifique, qui parfois prend des visages moins angéliques, bouleverse en un instant le sens de la réalité, de notre réalité.

L'amour n'est pas dispensé de l'influence ; il n'est pas une entité à part entière dépourvue de polarités, d'amplitudes affectives. L'amour vit au-delà de l'étiquette enjôleuse qu'on lui confère. Il s'immisce dans la moindre parcelle de vie, dans le moindre schéma, le plus anodin des comportements. Il supporte l'ingérence de toutes influences jusqu'à parfois se cacher, se terrer dans les bas-fonds de pauvres âmes indigentes. Il transpire péniblement sous l'effort exténuant de sentiments indésirables, totalitaires et souffreteux.

L'amour est intelligence et sait se métamorphoser, se transposer, voire en catimini, jusqu'à la catharsis.

L'amour tutoie le moi, enflamme le ça, se confesse au surmoi.
L'amour est l'ainsité, il est ! Et c'est tout.

La luminosité de son aura n'a d'égal que l'état de « conscience» de l'Homme. Il est partout, il est pour tous, si l'on se donne la peine de le chercher.

L'eau claire et limpide qui dévale la colline, le printemps odorant et sa palette de couleurs, la neige qui recouvre la forêt déshabillée, tout cela, immuable et simple, beau et merveilleux, traduit par quelques images et quelques mots ce bien-être indescriptible que l'on ressent devant le spectacle de l'amour.

Alors qu'il est difficile de croire si l'on ne ressent pas, qu'il est difficile de voir si l'on ne regarde pas. Qu'il est facile de montrer et de ne pas s'impliquer, qu'il est facile de tuer sans prendre conscience que l'on est. Qu'il est pénible d'accepter, au risque de tout dévoiler ; n'est-il pas aussi dur de supporter plutôt que de crier la vérité ?

Et naît le moyen en nos âmes d'arriver à recouvrance sous cette douce subtilité qu'est le besoin d'amour.

Aimer c'est prendre soin de se regarder, de regarder et d'accepter. Aimer ce n'est pas créer de la souffrance, c'est accueillir et entretenir la relation affective. Aimer c'est faire un jour un effort et déposer le poids des années de difficultés.

Le besoin d'amour est une évidence, car pour moi il constitue la quintessence de l'être humain.

L'analogie Métaconscience devient naturelle. Ce flux organisationnel qui irradie nos consciences accuse les mêmes propriétés que l'amour.

Oserai-je écrire que nous sommes tous amour ?

Je vois déjà l'air dubitatif de mes lecteurs. L'auteur crée-t-il une nouvelle religion, ne s'improvise-t-il pas gourou ? Rien de tout cela, mais allons plus loin dans notre étude.

Le besoin d'amour est fondamental, tout aussi important que celui de se nourrir, de se vêtir. L'amour tue et fait vivre ou survivre. Une charge binaire dangereuse qui va se réguler selon les informations environnantes.

Quelqu'un qui se sent amoureux, aimé, vit en harmonie et passe en toute quiétude de la pensée destructrice aux petits tracas de la vie quotidienne. Le manque d'amour est le prisme sadique d'un amour vide de substances élémentaires. Et c'est ce défaut-là qui engendre l'état de dépendance. Cela n'est pas l'amour, mais le filtre conscient qui joue les troubles fêtes, autrement dit nous-mêmes. L'amour est une substance, un don, un cadeau ! Si vous vivez l'amour à l'extrême sans vous poser de questions, le clash ne se fera pas attendre longtemps. Vous vivez l'amour que vous vous projetez, tout comme un aliment. Je m'explique : si la nourriture vous rassasie et que vous prenez du plaisir en mangeant davantage, vous n'appréciez plus la quantité normale à sa juste valeur, ce qui dénature la valeur des aliments.

Le processus est identique avec l'amour. Un juste équilibre amène bien-être et satisfaction. Au-delà, on risque l'overdose avec ses symptômes classiques de dépendance, codépendance, étouffement, frustration, etc. Dans le sens inverse, on arrive au même résultat peu gratifiant.

Le besoin d'amour est une donnée essentielle à la bonne marche de la vie. La chance est que nous ne sommes pas dépourvus de cette faveur, même à la naissance.

- « Comment ? » me dit-on lors d'une formation, « Vous prétendez que l'enfant qui naît dans les poubelles d'un bidonville de Calcutta a la chance d'avoir de l'amour ? »

- « Mais oui, évidemment ! ». Cela mérite tout de même une sacrée gymnastique intellectuelle, mais accrochez-vous, on y va !

Le nouveau-né retrouvé dans une poubelle est né tout naturellement muni du même potentiel génétique, spirituel, que tout être humain. Il est, selon notre approche Métaconsciente, constitué du tout, de toutes les influences, comme nous autres. Autrement dit, ce n'est pas l'endroit où il se trouve, ni son environnement qui modifie sa constitution et ses chances de prendre conscience en grandissant que l'amour est un besoin vital. Il est certain que les meilleures conditions ne sont pas réunies, c'est un fait, mais je ne vois pas en quoi cela empêcherait le bambin de vivre de l'amour ! Eh oui, s'il est accueilli dans un orphelinat où des religieuses veillent sur son éducation, n'est-ce pas là plus enviable que le bidonville ? Dans le cas contraire, cela le dispensera-t-il de ressentir des émotions, de les traduire par des besoins et, qui sait, de se satisfaire pleinement de sa condition d'enfant abandonné vivant au gré du temps ?

Le simple fait d'observer sa situation apparente avec notre conscience ne nous donne pas le droit de porter un jugement négatif qui risque de l'orienter aux antipodes de l'amour si on le lui communique.

Le besoin d'amour est fédérateur dans ce sens qu'il impulse la coalition d'autres besoins sous-jacents. Tel un schéma holographique en poupées russes, d'autres besoins, « petits frères » du filtre du besoin d'amour, se fondent en interaction.

Nous les regrouperons sous l'appellation générique : le besoin d'être.

Le Besoin d'Être et ses sept besoins sous-jacents

Nous n'allons pas développer ici à nouveau la notion de besoin, mais celle propre à l'être.

Pourquoi avoir choisi d'englober en un seul mot de nombreuses options ? Il me semble évident que, quels que soient les comportements, actions, réactions qui découlent du besoin d'amour, ils sont implicitement liés à un état primordial et capital :

> L'existence est la conscience que l'on en a.
>
> Le fameux « Je pense donc je suis » de Descartes devient : « Je suis conscient d'exister par moi-même ».

Il n'est pas question d'édicter ici même un nouvel adage philosophique alambiqué, mais il est difficilement envisageable de passer sous silence une notion existentielle : « ÊTRE ».

Je ne veux absolument pas lasser le lecteur, mais nous allons retrouver des idées déjà explicitées antérieurement, je fais allusion à la conscience et ses limites. Le « regard porté » est différent car cette fois nous introduisons la dimension complémentaire au « pourquoi », c'est-à-dire le « comment ».

ÊTRE c'est avoir conscience d'exister, c'est affirmer sa personne au travers d'une réalité propre, circonscrite sous l'emprise de limites que l'on s'est autoproclamées.

Loin des schémas strictement ontologiques, les déterminants spécifiques de la création humaine et de ses modes de pensées[8] sous-tendent la structure même des besoins que l'on s'impose. En effet, baigné dans un flux d'informations constantes, le moyen de prouver l'essence de son être reste encore celui d'affirmer celui-ci, de coller son portrait à la vue des autres.

Nous partons de l'extérieur vers l'intérieur.

---

[8] Cf. plus loin, intérets / enjeux / pouvoir et environnement.

► C'est donc le « besoin d'affirmation » ou « besoin de présence » qui va construire l'image que l'on souhaite donner, mais pas forcément celle qui est proche de la réalité.

S'affirmer, c'est faire acte de présence, mais avec un besoin de s'assurer et d'assurer son jugement.

Le besoin de présence est plus nuancé, car si on l'optimise, cela devient une faculté redoutable d'assurance dans le respect de la distance. Être là, simplement, à l'aise et à l'abri du tourment. Cette approche méditative tient plus de la gestion des émotions que de l'absence en fuite silencieuse, entendons-nous bien.

Si je m'affirme, je montre que j'existe et donne l'occasion à autrui d'entamer la communication, l'échange. Refréner ce besoin amène refoulement et frustration, donc pas de réelle existence éprouvée. Dans ce cas, je m'annihile moi-même et fais abstraction de mon image. Je donne le pouvoir à autrui et déclenche le processus souffrance, déséquilibre, etc. Le champ d'informations externe envahit mon monde d'informations, débordé et déprimé.

Cette restriction du moi cumule plusieurs inconvénients non négligeables. La difficulté de cerner sa propre image par un renvoi flou (l'effet miroir) quasi inexistant, perturbe l'interprétation de mes potentialités réelles. Les barrières et limites cherchées à l'extérieur se lèvent à l'intérieur comme dans le cas extrême de l'autisme. Je n'arrive pas à me projeter sur les autres, donc j'emmagasine cette énergie qui, comme une pile atomique, explosera un jour ou l'autre sous une pathologie quelconque.

Ceci nous amène à un autre besoin, celui d'expression.

► « Le besoin d'expression » vit intimement lié à celui d'affirmation ou de présence. S'affirmer, c'est s'exprimer, ne pas s'affirmer aussi. Auquel cas, une expression traduite et maîtrisée indique une présence débarrassée des parasites de la communication.

Le besoin de présence ou d'affirmation n'est plus subi mais contrôlé naturellement, et ceci grâce à l'expression de soi.

On extériorise, on signifie, on présente notre mode de penser via un langage choisi et transmis. S'il est reçu par un émetteur, une retransmission se fera et renverra notre image selon la conscience de l'autre. D'ailleurs, même si l'on ne s'exprime pas, (j'entends par frustration), le retour renvoyé n'est pas forcément flou ! L'autre est un miroir, ne l'oublions pas, donc une projection d'une part de vérité.

Comme nous l'avons vu précédemment, ne pas communiquer est impossible, car je vous le rappelle, nous sommes de l'information en évolution constante. Quel que soit le canal utilisé, nous communiquons. L'écueil rencontré lors de nos échanges se fortifie au gré de la gestion douteuse de nos actions/réactions. En fait, s'affirmer, c'est communiquer ! Plus ou moins aisément, il est vrai, mais c'est en premier lieu le principe et besoin de base à la progression du parcours vital.

Comment ?

Et bien là intervient le besoin de s'exprimer. Sa complexité divise celui-ci en multitude d'autres besoins qui charpentent le besoin d'ÊTRE. Ce ne sont là que des moyens, sans plus.

Tout le monde sait qu'un ouvrier, même le plus expérimenté, ne peut fournir un travail de qualité, reconnu et admiré, s'il ne dispose pas d'outils adéquats !

Le « pourquoi » se fond en « comment », le besoin devient un moyen, devient le canal. Il conduit, gouverne la politique de l'ÊTRE et met sous tutelle la volonté d'introspection, de prise de conscience. Le schéma de l'ÊTRE se met en place et s'éclaircit à la lumière de nouvelles données.

L'information, qui nous constitue et nous environne, nous entraîne inéluctablement, de par sa nature volatile et évolutionniste, sur des chemins virtuels mouvants, dont la seule réalité tangible se trouve au cœur même de la construction de nos pensées, de notre conscience.

► « Le besoin de repères » emboîte le pas en cohésion avec ses aïeux. Ces fameuses limites et barrières n'ont d'existence que si elles ont été, auparavant, la cible de l'expression et d'une certaine affirmation. Des contours ô combien justifiés et indispensables à l'évolution de nos objectifs et finalités d'actions. Notre besoin de repères est tellement important que c'est lui qui définira la qualité du retour de nos informations, et bien plus grave encore, notre aptitude à l'écoute et à l'attention.

► Et c'est ainsi que va naître « le besoin d'écoute et d'attention ».

L'intensité de l'information que nous objectons dépend en partie de notre faculté de perception de cette dernière, ainsi que de notre capacité à la retransmettre. Une boucle est bouclée et l'information circulant en flux permanent est à la merci des canaux qui l'endiguent.

D'où la nécessité de cerner et comprendre ces outils que sont les besoins.

Les trois derniers besoins que j'ai recensés tombent sous la coupe de l'autonomie et de l'harmonie de soi. Ils accentuent de manière significative la prise de conscience effective de ses potentiels.

► « Le besoin de reconnaissance » motive l'ÊTRE et promet l'indépendance et le recouvrement de la notion de valeur (de ses valeurs, de sa valeur).

► La porte est ouverte au « besoin de création » qui inscrit l'idée de production. À ce stade, si les autres besoins ont été correctement régulés, le besoin de création, parfois brimé et bridé en amont, s'accomplit.

► Un autre besoin, celui de « liberté », vient couvrir l'ÊTRE et épouser celui-ci. Le besoin de liberté est inscrit au fond de nous tous ; nous aspirons consciemment ou non à cet état. Ah, être libre !

C'est ici que l'intérêt « de choisir sa liberté » prend forme potentiellement. Et tout de suite derrière trépigne le besoin transversal le de limites. Cette liberté-là, c'est l'émancipation du moi au profit du toi ; c'est la conscience du ça réconciliée avec le surmoi ; c'est l'indéterminisme céleste d'un libre arbitre consciemment révélé ; c'est le fait de ne rien imposer sans se contraindre et s'imposer ; c'est vivre la distance au centre du tout ; c'est respecter le silence au cœur des remords.

Le dernier échelon est gravi, et tel l'hologramme de la destinée, se faufile hardiment à la base retrouvée, celle de l'amour et de son besoin premier.

Le besoin holographique

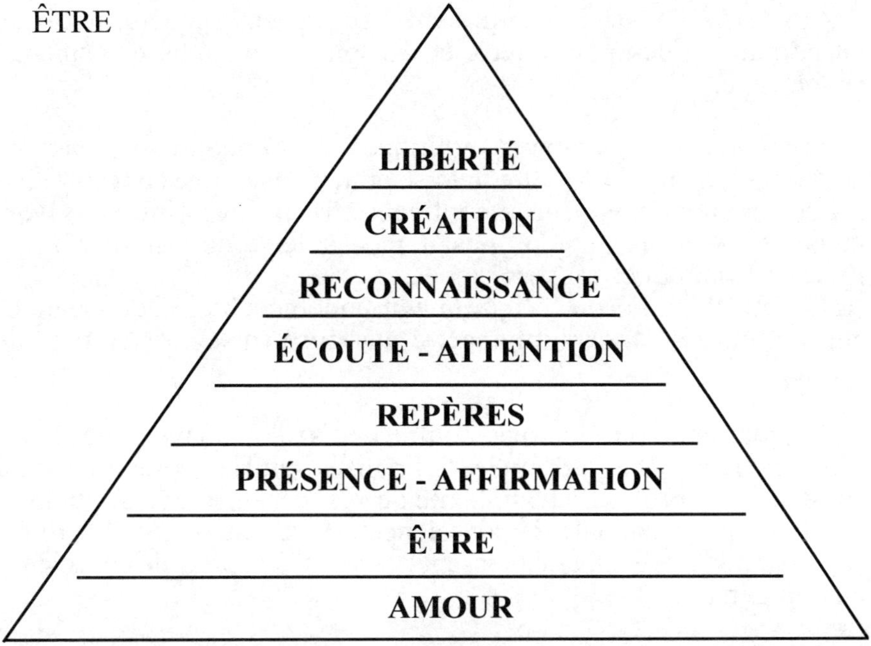

Le besoin d'être

1) Je m'affirme, je communique.
2) Je m'exprime.
3) J'identifie mes limites et barrières.
4) Je reconnais ma valeur et mes valeurs.
5) Je produis, je traduis par moi-même.
6) Je vis en équilibre, en harmonie, en autonomie.

Intérêts, enjeux, pouvoir : le triangle d'or

L'appellation *triangle d'or* doit certainement rappeler quelques souvenirs scolaires à quelques-uns d'entre vous. Sortie tout droit des 18ème et 19ème siècles, cette riche figure géométrique symbolisait un commerce des plus juteux et des plus inhumains qui soient : l'esclavage.

Le pouvoir des hommes politiques de l'époque se situait en Europe ; l'enjeu, c'est-à-dire la mise en jeu, visait une concentration d'êtres humains noirs sur le continent africain ; et l'intérêt, savant mélange des trois notions, posait pied à terre de l'autre côté de l'Océan Atlantique, aux Amériques.

Une machination diabolique, magnifiquement huilée, qui dénonce aujourd'hui les dangers d'impact d'une mise en sévices au nom du service.

Enjeux, pouvoir, intérêts contractualisaient souvent de façon officielle la projection d'objectifs finalisés sous la forme d'un idéal substantif : le profit. La complexité de ces mécanismes affecte une à une la moindre parcelle de conscience. Mieux encore, ils l'activent et peuvent s'avérer être de puissants vecteurs à la prise de conscience de notre état.

Seulement voilà, c'était sans compter sur l'inévitable présence du couple sordide des critères et facteurs. Ces limites, plus ou moins aériennes selon notre mode de pensée, vont encadrer méticuleusement nos notions de pouvoirs, d'enjeux, d'intérêts.

Dans le cas cité précédemment, le critère était une base de jugement imputé à la race dite inférieure, et le facteur s'apparentait au coefficient, au rapport que l'on pouvait espérer, au résultat productif.

> *Les critères sont sélectifs, les facteurs calculateurs ou encore rassembleurs d'éléments déterminés, plus difficilement cernables. Ce sont en quelque sorte les gardes fous de fortifications intérieures et extérieures que sont les limites, nos limites.*

Pour reprendre un langage imagé, emprunté aux informaticiens, nous dirons que les barrières de sécurité (que nous nous sommes construites selon nos modes de perception individuels) sont la carte mère, celle en qui tous nos programmes réactionnels fusionnent, et qui peut se compléter par l'apport de nouveaux logiciels, de nouvelles informations, que nous appellerons critères et facteurs externes. Une fois assimilés, ils deviennent nôtres et notre mémoire augmente sa capacité avec le temps. La gestion des fichiers nous incombe et parfois, lors de saturation ou de surtension, un virus perturbateur tente la prise de pouvoir sur la machine humaine. Ce virus n'est que l'embryon d'un contre pouvoir présent en nous : la prise de conscience de notre propre pouvoir.

Le pouvoir

Le pouvoir est l'hôte céleste qui habite en chaque être humain à sa naissance. Ce n'est pas là une provocation gratuite que j'énonce, mais un état des lieux simple, relatif à la définition première de ce mot.

En effet, bien des sens lui sont affectés et l'on se bouscule bien vite devant les huit ou dix interprétations possibles du mot.

Pouvoir, c'est exercer consciemment une action dirigée dans un sens ou dans l'autre. Autrement dit, c'est la faculté, la capacité d'exercice d'application de ses états de conscience face à autrui ou pour soi-même.

Comme dit Napoléon Bonaparte : « *Je puis échouer, les armes sont journalières ; mais je puis réussir aussi !* ».

Son esprit clair et lucide connaît l'issue possible de la bataille et nuance son enthousiasme en introduisant la notion de critères et facteurs dits journaliers. Les armes parlent, d'un langage meurtrier. Mais cette voix parfois malade et étouffée, à la merci de x facteurs, peut entamer la volonté d'action.

Pouvoir s'associe avec vouloir

« *L'Homme avec l'or fait ce qu'il peut. Dieu avec le vent fait ce qu'il veut* » (Racine).

Le pouvoir seul reste muet sans sa charge contraire, le vouloir. Le pouvoir dans le sens premier, au sens où je l'entends (en terme de verbe d'action), est un schéma démultiplicateur et régulateur. Seule la volonté donne un sens, l'étincelle de départ à l'action qui doit suivre. C'est pour cette raison que je dis que nous pouvons tous. Le pouvoir est donné à tous. Même, et surtout, aux plus démunis qui, s'ils sont conscients de leur situation, doivent savoir qu'en eux s'écoule un flot de volonté, un débit parfois irrégulier ou faible selon l'évaluation de réussite ou d'échec de chacun. Les personnes à la rue savent mobiliser des trésors de volonté intérieure qui peuvent être pris en exemple par un bon nombre d'entre nous ! C'est là qu'il faut intervenir et permettre la continuité du flux. Voyez-vous où je veux en venir ?

Un flux d'énergie qui impulse la volonté, la force d'action. Un canal mobilisateur, récepteur et créateur de dynamiques. Une MÉTACONSCIENCE proche de nous, en nous, capable d'approvisionner un déficit humain en demande constante.

Certains ont cru la trouver sous la mutation de « pouvoir » en « pouvoir ». J'aborde ici les déclinaisons du verbe en nom commun et les empreintes sociologiques.

Du don divin à l'hégémonie appliquée, un fossé, que dis-je, un canyon sépare ces deux terrains fertiles. Aucun courant de pensée n'y a échappé, n'y échappe, et je l'espère n'y échappera.

Dame religion, abusive, compulsive, gardienne de nos âmes et grande prêtresse de notre éternité individuelle et collective, s'est réfugiée trop souvent derrière le masque noir du pouvoir divin. L'ignorance, doublée du détournement « émotionnel/spirituel », a cherché longtemps à tordre le cou aux rationnels, aux savants. Dieu ne s'analyse pas, Il est, et Il s'applique, c'est tout ! Un peu restrictif, mais la puissance, l'autorité ou le pouvoir ont pris cette forme ici-bas, c'est un fait !

La science n'est pas en reste. Forte de découvertes palliatives et de techniques démontrées, la tentation céda vite la place à la souveraineté cartésienne et rationnelle. Quel comble pour des médecins de crier au miracle lorsqu'ils font des découvertes scientifiques étonnantes.

Observez une nouvelle fois l'amplitude de ces deux disciplines, l'une spirituelle trop distante, trop élevée, et l'autre rationnelle, trop terre à terre, bref trop distante.
Aucune de ces deux ambivalences, de ces deux courants de pensées ne conjugue le verbe au profit du nom. « Pouvoir » est lamentablement rebaptisé « le pouvoir » afin de s'assurer quoi ? le meilleur intérêt.

L'intérêt

L'intérêt, dans la continuité de la démonstration suivante, revêt des formes particulières.

S'il résonne en termes de rendement, d'avantages ou de dividendes, c'est l'action production qui est alors sollicitée, visant concrètement à servir le « pouvoir » plutôt que « pouvoir ».

Le service devient sévices et dessert les nobles causes de sollicitude et d'attention, propres à l'intérêt. L'intérêt que l'on porte bâtit les murs d'enceinte à l'exercice de notre « pouvoir ». Et bien souvent, au lieu de s'accoupler avec le sens de bienveillance, il fustige celui-ci en lui préférant le terme rentabilité. Le mot « rentabilité » n'est pas forcément l'ennemi de l'Homme, il peut être une force, un but projeté. Faire fructifier son intérêt en espérant que le gain, le résultat sera accru génère de l'activité.

C'est l'excès, le fait de se placer aux extrémités de la notion intérêt, qui nous prive d'énergie positive. L'intérêt doit être servi et du coup, il emprisonne l'Homme dans un processus dévastateur, dénué d'attention, pourtant partie intégrante à cette notion qui nous restreint.

Nous ferions mieux de ne pas perdre de vue le fait que ce concept à consonance capitaliste sait investir d'autres champs d'actions, ceux de la cause, d'une cause.

Dans ce cas, du lest est donné, et la dimension liberté prend son envol, à la plus grande joie des idéaux les plus élevés de l'être humain.

Comment utilise-t-on l'intérêt ? Nous, Hommes de la rue, de tous les jours ? C'est ce que nous allons voir en synthèse, une fois abordée la dernière pièce du triangle d'or : l'enjeu.

L'enjeu

La décomposition du terme ne laisse planer aucun doute sur la complémentarité des deux notions antérieures. La mise en jeu me paraît être une traduction exacte au plus près de l'idée que j'en ai.
Tout en étant tellement plus transparent sur ses intentions, l'enjeu est binaire au sens primaire du terme : je gagne ou je perds.

Le rapport de gain est toujours présent et invite le demandeur à une introspection sans ambiguïté quant à ses possibilités réelles d'investissement. J'ai ceci ou cela et je risque de doubler la mise ou de tout perdre. D'une simplicité exemplaire, il est violent, car pousse rapidement et dangereusement à une prise de conscience vraie. Sa force à lui, c'est la révélation immédiate et en couleur de la « photo conscience » à l'instant (T). Une force efficace qui malmène notre volonté, celle qui se dérobe lâchement devant un choix de responsabilité personnelle.

Synthèse du triangle d'or

L'analyse succincte des trois notions de pouvoir, d'intérêt et d'enjeu n'est qu'une définition élémentaire à la compréhension de la construction de ce fameux triangle.

Cela pourrait se résumer ainsi : l'enjeu est la mise, l'intérêt nous montre les directions qui vont nous servir ou nous desservir, tout cela sous le joug du pouvoir que l'on s'est approprié.

Vous remarquerez que tout ceci est graduel dans l'intense complexité d'élaboration des stratégies. L'enjeu reste simple, l'intérêt se complique de tout un éventail de critères internes et externes, et le pouvoir, tel une paire de lunettes à double foyer, grossit encore le schéma du monde intérieur et extérieur.

Une vraie poupée russe, un véritable hologramme. La confusion arrive très vite à s'installer en nous, ce qui n'a pas l'effet apaisant tant attendu à notre réponse « souffrance ».

Un triangle « dort » est vite instauré au dépend d'une richesse existentielle pourtant bien réelle, inscrite en soi, pour peu que l'on sache comment planifier toutes ces notions interactives.

Comment utiliser, et surtout comment gérer tout cela sans tomber dans la zizanie métaphysique ?

Le « comment faire » est cette fois au centre de la question souffrance, et après avoir listé les principaux éléments constituants de la pensée humaine, après avoir repéré, provoqué, dénoncé et critiqué, il est grand temps d'appréhender la ou les réponses, en symbiose avec ce courant de pensée que j'ai baptisé : Métaconscience.

SECONDE PARTIE

LES VOIES DE LA LIBÉRATION

Chapitre I

Le rapport souffrance et Métaconscience

Pas si simple d'entrer dans un sujet lié à la souffrance sans heurter la susceptibilité de notre ego ! Oser proposer une réponse à la question des choix qu'il nous est possible de faire afin d'atteindre les sommets tant convoités de la liberté de l'être n'est pas plus évident. Soit on vous prend pour un prétentieux à l'ego surdimensionné, soit on vous qualifie de doux rêveur complètement à côté de la plaque. Pour ma part, après avoir proposé mes théories au cours de nombreuses conférences, je dois bien admettre que l'apothéose fût celle du salon du livre psy à Paris fin 2004 où, devant un parterre de psys « Pro », j'ai osé soumettre mon concept : Dieu que ces gens ont l'esprit rétréci ! La majorité d'entre eux m'aurait bien fait repartir en ambulance, direction l'hôpital psychiatrique ! Pas de chance, je suis toujours là, avec des résultats qui, je pense, sont certainement bien plus probants que les leurs ! (mes deux prochains ouvrages le démontreront [9]).

---

[9] « *Oser guérir* » et « *L'Union sacrée* », Éditions Dangles, à paraître en 2006

Cependant, si en ce qui vous concerne, vous avez réussi à franchir le cap de la première partie, le plus difficile est accompli, car il ne reste plus qu'à essayer de répondre à la question « SOUFFRANCE » au travers d'hypothèses intellectuelles que nous tenterons de mettre en application pratique par la suite.

La mise à plat des mécanismes humains, de ses fonctionnements, ainsi que de tous les éléments qui composent notre être, était une nécessité absolue, une règle que je m'étais fixée, en sachant toutefois que je prenais le risque de noyer le lecteur dans des considérations soit trop généralistes, soit au contraire trop spécifiques.

Le balayage des différents concepts et courants de pensées présentés est indispensable, car il traduit la nature même de la Métaconscience.

Une impressionnante organisation d'interactions en mouvement constant.

Voilà une définition qui pourrait convenir à notre approche.

Rien de ce qui a été écrit auparavant n'a valeur de jugement, et même si, par moments, mon enthousiasme lyrique accuse sans pitié des penseurs que je soupçonne frustrés, c'est avant tout un exercice qui doit apostropher le lecteur. Une invitation galante où la séduction prend des airs d'armes fatales, utiles au bon déroulement de la prise de conscience individuelle.

Le démoniaque « à qui la faute » n'a donc décidément pas tranché sur la causalité liée à notre souffrance. La responsabilité qui exclurait toute implication personnelle de chaque Homme n'a pas vraiment raison d'exister. La confirmation d'une faute purement externe à nous-mêmes nous a conduits tout bêtement à notre propre conscience, à nos propres responsabilités.

Vous m'en direz tant ! Chercher à comprendre d'où viennent nos maux et s'entendre dire qu'il ne tient qu'à nous de les faire disparaître est tout bonnement simpliste, scandaleux, voire fantasmagorique.

Là je dis non ! Je persiste, et je signe ! Non ! Il n'y aura aucun quartier, aucun droit de veto à cette substance anesthésiante qu'est la fuite sécuritaire. Finies, terminées, au placard les excuses bidon du « *C'est pas moi, c'est l'autre !* ». Amnistiée, la culpabilité extérieure à notre conscience détachée.

Si vous avez suivi le cheminement courageux jusqu'ici, c'est pour enfin vous donner la chance de souffrir correctement dans un premier temps, et si les résistances ancestrales veulent bien tomber avec votre permission, vous allez peut-être entrer dans une nouvelle dimension : celle du choix de vous libérer enfin par vous-même.

Cette découverte est une rencontre - ça, je vous le promets - tout à fait intéressante, saisissante et émouvante, où les paysages intérieurs dessinent des horizons nouveaux d'espoir et de liberté. Un parcours « destinée » qui met en lumière l'essence même de votre être, sa joie de vivre, son souffle puissant de volonté.

Aucun voyage initiatique ne pourra exercer sur vous autant de fascination, de sentiments envoûtants qui soient issus de vous-même, que vous seul aurez créés, sentis, choisis. Nous allons enfin jeter ce regard nombriliste que vous attendez tant, en décapitant les fausses responsabilités et en édifiant les vraies valeurs de l'honnêteté.

La seule certitude est que je ne pourrai rien vous promettre sans votre concours et votre participation voulue à ce périple aventurier, car le pilote de votre vie c'est vous, c'est votre destin ; il ne sert à rien d'entreprendre, s'il s'agit de le confier à qui que ce soit. Vous l'avez compris, l'effort demandé n'est rien sans l'apport de votre volonté.

Vous êtes de la Métaconscience

En terme journalistique, l'on appelle cela un « scoop ». Dans cet ouvrage, cela fait figure d'évidence. Une certitude qui, vous allez le constater, est bien lourde à porter, faute de ne pas avoir pris le temps de s'arrêter un instant sur cette nouvelle découverte.

Mais revenons sur la définition de *Métaconscience* afin de planter à nouveau le décor, mais cette fois sous l'éclairage de la conscience humaine et individuelle.

Comme nous l'avons démontré dans le chapitre III de la première partie, nous ne sommes qu'un hologramme constitué d'informations provenant d'une autre dimension, où l'espace et le temps sont différents.

Heureusement que les dernières découvertes scientifiques vont dans ce sens, car sinon j'aurais eu l'impression de prêcher dans un désert de folie. Cette étape est cruciale dans l'évolution de l'humanité, car c'est elle qui va rendre à César ce qui lui revient ou plutôt rendre à chaque Homme sa place dans l'univers.

Cet univers dans lequel vous vivez est le vôtre, bien plus encore, il est vous ! « *Je suis l'univers et l'univers me contient* » est loin d'être une banale maxime philosophique, c'est une RÉALITÉ. Et cette cinglante réalité entraîne en cascade une réaction, des réactions à la chaîne, interdépendantes les unes des autres.

Mais partons du schéma individuel ci-contre : la Métaconscience

(1)  Espace binaire négatif, charge binaire (-)

(2) 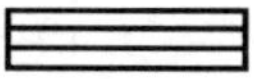 Espace binaire positif, charge binaire (+)

(1) + (2) s'annulent, permettant d'accéder à la leçon de vie supérieure avec les ans

Si (1) est supérieur, l'étape et le pallier supérieur est plus difficile à franchir

Si (2) est supérieur, l'intégration de la leçon facilite la prochaine au fil des ans

MÉTACONSCIENCE HOLOGRAPHIQUE

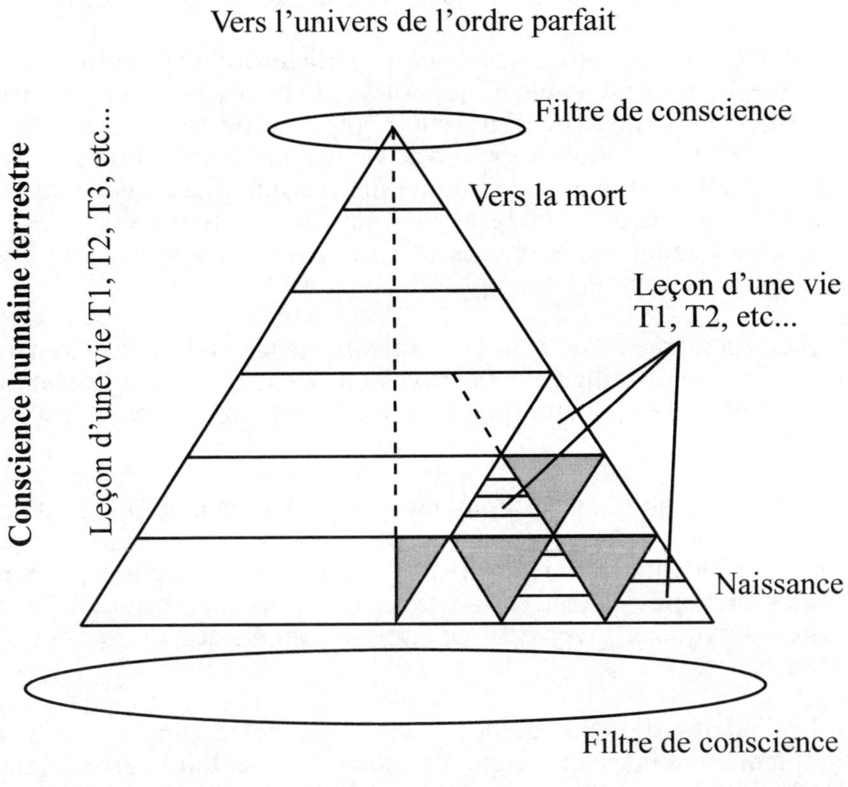

Dans cette représentation graphique, j'ai essayé de traduire tous les modes de pensées qui caractérisent Métaconscience, donc nous-mêmes.

Si l'on prend la pyramide en version cercles concentriques comme base de travail, la base représente la naissance, et le sommet la mort physique de l'Homme.

Avant la naissance, notre entité immatérielle baigne dans cette dimension d'ordre parfait, dans ce champ de conscience appelé Métaconscience pure.

Après la mort, l'on s'en retourne à celui-ci, s'étant privé pendant notre durée de temps terrestre de cette pureté totale de Métaconscience. Enfin, pas exactement privé, car c'est elle qui englobe l'ensemble des schémas de conscience terrestres et « extraterrestres ».

C'est le filtre de notre conscience qui « distortionne » l'information de cette super-conscience, et qui nous rend aveugles ou en tout cas, en recherche perpétuelle d'un sens à notre état de conscience.

Une fois la matérialisation effective de notre âme en notre monde via le filtre (notre naissance), toute une cascade d'actions/réactions, sous forme de leçons à intégrer, vont jalonner toute notre vie.

L'aspect binaire des choses est une réalité, en sachant qu'une pensée trouve toujours son opposé.

Il en est de même au cours de notre existence où la charge binaire (les potentiels d'influences positives ou négatives) trace le chemin d'intégration des leçons que l'on est censé apprendre et surtout accepter.

Ces leçons sont, tel un hologramme, inclue dans la pyramide de la vie qui est, elle, la leçon majeure de la vie, du karma à passer dans une incarnation, peut-on dire. Au côté de ces petites leçons pleines d'énergies positives, se trouvent leurs sœurs jumelles, de petites pyramides inversées, négatives, comme des trous noirs de consciences.

Les étapes d'avancées de la vie dans notre espace-temps se comptent en années, et chaque escale ne peut se faire correctement que si l'équilibre entre l'espace négatif et positif est trouvé. Dans le cas contraire, on franchit les étapes, mais avec un déficit dans la leçon mal digérée, ce qui se répercute sur la prochaine leçon T + 1.

Si l'on ose être plus téméraire, imaginons exactement le même processus de petites pyramides, mais ramené à l'échelle d'une vie, et vous obtenez une ébauche de théorie de réincarnation, avec des paliers correspondant à des mondes de plus en plus éthériques et élevés.

Mais gardons cette hypothèse transcendante pour plus tard, et revenons à notre fameuse leçon T1 par exemple, inscrite dans la pyramide de Mr X[10]. À quoi cela se rapporte-t-il ? Puisqu'elle se situe entre 0 et 10 ans, on constate qu'elle-même est faite de petites étapes. Qu'est-ce donc ? Ce sont tous les critères et facteurs externes, puis internes à Mr X qui construisent son mode de perception des informations qui l'environnent. Il bâtit les plans de ses besoins élémentaires, d'enfant tout d'abord, lui permettant d'ériger ses propres barrières et limites. Chaque leçon a trait à un domaine particulier de l'évolution du bambin (famille, amour, santé, intellect, et oriente ses sens vers une communication interne et externe à lui-même. Il crée sa propre réalité à partir d'informations dont il est également constitué.

La forme de la pyramide n'est pas innocente. Que ce soit en leçons ou au cours de toute la vie, le champ d'informations, phénoménal à la naissance, n'augmente pas en vieillissant : il est déjà tout entier présent au départ, et s'affine comme un entonnoir par-delà les expériences et le vécu. Cet étranglement pointu vise la concentration et la capacité à maîtriser, comprendre et unifier nos forces en une énergie qui nous impulse vers le haut. L'on peut parler de dépassement de soi lors d'une situation, d'une leçon au profit de l'éradication du mal, du désordre, tout juste présent à côté en espace binaire négatif.

Il est, il faut bien l'admettre, un peu ridicule de présenter cela sous la forme de ce dessin primaire, et ce n'est certainement pas le fait de le faire en trois dimensions qui changerait quoi que ce soit. Je pense sincèrement qu'il nous manque une ou deux dimensions afin de représenter correctement cette esquisse primaire afin de rendre son aspect plus interactif et parlant.

Toutefois, n'étant que sur cette bonne vieille planète, nous allons utiliser les moyens du bord pour expliciter une donnée « extraterrestre », le concept de Métaconscience.

Lorsque j'emploie volontairement le terme « extraterrestre », n'y voyez là aucune connotation sectaire ou farfelue de je ne sais quel petit gourou verdâtre, car je m'en réfère à la dimension extra-humaine telle que nous la percevons.

---

[10] Cf le schéma page 117

L'intuition ou 6^{éme} sens, convient parfaitement à l'emploi de cette formule dite d'un autre monde. Même si, comme le prétendent malicieusement les fans de la série américaine « X Files », la vérité est ailleurs, cela ne nous empêche nullement d'essayer de la capter.

Revoyons un instant ce dessin, cette figure géométrique qui attise notre curiosité.

La forme particulière de triangle invoque la notion d'élévation, je dirai même plus, d'évolution. Comme nous l'avons vu précédemment, il n'existe rien sur terre qui échappe à l'évolution. « *Je pense, donc j'évolue* » devient l'adage que j'affectionne tout particulièrement. Quel que soit le sens de cette évolution, elle a bien lieu et c'est toute sa raison d'être.

Être en Métaconscience, c'est progresser consciemment ou non ; c'est changer, se modifier, se transformer au même titre que le monde qui nous englobe ; c'est calquer et reproduire en microcosme un bouleversement à échelle universelle ; c'est revendiquer un épiphénomène propre à la nature du monde qui nous entoure ; c'est comprendre que sa place dans l'univers a autant d'importance que l'univers lui-même ; c'est accepter qu'une bribe de vos pensées puisse renverser le pouvoir despotique d'un tyran au Moyen-Orient.

J'extrapole volontairement, mais ne dit-on pas qu'un battement d'ailes de papillon peut provoquer un ouragan à des milliers de kilomètres ? Les interactions de notre monde intérieur sont identiques au monde dans lequel nous sommes immergés.

Cette troublante correspondance, perturbatrice, assiège notre état d'âme en toute impunité, laissant le soin à chaque homme de la découvrir en lui et de comprendre la force exceptionnelle du pouvoir créateur qu'il détient. Un don magnifique, un cadeau du ciel pour celui qui fait l'effort d'aller au-delà des limites qu'on lui impose ou qu'il s'impose.

Renouer avec les fondements de Métaconscience, c'est renouer avec soi-même, avec les autres et raccompagner la souffrance à la porte.

« *Je pense, donc je suis* » déviant « *Je pense, donc je crée* », je suis ce que je pense et je crée ce que je pense. La conscience créatrice de nos maux, une idée neuve, usée par des milliers d'années d'existences.

Votre conscience est votre souffrance : les rôles en action

Ce processus s'auto-alimente inéluctablement dans un schéma destructeur souvent impitoyable. Une réaction psychique, puis physique qui se développe en vase clos, tributaire de l'omnipotence par excellence : j'ai nommé votre conscience.

Les démonstrations antérieures avaient pour seule et unique vocation la mise en demeure de vos réclamations « victimisantes ». La transition brutale du « A qui la faute » non résolue au « Comment faire pour s'en sortir » n'existe qu'avec l'honnêteté d'une introspection vraie.

En clair, la conscience que vous voulez bien vous attribuer va s'investir du pouvoir que vous venez innocemment de lui transmettre. Votre liberté intérieure se façonne par l'acte d'observation de votre esprit, de votre conscience.

Comme il paraît simple de porter un jugement, de chercher la cause plutôt que de tenter de solutionner la réponse ! On remet les clefs à la conscience en oubliant que nous en sommes pourtant les gardiens. Et l'on s'en va tranquillement se lamenter sur son sort.

Une action qui soulage passagèrement, avide de cautions extérieures compatissantes ; mais qui, il faut bien le dire, ne résout rien.

Ayant une piètre opinion de moi-même, j'ai trouvé dans l'apitoiement une grande satisfaction qui me permettait au moins une chose : avoir l'impression d'exister. À cet effet, lorsque le médecin établit son premier diagnostic de début de cirrhose du foie à vingt-trois ans, j'étais ravi d'avoir enfin matière à exister ; mais à long terme, c'était plutôt risqué. Des symptômes alarmants qui me permirent justement de prendre conscience de cette aberration.

Mon esprit critique et vindicatif eut raison de cette somatisation (aidée par l'alcool) et m'aida à guérir psychiquement dans un premier temps, puis physiquement. Il est vrai que j'accusais généreusement 110 kg, nécessaires à ma protection répulsive d'attention, soit disant. Et malgré la perte de 35 kg superflus par la suite, comme je refusais de reprendre les clefs que j'avais si soigneusement confiées à ma fausse conscience des années durant, à vingt-huit ans de graves problèmes cardiaques pactisaient à nouveau avec mon refus d'obtempérer. À grands coups de bêtabloquants et d'analyses, ma vraie conscience hurlait sa douleur d'oppression.

Enfin, un divorce et un passage au RMI[11] vinrent à bout de cette supercherie psychique.

Un matin, après une nuit illuminée par je ne sais quel éclair, je gravis la vitesse supérieure en refusant en bloc de croire aux histoires que je me racontais. Les malheurs sous lesquels je croulais commençaient à me fatiguer, et las du chômage et du petit verre du soir, je me levai en me disant : « Non, c'est fini ! Stop, terminé, j'en ai marre, ça va changer ! ».

Je n'ai pas gagné au loto le jour même, mais une richesse bien plus abondante inonda les deux hémisphères de mon cerveau embrumé : la solution à mes maux est en moi avant tout !

Je ne m'étais même pas rendu compte de la force créatrice que j'avais mis en place pour guérir de mes maladies, et la peur, l'angoisse d'oser entreprendre quelque chose de nouveau me tétanisait.

J'arrivais à déployer des trésors d'énergie dans des domaines secondaires, et l'essentiel nécessaire à ma survie me terrifiait au point de confier cela à autrui (mon ex-femme, par exemple), celle-là même qui par la suite fera absolument tout pour me détruire totalement grâce à la prise en otage psychique de mes enfants…

La hantise de perdre ce que je n'avais de toute façon pas acquis (la liberté d'être) me plongea dans un marasme sans nom. L'apathie intellectuelle doublée d'une somatisation de dernière limite vint compléter le tableau de l'époque. J'étais pourtant peu excusable

---

[11] Revenu Minimum d'Insertion

du fait de mon vécu émotionnel, spirituel, fraîchement ravitaillé en connaissances puisées dans mes expériences et mes lectures.

Ce petit détour personnel n'a pas valeur d'étalon, loin s'en faut, mais il met en exergue un point élémentaire à la réponse souffrance :

La puissance de notre pensée est le réservoir où nous épanchons notre soif d'apprendre et d'évoluer. La qualité du breuvage dépend de l'attention que nous apportons à observer la limpidité et l'authenticité de celui-ci.

En d'autres termes ce qui nous affecte est une chose et la façon de le recevoir, de le comprendre et de l'accepter en est une autre. De l'un va dépendre la réaction de l'autre. Si l'on admet comme normal le fait qu'une information extérieure puisse déstabiliser notre processus intérieur, pourquoi ne pas consentir à un autre fait, celui que l'information intérieure puisse rétablir l'équilibre ! Surtout si l'on a conscience qu'au-delà du filtre de notre conscience se trouve l'énergie apaisante de Métaconscience.

Évidemment, le vocabulaire utilisé dans ce cas est très dense : réminiscence, miracle, paranormal, psychologie, faites votre choix. Le seul mot que je reconnaisse pour ma part, dans ce cas, c'est AMOUR. Rien d'étonnant au vu du chapitre VI et du besoin d'amour. À cela, il faut coupler l'acte de conscience individuelle et le tour est joué. Bien sûr, quelques règles élémentaires cadrent ce schéma émotionnel rectificateur et nous allons y venir.

Mais avant toute poursuite de la lecture de cet ouvrage, reposez-le un instant en vous posant quelques questions :
- « *Est-ce que je suis moi-même dans la vie de tous les jours ?* »
- « *Qu'est-ce que je veux, moi, pour moi avant tout ?* ».
Ne reprenez votre lecture qu'après avoir répondu, au moins en partie, à ces questions.

Lorsque j'interpelle les participants, lors de mes formations sur ce sujet, dire qu'un ange passe est réducteur. Un bataillon de créatures célestes ailées occupe le lieu du stage et laisse s'épanouir une langoureuse chape de silence. Comme si ces petits moments de réflexion auxquels l'on n'accordait que peu ou pas d'importance se vengeaient en un instant, profitant d'une embuscade concertée par les consciences vraies présentes dans la salle. Le poids impressionnant de ce piège se resserrera autour de ces fuites de conscience authentique, pour former un précipité dangereux : le regard de la vérité, et l'éviction du rôle.

Une guerre ouverte est déclarée et la bataille de l'introspection peut commencer.

L'éveil de votre « moi » profond qui alimente inlassablement le tréfonds de votre âme a enfin l'occasion de faire entendre sa petite voix, prisonnière depuis des lustres des limites étanches que vous lui avez assignées.

Le couple conscience/amour ne peut fonctionner que si l'acte de conscience et la volonté de laisser tomber les masques sont réels. Les rôles qui ont été modelés par votre vécu, vos douleurs, vos peurs, vos joies, vos peines doivent tomber sans concession, c'est une condition absolue.

Les rôles professionnels, familiaux, sociaux sont autant de béquilles distribuées que les textes à apprendre par un acteur. La pièce jouée sur le théâtre de la vie ne gagnera pas en qualité si elle présente un jeu médiocre, faux, supervisé par d'autres personnes. Nous analyserons plus loin le « pourquoi » et le « comment » en rapport avec ces peurs, ces hantises de la perte.

Il y a une chose dont je suis certain aujourd'hui, c'est que la force d'être vrai est supérieure en puissance au traquenard du « double-je », du rôle et de l'image de soi que l'on attend en projection des autres.

La Métaconscience est en tout et partout, donc en vous, comme une énergie élémentaire, régénératrice.

Elle ne supporte pas la déviance, l'à-peu-près, elle est entière, elle est vous. Par conséquent, se moquer d'elle revient à vous moquer de vous-même. Quelle tromperie idiote que de « s'auto-couillonner » ainsi en éludant la substance primordiale à l'élimination de la souffrance qu'est la conscience vraie ! La réponse est en nous et l'implosion des rôles libère les parcelles de Métaconscience inscrites en nous.

« Facile à dire », allez-vous me rétorquer, « mais ce n'est pas si simple ! »

Eh bien si ! Justement, c'est très simple, si simple d'ailleurs que cela fait sourire les personnes à qui l'on en parle. Ils sont tellement prisonniers du jeu auquel ils jouent depuis si longtemps que cela n'en est plus un, mais une véritable prison, un enfer. Et comme les clefs ont été confiées à cette conscience tartuffe, reprendre possession de ces petites pièces nous semble insurmontable.

Voilà, je vous avais prévenu, ne donnez pas de pouvoir à autrui !

« Mais non, voyons, ce n'est pas autrui, c'est moi qui décide, je ne suis pas fou ! »

Oui, c'est le discours que l'on tient quand on n'a toujours pas envie de voir sa vraie conscience en face et que l'excuse, de quelque ordre qu'elle soit, remplace l'honnêteté d'introspection. J'en ai largement vu l'étendue au cours de nombreuses thérapies Métaconscientes. C'est presque toujours ainsi au début…

Vous créez ce que vous pensez ! Alors continuez à croire que la responsabilité de votre sort se trouve au-dehors de vous-même et la pauvre victime que vous êtes pourra gémir aussi longtemps qu'il lui plaira, bien à l'abri d'un rôle, dont les textes sont écrits par le « dehors ».

Ayant pratiqué cette religion avec dévotion, je ne blâme personne. Rien n'est jamais acquis définitivement, car il m'arrive parfois encore d'avoir recours à de vieux réflexes d'ancien pratiquant « victime ». C'est bien la vigilance et l'écoute de soi, dans le bon sens du terme, qui ensemence le terrain fertile de la vérité.

Rappelez-vous que tout est en perpétuel mouvement, que tout bouge.

L'art d'éliminer sa souffrance est l'habileté d'associer lucidité, honnêteté, écoute et attention dans trois mondes qui se transforment et évoluent : celui que vous voyez, celui que vous sentez en vous et celui que vous voulez pour vous.

Chapitre II

Les profondeurs du « soi »

Depuis le début de cet ouvrage, on ne peut pas dire que l'espace de réflexion proposé est restreint à une échelle quelconque, bien au contraire ! C'est d'ailleurs en cela que la gymnastique intellectuelle que vous pratiquez peut avoir des similitudes avec le vertige. Du haut de votre personnalité, nous essayons de contempler l'étendue de votre essence Métaconsciente, de votre nature profonde et essentielle. Il est évident, comme nous l'avons vu au cours de la première partie, que la société de « prêt-à-penser » dans laquelle nous vivons ne nous permet que très rarement de prendre le recul nécessaire et utile à une perception plus large de la réalité (de la vraie, bien entendu !). Ceci explique que certains d'entre nous qui optons pour un regard plus affirmé sur la nature de la réalité soient minoritaires et surtout rapidement mis sur la touche : on ne sait jamais, ils pourraient être dangereux dans les projets rondement menés par nos hommes politiques sur la façon de lobotomiser la population citoyenne…

C'est pour cette raison qu'avant même de partir explorer une contrée inconnue, l'explorateur aguerri établit une liste précise des matériels indispensables au bon déroulement du périple.

Cette vision anthropologique du début du siècle s'applique de nos jours à toute personne désireuse d'entreprendre un voyage un peu risqué en terres inconnues : celui de la découverte authentique de sa nature profonde. La transposition à l'Homme de la cité est facile au vu du contenu des reportages du journal télévisé. Il ne viendrait à personne l'idée saugrenue d'enfiler la tenue d'Indiana Jones pour partir au bureau !

Et pourtant, turpitudes et coups de Trafalgar parsèment le quotidien de nouveaux aventuriers, cible constante d'un matraquage d'informations. J'entends par là l'Homme qui vient de pénétrer dans le IIIème millénaire. Un nouvel âge, paraît-il, une ère de la communication interplanétaire où l'information circule presque à la vitesse de la lumière. Un décor guimauve à la Walt Disney où l'image que l'on reçoit nous renvoie à nos comptines, saupoudrées à la sauce « clochette ». Cela, c'est l'apparence, c'est ce que l'on vous présente.

Rappelez-vous le « Prêt-à-Penser », il intègre parfaitement l'idée de rôles, de fonctions, mais en fin de compte, qu'y a-t-il ? On vous invite à penser à l'extérieur, par l'extérieur, à naviguer à la « Titanic » au milieu d'un océan saturé d'icebergs. Qui est le responsable de tout cela ?.. Et oui, c'est un piège, car c'est encore vous qui vous êtes laissé berner par l'extérieur ! Saisissez-vous là où je veux en venir ?

Habillez-vous façon Allan Quatermain si cela vous chante, l'exploration de votre « moi » va commencer, car il n'est pas juste de jeter en pâtée aux lions un Homme qui n'a pas pris le temps de dresser la liste de ses potentiels, matériels, bref, de sa personnalité.

Si votre environnement de tous les jours vous invite à tendre l'oreille en permanence, vous arrive-t-il d'écouter le son intérieur ? Oui, allô ? Vous me suivez ?

En effet, toutes les informations qui crépitent en vous allument parfois le brasier de vos passions, haines, angoisses ou peurs ! Vous savez, cette petite voix qui vous commande de ne pas reprendre de dessert, car cela risque de vous dessiner un joli petit bourrelet supplémentaire ? Ou encore le joli film que vous projetez en 3D où vous tenez le premier rôle, celui du Rambo intransigeant attaché au service comptabilité du 3ème étage, missionné afin de mettre en œuvre le génocide de l'erreur comptable ! Je suis sûr que chacun d'entre nous a cette force projective, cette voix malicieuse qui vient lui susurrer à l'oreille des musiques dont les notes se perdent parfois dans le puits sans fond de nos âmes.

Il n'est cependant pas sérieux d'aborder de façon si imagée un sujet si crucial, révélateur de tant de solutions à nos maux parfois dramatiques, et je vais m'efforcer d'être plus explicite.

Que signifie en terme concret : être à l'écoute de soi ?

C'est dans un premier temps se tirer sur les oreilles afin de mieux entendre ce qui se passe autours de nous… Non je blague ! Soyons sérieux !

Écouter ne se substitue en rien au fait d'entendre, qui est une action plus passive apparemment. La différence entre ces deux verbes tient en un petit nom commun : l'attention.

En effet, *être à l'écoute* signifie prêter attention, être aux aguets, se mettre dans une disposition afin de capter de l'information ; alors *qu'entendre* ne cible nullement un contenu particulier de sons. Il y a dans l'écoute la volonté arrêtée de sélectionner un message afin d'en prendre conscience avec plus de conviction que l'entente.

Une fois de plus, l'observation est un acte essentiel qui vise à donner de l'ampleur et de la consistance à une information. *L'écoute* établit d'emblée la notion de prise de conscience, laissant le soin au récepteur d'entendre raison. Oui, c'est bien dans ce cas précisément que l'entente revêt un sens complémentaire à l'écoute. *Entendre* nous ramène à l'idée d'acquiescement, de compréhension, d'interprétation. C'est un peu comme si *écouter* était nos yeux et nos oreilles, et *entendre*, le raisonnement intellectuel propre à notre conscience. L'un ne se substitue pas à l'autre, l'un est l'action première et l'autre la réaction secondaire.

Alors quel est le message caché derrière l'écoute de soi ? Professe-t-il le nombrilisme assermenté comme unique doctrine recevable ou caresse-t-il le doux rêve de l'ego tout puissant ?
Ni l'un ni l'autre.

L'écoute de soi se garde bien d'introniser le « moi » comme seule force existante à la résolution de la question souffrance. La face exploitable de cette invitation recommande l'attention honnête et sincère du jugement que l'on porte sur soi. Certaines personnes ne vivent que par l'écoute d'elles-mêmes, repliées en catimini, s'enfonçant toujours plus loin dans le labyrinthe de l'isolement, alors qu'elles ont tellement envie de donner et ne savent comment s'y prendre. D'autres occultent totalement leur personne au profit d'un don gratuit qui les perd dans l'immensité des causes à défendre, perdant de vue leur intérêt d'être quelqu'un à part entière.

S'écouter ne traduit en rien l'expression populaire, péjorative qui accuse la conscience vraie d'exister.

C'est accueillir l'émotion première qui émerge en nous, sans réfréner celle-ci, en la laissant croître progressivement jusqu'au moment où l'on va se laisser aller à ressentir et exprimer ce sentiment.
C'est accepter un instant de poser les armes des miradors de nos enceintes fortifiées que sont nos limites, c'est prendre le risque d'avoir peur de ne se découvrir qu'à travers soi-même dans un premier temps, afin d'étudier le taux de volonté qui est en nous.
C'est faire une radioscopie de notre âme au moment (T), èn se laissant toutes les chances de se rassembler, de se rencontrer, de se connaître.

Être à l'écoute de soi sous-entend entrer en communication avec son monde intérieur, parfois si secret, si fuyant, si éthérique. De la source d'une simple émotion peut jaillir un volcan d'énergie, de pensées régénératrices, votre pensée, vos ambitions, votre vérité. Imaginez un espace où vos pensées créent la réalité que vous vivez, imaginez un monde où votre vouloir ne soit jamais réprimé. Est-ce une utopie de croire que vous puissiez y arriver ?

Je pense qu'avant d'aller conquérir le monde, nous devrions tracer les frontières de notre monde, celui que l'on se dessine, que l'on se destine.

Mais comment diable s'écouter soi-même sans sombrer dans le rêve éphémère ou le fantasme délirant ?

Quelques ingrédients et un bon tour de main confectionnent la recette personnelle d'une bonne écoute : en voici les composants principaux accompagnés de la méthode de cuisine, appelée B.A.O. (boîte à outils).

La pause ici et maintenant

C'est ici que les prémices de l'écoute trouvent leurs origines, sous la coupe fraternelle de la pause. Appelée couramment « lâcher prise » ou « recul », cette notion embarrassante pour notre ego ébranle vigoureusement ses plans de projections cinématographiques.

Dès lors que vous rencontrez une difficulté ; bien souvent avant même que votre petite voix de conscience vraie puisse s'exprimer, votre moi empirique (appelons-le ainsi) va puiser en un éclair une réponse « transfert » des expériences passées, et retrouver les contours bien peureux, mais si sécuritaires qu'il a pris grand soin de dresser. Des barrières protectrices qui se calquent sur du « Prêt-à-penser » extérieur, mais qui cette fois vient de l'intérieur, de vous-même. Un mécanisme ultrarapide qui se presse de faire le ménage pour faire disparaître toute preuve d'un autre type de réflexion étrangère : j'ai nommé « la pensée consciente arrêtée ». Quel drôle de nom pour un étranger, mais en fait, il n'en est rien.

L'hôte interne à la conscience n'est pas celui que l'on croit. Le « moi empirique » n'est qu'une construction subjective de limites bâties sur du passé révolu, et chaque nouvelle information va rejoindre le placard fortifié de l'histoire pour mieux alimenter les scénarios illusoires du futur. L'immigré en ces lieux, c'est cet ego empirique totalitaire qui gère nos décisions à la façon « tyran ». Car le soit disant étranger de la conscience arrêtée, c'est quoi en fait ? De la Métaconscience ; ce dont nous sommes faits à l'origine, une information équilibrée, harmonieuse dans un espace où le temps est… arrêté.

Allez, ce n'est pas si difficile de voir clair, soufflez un coup… On continue !

Le moi empirique n'a qu'à bien se tenir avec ses fantasmes dévastateurs et ses frilosités compulsives. La notion de « la pause » est intrinsèque à notre existence, à notre réalité. C'est la peur qui produit un ego tout puissant, surdimensionné, se croyant alors seul capitaine à bord.

Voilà la raison pour laquelle, comme je l'ai déjà précisé auparavant, la précipitation est la substance dopante de votre ego. Il s'en tire à bon compte, car en cas de réussite, c'est lui qui a su rapidement répondre juste, et en cas de perte, c'est vous qui ne l'avez pas écouté, compte tenu des données du passé qu'il pouvait avancer. Et comme il est encore plus démoniaque, si par malheur une once de pause montre le bout de son nez, il en profite pour l'attirer, l'aguicher avec des scénarios rose bonbon, irréels, qui lui assurent un retour rapide en cas d'échec devant la déception de votre pauvre âme encore perdue.

Une machination tout à fait admirable qui sent le souffre du « ça » et la police du « surmoi ». Notre mode de fonctionnement élaboré se biaise lui-même, en ce sens qu'il essaye de nous faire croire à un monde réel, alors que nous l'avons vu, tout n'est qu'illusion virtuelle qui prend forme par le filtre de notre conscience. Il cherche à nous éloigner de notre vraie nature en entretenant une illusion douloureuse, barricadée par des limites qu'il s'impose et nous impose.

On pourrait dire que ce « moi empirique » est le produit de la Métaconscience distortionnée par le filtre de nos consciences.

Mais alors existe-t-il un équivalent dans la dimension de Métaconscience ? Au risque de désorienter le lecteur, voici la réponse : l'unité.

Qu'est-ce donc encore que cette histoire ?

Pas si complexe que cela si l'on y regarde de plus près.

L'ego nous oblige à la dualité, à la séparation, aux limites, aux barrières, et pour quelle raison ? Afin de préserver son unité. Sa petite unité holographique, tyrannique parfois, n'est qu'un morceau d'une unité plus vaste qui est régulée, équilibrée.

En étant plus terre à terre, on observe que cette dualité existe afin de nous permettre de prendre conscience de cette unité parfaite, de ce bien-être. Une pensée binaire nécessaire, un ego fort d'un côté et une liberté impalpable de l'autre, qui existe et demeure bien réelle cependant. C'est la charge binaire, donc l'amplitude nous poussant d'une extrémité à une autre, qui conduit au pouvoir excessif de l'ego ou du rêve.

« Mais qu'est-ce qu'il raconte ? Ça me prend la tête tout ça ! »

C'est là que j'interviens, fouillant sans vergogne dans les coins reculés de nos consciences, remontant à la source d'une unité, créatrice de nos âmes : le monde de Métaconscience.

Un monde arrêté (enfin pour nous), où le temps suspendu laisse l'esprit se reposer et reconnaître l'essence de l'essentiel, du sens, de la vérité ; un monde de silence, d'observation, d'attention ; un monde originel, du juste milieu, de l'harmonie et de l'équilibre ; bref notre monde intérieur vrai, le monde Métaconscient.

Le « A qui la faute » en ce qui concerne la question de la souffrance nous fixe quelques règles immuables, dont celles de « la pause » et de l'instant présent et vous avez compris pourquoi.

Nous verrons au travers des futurs chapitres comment appliquer, par le biais d'exercices simples, cet état de silence arrêté au fond de nous. Lors des thérapies, ces exercices (présentés dans *Oser guérir* et *L'Union sacrée*) ont eu un tel impact que les patients ont tous eu le sentiment de renaître une seconde fois.

Nous venons de voir que le « moi empirique » s'enorgueillit de son passé et vous projette artificiellement dans un scénario futur impalpable. Cette action de large va-et-vient est censée donner de la consistance au fait que vous observez une réalité. C'est faux, il s'agit bien du contraire, cela vous flanque le tournis, une peur panique (but recherché par l'ego), et la fuite dans le repère du passé. Alors que si vous faites ce moment de pause, vous n'alimentez plus l'ego et ses pensées si lourdes et si encombrantes. Vous vous détachez de votre passé, des expériences douloureuses, des préjugés, et pensez par vous-même au temps présent.

Qu'est-ce que le présent ?

L'amas d'expériences passées + l'instant que l'on vit à cet instant. Y voyez-vous du futur quelque part ? Rendez-vous compte à quel point cette découverte est une clé libératrice de nos souffrances et le point de départ de la guérison.

Le futur n'existe pas ! C'est vous qui le créez au présent. Le passé est révolu, mort, terminé, donc inutile de se morfondre sur une action qui n'est plus. Vous vivez actuellement votre futur, au présent qui lui non plus n'existe pas réellement, étant perpétuellement changeant, en mouvement.

Excusez-moi d'être si brutal, mais vous devez ressentir une petite angoisse monter en vous. Je vous rassure, ce n'est que votre ego, votre « moi empirique » qui tente de vous effrayer afin de mieux vous sécuriser. Le message qu'il apporte est vrai, peut-être fou, mais nécessaire.

Tout n'est qu'illusion, une gigantesque organisation virtuelle, dont vous connaissez le chef d'orchestre, la Métaconscience.

Je m'efforce de faire cette démonstration depuis le début de ce livre, et quel que soit le côté où je me tourne, j'en reviens toujours à mes théories quantiques qui cautionnent mes dires. La notion de pause et de temps présent résume parfaitement le processus virtuel de la vie. Dans la pause, le recul, on trouve le silence, l'observation détachée, la pensée unique. Si cette pause a lieu ici et maintenant, elle prend de la densité avec son opposé, son « binaire » : le présent, qui lui n'est que mouvement constant. L'ordre et le désordre s'équilibrent, toutes les données sont réunies pour l'harmonie. Percevez-vous l'enjeu d'être à l'écoute de soi au temps présent en incluant la notion de pause ? Cet enjeu fait valoir votre intérêt, celui d'être heureux, stable, en paix, ici et maintenant.

De là découle tout naturellement l'équilibre psychique et surtout physique, cette traduction ultime de nos souffrances par notre corps. Votre esprit et votre conscience créent votre réalité, créent vos pensées. C'est vous - et non les autres ou votre moi empirique (c'est la même chose si l'on considère que les pensées des autres construisent votre ego) - qui avez la charge de votre avenir, de votre volonté d'être, de votre conscience vraie. C'est vous et pas votre passé, le passé des autres ou l'illusion d'un futur à l'eau de roses, qui déterminez votre implication de vie.

Vous êtes vous et vous seul responsable de votre devenir, ici et maintenant, alors faites une pause dans l'instant présent.

Confiance et estime de soi : se pardonner et peut-être… pardonner ?

J'ai longtemps imaginé que les personnes que j'admirais possédaient une assurance sans faille et cela, je dois le dire, m'impressionnait considérablement.

Mon degré de confiance en moi a toujours été très minime, et cela pour une raison relativement simple. Je me suis efforcé pendant des années de me battre contre l'éducation peureuse que j'avais reçue, en faisant tout et son contraire, et pourtant sans aucun succès véritable. Il était quasiment impossible d'atteindre mes objectifs de victoire sur mon passé sans parvenir à comprendre celui-ci, et surtout à accepter que l'erreur des autres que l'on désigne honteusement n'en soit pas une, mais bien autre chose. J'ai accusé mes parents, pendant des années, d'être de mauvais parents, noircissant sans retenue le tableau aux yeux de tous. Mes jugements furtifs n'avaient de poids que par les propos injurieux que j'édictais envers eux. Ma souffrance atteignit un seuil critique jusqu'au jour où, las de rejeter une bonne partie des fautes sur ceux qui me firent voir le jour ici-bas, la vie et ses leçons parfois cruelles me firent prendre conscience de l'aberration de mes propos. Les peurs qu'ils m'avaient enseignées étaient les leurs. Je vivais aujourd'hui des peurs semblables, des souffrances qu'eux aussi avaient endurées durant des années sans les comprendre, sans oser en parler, sans oser les crier. Ils avaient rompu la relation de communication avec eux-mêmes et s'étaient satisfaits tant bien que mal de non-dits, de fausses communications, par peur, par manque d'estime d'eux-mêmes, par manque de confiance en eux. La violence de nos échanges ou de nos « non-échanges » traduisait scrupuleusement l'intensité du degré d'amour et de volonté d'entrer en relation que nous avions tous.

Mais comment y arriver après tant de déboires, tant d'années d'absence, d'ignorance, d'accusation ?

Un proverbe populaire dit : « On ne retourne pas sa veste » et un autre lui rétorque : « Il n'y a que les imbéciles qui ne changent pas d'avis ».

Je cautionne le second, vous vous en doutiez. La première démarche utile et intelligente que l'on se doit à soi-même, si l'on s'écoute un peu, c'est de s'accepter tel que l'on est. Je ne dis pas être résigné face à son état quel qu'il soit, mais accepter sa personne et ses composantes parfois peu reluisantes. L'acceptation de ses peurs va libérer une force créatrice inimaginable. Ne craignez rien, car de toute façon, dans un premier temps, il n'y aura que vous qui le saurez. Alors osez vous dire ce qui ne colle pas en vous sans chercher d'excuses. Laissez votre ego au placard, il en a déjà assez fait. Ne cherchez pas non plus à tout prix des défauts qui n'existent pas !

Listez sur une feuille d'un côté vos qualités et de l'autre vos défauts. Si vous avez du mal à trouver des qualités c'est qu'effectivement il y a carence d'estime de soi, de confiance en soi. Vous avez laissé trop longtemps votre pouvoir créateur entre les mains de ceux qui vous entourent. Plus la liste des défauts est grande à l'inverse des qualités et plus vous souffrez d'enfermement, de prisons imposées par l'extérieur. Le comble c'est que par amour, pour l'amour des autres, par la seule volonté d'être aimé, vous avez accepté cet assujettissement.

Si la liste des qualités est plus exhaustive que celle des défauts, c'est encore plus charmant, vous êtes en grand déficit de confiance en vous et un vrai regard introspectif s'impose. Vous devez admettre ce manque qui vous ronge et vous pousse à cette inflation cognitive.

Si la liste est équilibrée, votre jugement interne a de fortes chances d'être correct et il ne reste plus qu'à relever les manches pour réduire la longueur de cette liste. Eh oui, l'Homme sage, humble sait qu'au moment d'atteindre le bien-être absolu, il n'a plus à se soucier de ses qualités ou de ses défauts, il vit détacher, confiant, dans la plénitude du moment présent.

Rassurez-vous, nous n'en sommes pas là, loin s'en faut.

C'est bien pour cette raison que le simple fait d'accepter une réalité, la sienne, revient en fait à dire merci à l'univers. Cela peut paraître absurde à première vue et pourtant c'est une reconnaissance intégrée en soi comme une confiance que l'univers met en nous à la hauteur de notre valeur effective.

Alors la méthode préconisée pour retrouver confiance en soi et estime de soi n'est pas bien compliquée. Il suffit d'éviter de porter un jugement sur l'extérieur, suite à une douleur qui n'est en fait qu'un cri d'amour, de besoin de reconnaissance. Le regard doit se poser à l'intérieur, loin du « moi empirique », à l'arrêt, au temps présent.

La première peur que vous allez rencontrer, c'est celle de votre propre image. Elle est idiote et n'a rien d'effrayant, car c'est votre pensée individuelle que vous observez. Osez l'admettre, la regarder et surtout, ayez l'envie de comprendre, la volonté de changer ce qui vous dérange en dedans. Le changement est propre à notre nature, on n'y échappe pas, tout bouge ; alors décidez de vos nouvelles orientations de vie, en secret, au fond de vous. Je conseille fortement de ne rien communiquer à personne de ces changements ou du moins, pas avant que vous n'ayez assez de force pour contrebalancer l'ego et les autres influences de pensées externes. Cette excitation à tout bouleverser dans cette politique de l'être va certainement vous démanger et vous pousser à parler. N'en faites rien, ce ne serait qu'une victoire de l'ego rassurant qui cherche à tout faire capoter. Construisez cette force de conscience vraie, cette nouvelle et authentique petite voix, rien que par vous-même.

Cette réaction première à la souffrance est le début du schéma de reconnaissance de vos nouvelles ambitions, de l'importance que vous accordez à votre capital confiance.

> *Pourquoi aller chercher à l'extérieur ce qui croît à l'intérieur ? Pourquoi n'a-t-on pas confiance en soi ? Quelle est la raison de ce rabaissement, de ce dénigrement du vrai moi ?*

La réponse est dans notre vécu, avec l'appropriation de valeurs, de limites qui ne sont pas les nôtres, mais bien souvent le fruit d'une semence pernicieuse : « le besoin d'être ».

Nous avons vu, au chapitre VI de la première partie, le rôle primordial et fondamental de ce besoin, véritable appel à l'amour. Pour combler ce besoin et par l'envie d'exister aux yeux de ceux qui ont le pouvoir de le faire, nous confondons aveuglément leurs réponses chargées de leurs peurs avec celle de communication d'amour seul, authentique, épuré de jugements. Ils nous renvoient de l'émotion, par conséquent de l'influence, et cela, c'est redoutable, car à ce moment très précis, le besoin de reconnaissance biaise la relation authentique et s'inscrit dans un nouveau schème directif, une nouvelle dualité, la notion de perte et de gain.

En effet, c'est bien notre pensée, notre croyance en l'importance du jugement de l'autre qui édifie le mythe de ce que l'on va perdre ou gagner.

Moins corrosif que l'enjeu qui, lui, est plus officiel, nos peurs de perdre hantent malicieusement notre esprit. Or il me semble évident que l'on ne peut perdre quelque chose que l'on ne possède pas. Quelle importance de posséder l'estime d'autrui si vous n'avez pas d'estime de vous-même ? Vous ne pouvez gagner la confiance d'une tierce personne sans être a posteriori passé par la capitalisation effective de votre propre confiance en vous d'abord. C'est un peu comme ces prêcheurs racoleurs qui sillonnent les États-Unis en pensant apporter la foi aux âmes égarées. C'est idiot, absurde, inutile si la victime n'est pas compatissante réellement et qu'elle n'a pas foi en elle. Il ne suffit pas de croire pour exister, de croire pour voir, il faut croire ce que vous ressentez en premier lieu et tenter de se construire une unité propre.

Ne devrions-nous pas dire : « Je sens Dieu », plutôt que « Je crois en Dieu » ?

Croire une chose amène le doute en elle. Ressentir un fait, c'est se l'approprier.

La croyance est l'habit extérieur, le vêtement que l'on vous soumet. C'est un tissu de pensées externes, un maillage affectif, un miroir aux alouettes, une procuration de vie.
Le ressenti juste est notre empreinte indélébile, notre signature personnelle, l'établissement de la confiance en soi, la genèse de notre estime, l'identité de notre conscience individuelle.

Ce curieux regard que je propose, inquisiteur et vivifiant, subtilise à l'ego son pouvoir d'accusation. En effet, le « moi empirique » qui sécurise par le jugement et l'accusation disparaît si vous acceptez de reconnaître où est la place de vos sentiments, de votre ressenti vrai, face aux regards externes. Vous ne vous donnez pas le droit à l'erreur ? Très bien, comment est-il possible que vous le fassiez pour les autres en toute honnêteté ? Les autres ne sont que le miroir de vos pensées. Ils vous renvoient très souvent à la figure votre propre image.

« *Pardonnez-nous nos offenses, comme nous pardonnons aussi à ceux qui nous ont offensés* » est loin d'être dépourvu de sens !

Le pardon n'est pas un acte de soumission, d'oubli, de grâce, tout au contraire. Pardonner, c'est comprendre la racine du mal, l'identifier, la crier et évidemment l'accepter. Il faut se pardonner avant toute chose, car de cette action va naître le pardon libérateur.

Quel rapport avec la confiance et l'estime de soi ? Quelle question ! Celui qui ne se « ressent » pas ne se connaît pas, ne comprend pas ses actions/réactions, et continue de croire en je-ne-sais-quoi : il croit c'est tout, et il doute, il se perd, se cherche ailleurs, laisse son ego s'inventer des histoires. Celui qui se pardonne d'avoir cru, de s'être trompé, d'avoir « mal osé », a cherché en lui, a trouvé une réponse vraie et s'est fabriqué sa confiance en redécouvrant sa conscience, la Métaconscience, celle qui vit en tout et en tous, cette même force d'amour à laquelle tout homme aspire.

Admettre que cet état n'est qu'un passage qui appartient au passé, c'est accepter, immédiatement, d'éprouver en autonomie de pensée le sentiment créateur qui nous fait vivre. C'est prendre possession de son potentiel « pouvoir » à l'instant, en reprenant les rennes de sa destinée, de sa volonté. C'est redevenir le maître des lieux de sa conscience, prêt à s'ouvrir à cet océan richissime que sont la connaissance et l'information.

Alors comment bâtir son capital confiance ?

En quelques étapes élémentaires et simples, répondez sur une feuille le plus sincèrement du monde à ce qui suit :

1) Pausez-vous un instant et observez.
2) Faites le diagnostic au moment présent, tout de suite sur le pourquoi de ce déficit.
3) Refusez de vous projeter pour l'instant dans le futur.
4) Listez vos qualités, vos défauts.
5) Regardez en vous sans jugement, sans excuses, rejetez votre ego.
6) Vous êtes responsable de votre vécu, mais pas coupable, listez les erreurs que vous estimez à l'origine de vos actions/réactions négatives.
7) Repérez et notez les moments qui déclenchent en vous ce sentiment de rabaissement.
8) Comment naissent selon vous ces frustrations ?
9) Ce que vous critiquez chez l'autre (ou les autres) vous inspire quel sentiment ?
10) Pensez-vous qu'il soit possible que ces critiques puissent vous être retournées ?
11) Vous sentez-vous opprimé, enfermé, emprisonné ?
12) Avez-vous besoin d'être guidé par quelqu'un ou quelque chose dans la vie ?

13) Quelle image avez-vous de vous-même, de vos actions, de votre état d'esprit, de votre physique ?
14) Que pensez-vous du monde qui vous entoure ? Comment est-il ? Quels adjectifs lui donneriez-vous ?
15) Avez-vous un manque, lequel, depuis quand ?
16) Êtes-vous optimiste, pessimiste ?
17) Y a -t-il toujours des solutions à tous problèmes selon vous ?
18) Ces solutions doivent-elles venir des autres ?
19) Pensez-vous que tout est possible et que l'on puisse tout surmonter ?
20) Les autres ont-ils trop de pouvoir sur vous ?
21) Êtes-vous athée ?
22) Êtes-vous matérialiste, aimez-vous l'argent ?
23) Quel est le but de votre vie ? En avez-vous un ?
24) Quels sont vos désirs secrets ?
25) Êtes-vous souvent malade ?
26) Avez-vous besoin de beaucoup de sommeil ? Respectez-vous vos besoins ?
27) Mangez-vous à heures régulières, avec des repas équilibrés ?
28) Faites-vous de l'exercice ?
29) Qu'est-ce que vous ne vous autorisez que rarement ou exceptionnellement ? Pourquoi ?
30) Quels sont les regrets qui vous assaillent ?
31) Avez-vous des remords ?
32) Vous sentez-vous sale ou mal dans votre peau ?
33) Êtes-vous fatigué(e) ?
34) N'arrivez-vous pas à vous projeter dans le futur ?
35) Rêvez-vous souvent en plein jour ? (la tête dans les nuages ?)
36) Vous qualifiez-vous d'apathique ou de dynamique en général ?
37) Aimez-vous vivre ?
38) Avez-vous besoin d'aide ?
39) Osez-vous demander de l'aide ?
40) Que signifie le mot « foi » pour vous ?
41) Vous arrive-t-il d'envier les gens autour de vous ?
42) Êtes-vous jaloux (se) ?

43) Portez-vous rapidement des jugements sur les comportements des autres ? Pourquoi ?
44) Vous considérez-vous comme maniaque ?
45) Êtes-vous dépressif (-ive) ?
46) Quelles actions faites-vous quand tout va mal ?
47) Aimez-vous la nature ?
48) Qu'attendez-vous des autres à votre égard ?
49) Prenez-vous la parole facilement en réunion ou en groupe ?
50) Aimez-vous nouer des liens humains dans un cadre professionnel ?
51) Voudriez-vous lier davantage de liens avec autrui dans la vie courante ? Pourquoi ?
52) Êtes-vous souvent angoissé(e) ? Dans quelles circonstances ?
53) Êtes-vous plutôt rationnel ou émotionnel ? Ni l'un, ni l'autre ?
54) Croyez-vous être honnête avec vous-même et avoir répondu sincèrement à toutes les questions ?

La dernière question est sans doute la plus incisive et la plus coriace. Si un doute infime vous traverse l'esprit, vous ne pouvez poursuivre cette lecture. Relisez vos réponses, personne ne vous regarde, vous n'avez à vous justifier de rien, pas même intérêt à mentir à qui que ce soit, surtout pas vous-même.

Repassons en revue toutes ces questions afin de vous aider à comprendre comment vous fonctionnez, quelles sont vos attentes, vos besoins, vos envies. Nous allons tenter de déterminer votre capital confiance sans jugement, en respectant votre liberté d'accepter ou de refuser les remarques. Le choix de trouver les chemins de la liberté de l'être passe par ce type de questionnaire authentique avec soi-même.

1) C'est la première étape, nécessaire à la réflexion, nous l'avons vu, dans l'instant présent afin d'échapper aux fantômes du passé et des projections idéalistes et sans consistance du futur.

2) Il s'agit de jeter un coup de projecteur global sur votre manque de confiance selon vous. Plus loin nous y revenons. Si vous retrouvez les mêmes réponses dans les questions suivantes, vous manquez réellement de confiance en vous. La suite le dira.

3) cf. question 1.

4) Nous commençons ici un travail sur votre image, celle que vous avez de vous. Il est important que ce soit votre jugement et non celui des autres. Si cette liste est déséquilibrée (dans un sens ou dans l'autre), mettez une croix à côté de la question, sinon un carré.

5) Consigne évidente.

6) Là, si vous réussissez à noter vos mauvaises actions, bravo, un petit triangle.

7) Vous avez trouvé les mots qui conviennent à votre manque de confiance ? C'est bien, mettez un triangle, sinon un rond.

8) Vous ne savez pas répondre ? Un rond.

9) Ce sentiment est proche du rejet ? C'est de la peur, alors une croix.

10) En cas de réponse négative, un rond.

11) En cas de réponse positive, une croix.

12) Si vous répondez oui : un triangle, sinon une croix.

13) Si cette image est bonne : un carré, sinon une croix.

14) Vous ne savez pas, vous hésitez : une croix, sinon un carré.

15) Si vous réussissez à répondre à cette question, un triangle.

16) Optimiste : un triangle, pessimiste : une croix.

17) Oui : un carré, non : une croix.

18) Non : un triangle, oui : un rond.

19) Oui : un triangle, non : une croix.

20) Oui : une croix, non : un carré.

21) Oui : un rond, non : un carré.

22) Oui : un carré, non : une croix.

23) Pas de réponse : une croix. En cas de réponse : un carré.

24) Pas de réponse : une croix. En cas de réponse : un triangle.

25) Oui : une croix, non : un carré.

26) Cette question doit permettre de vous resituer par rapport à vos besoins de sommeil et vous faire prendre conscience de l'importance de celui-ci. Oui : un carré, non : un triangle.

27) Oui, votre capital confiance peut s'élever : un triangle, sinon rien.

28) Oui : un triangle.

29) Si c'est un excès : un triangle.
30) Vous ne savez pas : un rond, dans le cas contraire : un triangle.
31) Oui : une croix, non : un carré.
32) Oui : une croix, non : un carré.
33) Oui : un rond, non : un carré.
34) Oui : un triangle, non : une croix.
35) Oui : un rond, non : un carré.
36) Apathique : une croix, dynamique : un carré.
37) Oui : un carré, non : une croix.
38) Oui : un triangle, non : un rond.
39) Oui : un triangle, non : une croix.
40) Rien : un rond, une réponse : un carré.
41) Oui : une croix, non : un carré.
42) Oui, une croix, non : un carré.
43) Oui : un rond, non : un triangle.
44) Oui : une croix, non : un carré.
45) Oui : une croix + un rond, non : un carré.
46) Cette réponse n'a pas de valeur.
47) Oui : un triangle, non : une croix.
48) Une réponse : un carré, pas de réponse : un rond.
49) Oui : un carré, non : une croix.
50) Oui : un carré, non : une croix.
51) Oui : un triangle, non : rien.
52) Oui : une croix, un carré si vous définissez les circonstances.
53) Rationnel ou émotionnel : un triangle, sinon un rond.
54) Oui : un carré, non : une croix.

Ce petit test apparent n'en est pas un. Sa particularité est qu'il n'émet aucun jugement arrêté, et vous allez le constater, c'est vous qui allez décrypter la morphologie réactionnelle qui vous est propre. Mon intervention ici est restreinte à celle de guide limites, de révélateur potentiel, d'accompagnant.

À quoi correspondent ces sigles attribués aux questions ?
(Certaines questions ne comportent pas de réponses définies)

La croix

La croix est la traduction d'un manque de confiance en soi, brut, qui ne tolère pas la réflexion et pour plusieurs raisons :

- soit de façon purement inconsciente, quand le refoulement est trop intense, le blocage est instantané et élude l'introspection,
- soit de façon consciente par peur ou lâcheté de découvrir une vérité intérieure trop lourde à porter, chargée d'émotions et de non-dits non résolus.

Elle est présente, car la peur de perdre quelque chose ou de se perdre limite notre champ d'actions, de réponses, de liberté.

Posséder un grand nombre de croix évoque un malaise, une difficulté à regarder en soi avant de regarder à l'extérieur. La tendance au jugement est une protection, un manque qui envenime la situation de blocage et accroît une souffrance interne qui ne demande qu'à s'exprimer. Donnez-vous le temps de vous arrêter. Les autres ont construit votre ego intransigeant. Ce n'est certainement pas là votre nature profonde.

Le rejet, la fuite, le déni traduisent parfaitement l'intensité de votre douleur et l'envie de sortir de ce schéma. Ce sont les témoins de votre conscience qui s'allument et clignotent ouvertement. Les croix surlignent l'image négative et fausse que vous avez de vous, ainsi que l'esprit pessimiste qui vous fait voir le monde en gris ou gris foncé. Vous remettez votre pouvoir aux mains des autres, alors que vos actions indiquent la volonté inverse !

Rappelez-vous que le désordre qui augmente s'appelle l'entropie, et que cette entropie génère des maladies psychiques et physiques. Heureusement qu'il n'existe pas d'êtres humains ne possédant que des croix à ce test, car cela voudrait dire qu'ils incarneraient martyrs, stigmatisés, etc., en même temps. On peut toutefois connaître cet état d'esprit un moment donné dans sa vie. Tout bouge, évolue, rappelez-vous, donc partez à la recherche de votre ressenti et de votre foi la plus utile, la foi en vous.

Le rond

Moins rigide dans l'échelle de l'introspection négative, ce sigle par sa forme trahit un comportement de cercle ou de vis sans fin.

Le regard en soi existe, la démarche est entamée et trop vite avortée ! On tourne en rond et l'on déploie de l'énergie pour vider l'océan à la petite cuillère. Un petit regard suffit, et l'on est encore freiné par cet ego de malheur qui ne supporte pas la séparation de biens ou de corps. Une amorce de lucidité est bien présente, mais il est encore difficile de se l'appliquer. La politesse des « je vous en prie, après vous » est une règle d'or, mais peu reluisante n'est-ce pas ? Cela n'est pas parce qu'on a un soupçon de lucidité qu'il faut laisser tout de suite tomber ces vieux masques bien solides !

Vivons encore à « l'à peu près » avec un peu de désordre et de brouillard ; le soleil finira peut-être par percer. L'effort est encore lourd et revêt des allures de forçat. L'illusion des douloureuses actions à mettre en place est synonyme d'ascèse. Si cela pouvait venir d'ailleurs, pourquoi pas !

On s'achemine tout doucement vers une toute petite volonté de prise de conscience de ses possibles responsabilités. Vos peurs pourraient-elles enfin être contrôlées ? Notez que la paresse intellectuelle est un vilain défaut.

Le carré

Ce sigle vous confère une certaine assurance qui ne fait pourtant pas l'unanimité de la confiance en soi. L'estime de soi existe bel et bien, mais reste encore fragile, susceptible de jouer l'influence relative des autres.

Vous faites cependant des choix en connaissance de cause et l'honneur d'être vous-même vous grandit. On ose enfin s'exprimer, et on laisse de côté la tiédeur trop « louvoyante ». Même si c'est parfois difficile de dire ce qu'on pense, on prend son courage à deux mains plutôt que de supporter la présence d'un tiers qui parlerait à notre place.

L'ego est mis en garde, le processus réflexion/actions se fera en autonomie de pensée ou en tout cas, les moyens seront mobilisés pour y parvenir. Ce petit côté rationnel cartésien propre à la figure géométrique du carré ne vous rebute pas.

Gardons ou tentons de garder les pieds sur terre. Vous arrivez à cerner vos limites et l'image que vous donnez. Vous détestez l'apitoiement, et l'énergie doit trouver forcément un canal de transfusion. En résumé, vous savez ce que vous voulez, restez attentif, votre ouverture d'esprit se donne la chance d'évoluer vers l'équilibre et l'harmonie.

Le triangle

Quelle lucidité d'introspection ! Vous tendez vers l'élévation du « moi » au niveau d'un « moi » Métaconscient. L'unicité et le rassemblement ne vous font pas peur. Vous n'imaginez pas vous noyer dans la masse, mais plutôt vous fondre en celle-ci pour plus de rayonnement, bravo !

Un retour à l'essence même de votre nature s'impose. Vous mesurez avec diligence le pour et le contre, sans angoisser sur la notion de temps que vous maîtrisez parfaitement. L'acceptation d'une réalité et le pardon tutoient votre pensée. Il serait arrogant de vous prévenir que vous pouvez vivre l'influence de l'extrême, si positive soit-elle.

La dualité de l'esprit a conquis votre regard intérieur ? Poursuivez.

Alors j'en viens maintenant à poser la question tant attendue : que fallait-il répondre pour « bien répondre » à ces questions ?

Je ne sais pas, et vous ? Ce ne sont là que des indications, une couleur, une température. Bien évidemment, il existe un moyen plus concret de classer les réponses en bonnes ou mauvaises, mais cela vaut ce que cela vaut, je vous en donne un exemple.

Si l'on reprend l'exemple du schéma binaire avec ces deux extrêmes, au centre se trouve l'équilibre. Imaginons que dans l'évolution des sigles précédents, l'ordre croissant soit croix, rond, carré, triangle : vous arrivez à équilibrer vos scores si tout est presque identique.

Si vous n'avez pas de carré ni de triangle, il y a peut-être un grand mal-être en vous, c'est sûr ! Je vous laisse juge de l'interprétation des résultats et n'établirai pas d'échelle de normalité, étant un farouche opposant aux « mises en boîte ».

C'est aussi cela être en autonomie de pensée. Ces sigles interprétés séparément sont autant d'outils pertinents à l'établissement d'un jugement personnel. Il est cependant fondamental de considérer l'observation, non pas comme quelque chose de fixe et définitif, mais d'évolutif, à l'image de notre monde, ce monde d'informations qui nous entoure. En d'autres termes, fidèle à l'image de la Métaconscience, cette force créatrice est régénératrice et positive. Une nature harmonieuse qui peut tout réguler en vous.

La confiance en soi s'acquiert avec la prise de conscience que l'estime de soi se construit, se façonne. On ne naît pas en maîtrisant toutes ces données de façon innée. C'est le temps, la confrontation, l'expérience de la souffrance qui pousse à l'éveil de la conscience ; donc l'évolution, la compréhension et l'acceptation de leçons de vie. Cela ne peut s'accomplir qu'au travers de l'écoute de soi, de sa propre attention réactionnelle, de son auto-observation.

Laissez entrer en vous l'idée de la non-perfection de votre identité. Accueillez votre souffrance comme une énergie qui vous est donnée pour modifier en bien votre personnalité. Entrez en relation avec vous-même sans laisser mentir votre « moi empirique ». Vous êtes quelqu'un d'important et vous valez ce que vous ressentez. Alors sentez tout ce que vous pouvez devenir par vous-même, faites-vous confiance.

L'intuition : au cœur de la conscience des hommes

Si Monsieur tout le monde accorde aisément un soupçon de crédit au fameux 6ème sens féminin, cela ne reste en définitif qu'une option allouée au « sexe faible », à son charme et ses regards inquiétants et tourmentés qui transpercent nos pensées machistes.

Tant qu'à abandonner quelques miettes dérisoires de notre pouvoir suprême à nous les hommes, laissons cette largesse inconsistante et sans danger évoluer aux mains de la gente féminine. Je ne pense pas trahir là un grand secret masculin, mais plutôt fédérer un mouvement de pensée généraliste, reconnu.

C'est un nouveau tournant décisif que nous allons négocier ensemble, afin de non seulement démystifier cette étrange faculté, mais également réhabiliter une fausse vérité, fustigée et blasphémée.

N'en déplaise à ces mâles généreux et bien intentionnés, ce 6ème sens féminin attise aujourd'hui toute mon attention et ma considération pour une raison très claire : c'est qu'il est le chaînon manquant permettant d'accéder à la Métaconscience.

Évidemment, ce discours tranche des standards bien implantés, mais n'en demeure pas moins une réalité, bien plus palpable que l'on ne pouvait l'espérer.

Je me dois, à cette avancée du livre, de laisser tomber un masque supplémentaire qui me pèse depuis fort longtemps, au risque de me discréditer aux yeux de certains. Si je possède une telle assurance en affirmant que ce 6ème sens est essentiel et fait partie intégrante de la nature humaine - et pas seulement un privilège féminin -, c'est que j'ai vécu depuis ma tendre enfance cette sensation étrange, appelée intuition paranormale, voyance ou je ne sais quoi !

Je me dois avant toute démonstration de vous narrer brièvement l'histoire de cette fascinante découverte. Étant enfant, j'affichais radieusement une gaieté et une bonne humeur qui parfois interpellaient les adultes, au point de me trouver ce qu'on appelle communément « une bonne gueule ». Allez savoir pourquoi, je ne pouvais décevoir ces grandes personnes et je décidai de ne jamais parler de ce sentiment de tristesse qui m'assaillait régulièrement, augmentant avec le poids des années.

Je sentais bien que mes perceptions s'affinaient avec l'âge, tout comme les contours du monde intérieur caché que je délimitais en secret. Je n'avais absolument pas conscience d'un pouvoir qui parfois m'amusait, et je n'en parlais pas ou exclusivement dans mes prières. Les yeux levés vers un ciel estival d'un bleu immaculé, à l'aube de mes dix printemps, je conversais clandestinement avec un monde où les nuages avaient des allures de visages très expressifs. Ce petit univers tout neuf dans lequel je me réfugiais m'appartenait, et par le simple fait de vouloir quelque chose, cela se produisait. Cette force de volonté qui m'habitait me jouait bien des tours, aussi bons que mauvais. Peu de Noëls m'étonnaient devant la découverte de cadeaux que je m'étais déjà appropriés en image avant même leur ouverture. Bien entendu, il n'était pas question de décevoir ces adultes émerveillés par la venue du Père Noël, et je jouais parfaitement mon rôle d'enfant. J'avoue que, parfois, leur insistance à vouloir me faire croire remettait en question mon ressenti, mis à rude épreuve. Je décidai de continuer à manipuler. Ce jeu était le mien, je découvrais la délectation du pouvoir, de mon pouvoir. Tout se passa tant bien que mal jusqu'au jour où, voyant mon grand-père qui « perdait la boule », je vis qu'il allait très vite trépasser, avant même quelque avis médical que ce soit. C'était dur, dur de voir et de comprendre en secret les histoires sordides des adultes déçus de la vie, dépités par leurs peurs et leurs fautes non déclarées, dissimulées, refoulées. Je me cachais à l'abri dans mon monde, poussant le vice à l'extrême, celui de me faire passer pour un idiot, un pauvre petit pas très intelligent à qui finalement on allait laisser passer plein de choses, protégé par ce statut de simpliste. Cela me collera à la peau de nombreuses années, je paierai cher cette manipulation odieuse. Pardon à mes pauvres parents que j'ai poussés à croire à tous ces messages inconscients.

En entrant dans l'adolescence, cette faculté de perception des autres, de leur vie, du passé et, le plus fou, de leur avenir, s'est accrue. Étant par l'esprit très proche de l'une de mes tantes (Monique) qui était en grande souffrance secrète, quelques semaines avant sa mort, alors que personne ne pouvait le supposer, je me rapprochai d'elle, à la grande surprise de toute la famille. Cette force et ce courage désespérés qu'elle lançait en sous-marin, moi, Christophe, le petit, je les avais si bien captés qu'il fallait que je la réconforte et que je profite d'elle avant son grand départ. Il est vrai que l'isolement a creusé sa terrible destinée et fortifié la mienne en révélant un don. Je remarquais que la solitude et l'éloignement relationnel développaient je ne sais quel moyen, un nouveau langage, une capacité étonnante de lecture de vie, de lucidité immédiate, et ceci, au contact de certaines personnes. Des rêves prémonitoires d'une justesse effarante vinrent compléter le tableau et je dois le dire, me perturbèrent un peu, lorsque, en 6ème, je vécus image par image une scène rêvée la veille. Mais ce

6ème sens allait connaître son apogée à vingt ans, lors de mon service militaire. Je vécus une terrible souffrance d'emprisonnement, de privation de liberté, dans des conditions de service particulièrement « matraquantes » et au bord de l'idée suicidaire, je réussis, après six mois, à me faire réformer. C'est là, au centre de réforme, qu'une rencontre avec un jeune homme d'allure joviale m'enthousiasma. Il était un « professionnel » de la voyance, et en m'apercevant, me dit qu'il ne voyait en moi rien de bien différent de lui. Surpris et amusé, j'entrepris des « lectures de photos » par jeu, comme dans le passé, et tout concordait. Il me poussa dans cette voie irrationnelle d'où je mis quelques années à me remettre. C'est à force de courage que je réussis douloureusement à reposer les pieds sur terre, après avoir exercé comme un « pro ». Télé et radio ne me faisaient pas peur et je faillis me perdre à jamais dans ces salons dits « de la voyance » où je côtoyais tout et n'importe quoi, pour le plus grand bonheur des organisateurs arrivistes et sans scrupule.

Que m'était-il arrivé ? J'avais ouvert une brèche dans l'espace-temps et me noyais presque en dedans. Je passe ici tous les détails, sauf celui de ma rencontre avec François Brune en 1988, où nous eûmes l'amorce d'une amitié profonde qui ne s'est jamais tarie, et je vous invite à lire ses ouvrages d'une limpidité et d'une profondeur d'amour sans égal (cf. bibliographie). Je dois admettre aujourd'hui que ce monde « paranormal » a bien failli avoir ma peau, et si je vis sereinement maintenant, c'est bien grâce à une démarche de recherche, de connaissances, de savoirs spécifiques aux courants de pensées cités dans ce livre.

Passons donc à la démystification de ce 6ème sens qui mérite tout de même ses lettres de noblesse. Pour plus de clarté, nous l'appellerons intuition ou petite voix.

Je vais mettre tout le monde à l'aise en affinant d'emblée un théorème indéniable et irréfutable : vous êtes tous des petits voyants en sommeil. Ah ! Je sens que les marchands d'avenir ne vont pas aimer cette réalité, tout aussi vraie que l'eau mouille et le feu brûle. Ce n'est pas de l'ironie, et j'entends déjà les discours cartésiens m'assaillir. Si j'en suis arrivé à révéler Métaconscience, c'est que je le sens, je l'ai vécu, je le vis, je l'ai vu en tout et en tous, et surtout auprès de mes anciens clients consultants.

J'ai même, par la suite, fait une force de cette faculté, grâce à la thérapie Métaconsciente dans laquelle j'utilise mes perceptions de voyants ou médium afin d'aller chercher dans le passé l'histoire de la souffrance des patients. À aucun moment, bien entendu, je ne parle d'avenir, car mon objectif étant de rendre les personnes autonomes dans la gestion de leurs souffrances, je ne vais pas commencer à induire les « Futuribles » potentiels ! Dans mes deux autres livres[10] qui font suite à celui-ci, je fais largement étalage des techniques employées dans cette thérapie vraiment différente de ce que l'on peut trouver de nos jours...

Revenons à notre définition de l'intuition qui n'est pas un don unique, un privilège de pseudos élus en mal de reconnaissance paranormale. Elle est une faculté au même titre que les cinq autres sens, la vue, le toucher, l'ouïe, l'odorat et le goût. Ce qui la rend moins perceptible ne peut être imputé à l'extérieur, mais à l'intérieur de nous-mêmes, de notre conscience et de son filtre pacificateur. Il est vrai que certaines personnes ont plus de facilité que d'autres à activer cette intuition, et il semblerait que les chocs psychologiques, l'isolement, la souffrance impulsent cette dynamique irrationnelle.

Qu'est-ce d'autre en fait que cette voix magique, si ce n'est un langage propre à chacun, qui prêche son vocabulaire dans le monde qui nous entoure, et tout cela sous le sceau du silence lourd et pesant de nos consciences. La voyance n'est rien d'autre qu'un saut quantique, une « captation » d'informations présentes dans un autre espace - temps où tous les êtres humains fusionnent leur identité.

Ce n'est pas un médiocre épisode de « Star Treck » que je vous propose, mais une réalité tellement incroyable, si proche de nous qu'il est urgent de couronner cette esthésie prodigieuse qui dort en vous. Il s'agit toujours de la même histoire, celle de l'information présente en tout et partout, orchestrée par un flux Métaconscient intelligent et qui se laisse pénétrer par des moyens de conscience individuels appelés voyants ou médiums. Nous ne sommes à ce moment-là que des canaux qui endiguent cette information extraordinaire qui surprend nos consultants. Nous accédons à cette conscience universelle par concentration et volonté d'écoute et d'attention.

---

[10] « *Oser guérir* » et « *L'Union sacrée* », aux Éditions dangles, à paraître en 2006

Encore elle, cette attention qui saisit un état arrêté de conscience et qui déroute l'homme qui détient ce pouvoir. Imaginez-vous un instant « sentir » l'autre en face de vous, lui parler de son passé avec une précision affolante et obtenir confirmation par la suite des prévisions que vous lui aviez faites ? Je vous garantis un décollage immédiat doublé d'une poussée d'ailes. C'est tout juste si l'auréole ne signe pas le tableau. Une aventure qui a de quoi déstabiliser, croyez-moi, je sais de quoi je parle. L'inconvénient réside dans le fait que nous ne restons pas moins homme, sous influence, et donc tributaire de l'ego et de la conscience que nous explorons. La limite floue et étrange de l'intuition et de ces autres paramètres construit la marge d'erreur des prédictions. Si je me suis trompé parfois, je ne l'ai dû qu'à ma propre volonté d'imposer mes jugements conscients ou non et de savourer l'image rayonnante de ma personne que l'on me renvoyait. L'humilité, l'amour et l'attention désintéressés sont les quelques clés possibles d'accès à ce « don ». Cela ne vous met pas à l'abri de l'ego et des verdicts potentiellement influents.

Repérez au travers des chapitres de ce livre les éléments qui contribuent à la découverte de votre petite voix. Il serait idiot de traduire mes propos sous un résumé réductionniste du type : « devenez voyant ». C'est un peu racoleur et faux.

« Découvrez le pouvoir intuitif qui peut guider votre vie » me convient davantage.

« Regardez en vous la force créatrice, l'assurance et la confiance qui, elles, peuvent vous aider » me convient encore mieux.

Le terme de voyance n'est pas le terme approprié à la perception profonde de l'essence de notre être. Nous sommes plutôt en flagrant délit de conscience intrinsèque à notre identité, en Métaconscience.

L'intuition construit de nombreux parcours de vie brillants et bien des hommes d'affaires cultivent cette option pour le plus grand bonheur de leurs banquiers et investisseurs. Cette discrète petite voix se métamorphose en pouvoir créateur, sous le nez et avec la complicité d'un esprit rationnel qui analyse au mieux les chances de succès.

Sixième sens et irrationnel ne veulent absolument rien dire sans la combinaison d'autres facteurs et critères.

Nous tendons vers l'unité, donc cessons une bonne fois pour toutes ces disputes immatures visant à désigner la science « vraie et seule détentrice du savoir ». C'est une illusion, un rêve éveillé sans fondement. J'accuse ici et maintenant nos peurs, nos pouvoirs, nos limites et nos petites consciences de rétention d'information, de manipulation du savoir. Les hommes cautionnent cette vision des choses par avarice de foi, de confiance en eux, envers les autres. Combien d'esprits, déchirés entre un rationalisme sécuritaire et une intensité émotionnelle, sombrent dans le désespoir, la perte d'identité, quand cela n'est pas tout bêtement dans un intégrisme suicidaire.

Votre petite voix sait toujours vous répondre, loin de cet ego totalitaire dont nous n'avons déjà que trop parlé. Nombreuses sont les personnes désemparées qui cherchent vraiment un réconfort à l'extérieur, éludant le « son intérieur », celui qui donne la note d'harmonie et d'équilibre. Pourquoi confier votre destin à des pratiques religieuses loin de votre culture personnelle et de votre foi ? Je comprends parfaitement ce besoin d'être guidé et cela n'est pas répréhensible, tant que cela ne devient pas une dépendance. Les « accros » de la voyance sont souvent très mal en point, et pour en avoir connu de nombreux, je peux vous assurer qu'ils augmentaient leurs souffrances, tout comme un toxicomane augmente sa dose, croyant se soulager.

L'intuition côtoie assidûment la pensée binaire, en charge trop souvent négative, malheureusement. Pourquoi serait-ce différent des autres constantes de la vie ? Tout est binaire ! Mais si vous réussissez à trouver l'équilibre intérieur en accord harmonique avec cette petite voix, vous accédez instantanément à la racine de la Métaconscience. Tout devient possible, les situations les plus folles sont réalisables, et le bon sens, en fin de compte, en comptabilise bien six.

Nous verrons plus loin les techniques que je préconise afin de développer cette intuition. Que le lecteur ne se fasse pas d'illusion, lui et seulement sa personne peut changer le monde. Une nouvelle donnée se profile à l'horizon, unificatrice et salvatrice, mère protectrice de nos maux, plus puissante que la confiance et l'assurance : la foi, votre foi.

Peut-on réellement reconnaître sa foi ?

Il n'était pas imaginable de poursuivre nos investigations sur les chemins de la souffrance sans revenir, mais cette fois de façon plus explicite, sur la notion de foi.

Un soir d'hiver, alors que l'alcool exacerbait ma plume orageuse, une phrase étincelle vint caresser la feuille :

La grandeur d'âme n'a de mesure que l'expression sans instrument.

Quelques mots savamment organisés qui ne semblaient clairs qu'à moi, malgré mon acharnement à vouloir l'expliquer à d'autres. Je m'étais saoulé de poésie et de subtilités de langage, donnant la vie à une phrase qui me poursuivra des années. Je cherchais longtemps l'espace dans lequel elle pouvait évoluer, croître, s'affirmer, accusant réception du message délivré. Quelques années plus tard, j'ai trouvé…

Aux portes de la foi, à l'entrée de notre âme, quelle que soit la clé ou l'outil utilisé pour tenter d'évaluer, de mesurer, de quantifier sa densité supposée, rien ne peut y faire, aucun instrument, aucune échelle reconnue, démontrée, prouvée.

Cette grandeur d'âme, cet abîme à envergure holographique, n'existe que par la volonté de notre conscience à l'observer et, surtout, par le produit bien réel de notre pensée : la foi.

Pourquoi cette intrusion soudaine de ce concept religieux encadré de serments et parjures dogmatiques ? Qu'est-ce que la foi ? Une proposition de réponse se trouve au chapitre III de la première partie, mais reste bien maigre. Comment peut-il être possible de nos jours de ne pas assimiler la foi à la religion ? Pourtant, la couleur spirituelle donne un éclat indispensable à cette conviction. Je vais vous proposer une vision plus ouverte, plus entière et plus sensée à mes yeux.

Je viens, au cours de ce chapitre, d'orienter le regard vers des horizons plus larges que ceux de la « croyance ». Croire ne peut suffire aujourd'hui, il faut le sentir, le voir en soi, l'expérimenter pour en être sûr, pour accepter l'existence d'un fait. La foi n'est rien d'autre que celle que vous voulez bien vous donner, sans plus.

C'est dans un premier temps la capacité d'affirmation de son « moi », la reconnaissance de son être face aux autres, au monde.

C'est la conscience d'exister, et vouloir exister consciemment.
C'est vouloir sentir s'y épanouir ses sens et se diriger au centre même de l'essence.
C'est dénouer les nœuds de sa souffrance sans craindre de perdre son âme, son innocence.
C'est enfin se donner une chance, celle d'être vrai, en toute transparence.

On ne distingue en rien, en ces termes, une quelconque différence qui puisse faire de l'ombre à sa petite sœur, la confiance. Il faut attendre la douleur infinie pour destituer cette fratrie, lever les yeux au ciel où demeure, peut-être caché, l'écho céleste de notre foi engourdie. Je bannis tout prosélytisme en faveur de quelque conviction que ce soit, si ce n'est celle de la consécration en premier lieu de la confiance en soi.

Avoir foi en soi, c'est se donner les moyens de trouver d'autres certitudes en rapport avec nos principes et fondements existentiels. Comprendre son intérêt, puis celui des autres, amorce la reconnaissance d'une religion de personnes, d'individus unitaires, qui peut se fondre en un modèle social plus diffus, en un culte. L'engagement personnel témoigne de l'adhésion collective. Votre conception intrapersonnelle crée vos relations de foi interpersonnelles.

Le brillant schéma holographique trouve toute sa « raisonnance » en ces lieux. Vous êtes hommes, fait à l'image d'un Dieu, donc vous êtes Dieu. Refuser cette réalité c'est se détruire, se perdre et souffrir. Dans bien des religions, on voit Dieu en toutes choses de la nature : eh bien oui, c'est vrai.

Qu'est-ce que la Métaconscience, si ce n'est une intelligence magnifique, et supérieure. Appelez-la comme vous la sentez, Dieu, Bouddha, chaise, table, peu importe. Ce qui compte c'est le sentiment profond de paix, d'harmonie et l'intensité de vérité ressentie et exprimée par l'appellation que vous lui aurez conférée.

L'athée ne sait pas qu'il s'annihile lui-même. Il souffre de n'avoir pu trouver sa foi, son canal et crie son désaccord quant à l'application irréfléchie de rites qui ne sont pas les siens. Il est en anorexie de foi, privé de liberté, de son besoin d'être, prisonnier de ses barrières virtuelles. Je ne crois pas qu'il soit réaliste de dire que l'on ne croit en rien, que l'on n'a pas la foi. C'est admettre le contraire, c'est exprimer ouvertement sa difficulté à être en relation avec soi-même et le monde qui nous entoure.

Lorsqu'on me demande si l'on peut vivre sans foi, je réponds en deux étapes. Premièrement, si j'ai conscience d'exister, de vivre et que je poursuis cette vie, c'est que je crois en l'existence qui est la mienne, donc j'ai déjà un embryon de foi, conscient ou inconscient. Deuxièmement, si je me défends d'adhérer à un quelconque courant spiritualiste, c'est que je n'ai pas trouvé le mode d'expression de ma foi et, bien souvent, ma foi prendra d'autres noms plus rationnels, comme les concepts de la physique, des mathématiques, des sciences humaines.

La foi est la vibration de la corde de l'instrument de la vie. Chacun en joue selon ses désirs. Le choix de l'instrument n'a que peu d'importance, la dextérité à le pratiquer si !

Ce qu'il ne faut absolument pas perdre de vue sous aucun prétexte, c'est l'équilibre en toutes choses. Même à l'extrême du cartésianisme absolu se trouve l'émotion qui permet au rationnel de savoir qu'il existe. La dualité est en tout et nous invite à trouver une position stable, confortable, éloignée des extrêmes.

Ce qui me fait hurler de rire, ce sont ces positions extrémistes que prennent certains à l'égard de la religion, trahissant par-là même leur déficit de foi en eux et la souffrance qui en découle.

La démarche est identique vers l'intégrisme religieux qui occulte totalement la dimension rationnelle, et donc la dimension humaine. N'oublions pas que nous sommes baignés dans un monde d'informations de toutes sortes qui créent notre univers. Il n'y a pas de bons et de méchants ; il y a des bons avec un peu de méchanceté, et des méchants avec de la bonté. Tout n'est qu'histoire de proportions.

Un peu simple en apparence, mais radicalement authentique. Ce n'est pas une philosophie grand public que je souhaite présenter, mais bien d'abord un mécanisme individuel qui traduit un schéma global façonnant notre univers. Saisissez-vous l'importance du rattachement à cette vision ? Nous supprimons les différences, empreintes d'un esprit trop critique pour les transcender en forces complémentaires les unes des autres.

Le très sage Dalaï-Lama invite les occidentaux à garder leurs religions, pourquoi ? Il sait qu'un habit différent ne fera pas un moine plus sincère et engagé. La foi trouve le canal qui lui convient au travers de chemins spirituels pluriels, de cultes et de rituels différents. Ce qui importe en fait n'est pas le nom donné au canal religieux choisi, mais la concentration et l'authenticité des sentiments. Si croire en la puissance d'un champ de betteraves peut vous permettre d'aller à la rencontre de vous-même et de l'univers, pourquoi pas ? L'essentiel en fin de compte est de trouver une fois, sa foi, une harmonie intérieure, son équilibre de vie.

Il faut mettre un bémol, bien sûr, sur mes propres propos en évitant le ridicule, l'absurde, donc l'extrémisme dénué de bon sens. Là encore, il ne m'appartient pas d'en juger. Dans certaines tribus africaines, cracher au visage d'un nouvel arrivant est signe de respect. Chez nous ce serait plutôt synonyme d'un début de conflit. La différence et ses pluralités cachent une multitude de vérités qui motivent la congruence. N'est-ce pas là un dessein pertinent ?

Les combats qui tentent d'imposer telle ou telle religion sont d'un autre âge, d'un fanatisme obscurantiste privé des cinq sens essentiels. Par-là même, ces luttes perdent de vue la consécration de la foi humaine, « l'amour ». On se détourne de la quête spirituelle sincère au profit d'un militantisme qui étrangle « les libertés ».

Se libérer de ses souffrances reste possible à condition d'avoir foi en soi, de comprendre ce qu'est la foi, de la trouver et de la vivre en soi d'abord, pour les autres ensuite.

« Foi et amour » sont la même réalité, notre réalité.

Choisir sa liberté commence par le fait de faire acte de foi en soi avant toute chose. Votre réalité est votre liberté potentielle. Votre vérité reste l'unique foi qui construit les bases solides de la paix intérieure.

Chapitre III

Déposer le poids de la souffrance

Au cours de mes nombreux entretiens en thérapie, j'ai très souvent constaté que lors des premières séances, les personnes possédaient toutes la faculté de comprendre comment elles fonctionnaient. Après des années de travail en rapport avec des individus en grande souffrance, j'ai mis en place une technique très simple (comme tous les outils propres à la thérapie). Elle reprend en fait l'observation du mécanisme présent chez tout le monde depuis la plus petite enfance et qui est d'une évidence criante. Vous allez vous rendre compte comment il est possible, pour un être humain, de diminuer considérablement le poids de ses souffrances. Il n'y a qu'une petite chose sur laquelle il ne nous est pas possible de transiger, je veux parler du fait d'engager un acte volontaire authentique. Vous allez certainement me dire que c'est là quelque chose de normal pour toute personne qui souhaite s'orienter vers les chemins de la liberté intérieure et pourtant ce n'est pas si évident que cela. Parfois l'ego freine des quatre fers la bonne volonté afin de réduire ce qui fait mal en dedans. C'est justement lorsque ça dérange qu'il faut voir dans cet acte un choix conscient judicieux et vrai pour soi. L'acte de foi dont nous venons de parler au chapitre précédent est absolument nécessaire, mais celui qui consiste à se montrer volontaire l'est tout autant !

Si ça « coince » lorsque vous commencez à bien regarder en vous, c'est que vous commencez enfin à remettre votre ego à sa place !

Notre mode de fonctionnement psychique, nous l'avons vu, est déterminé en partie par la façon dont nous allons percevoir le monde qui nous environne. Mais il existe cependant un mécanisme conscient ou inconscient qui s'active en toutes circonstances selon un ordre défini. C'est de cet ordre que va dépendre notre faculté de réactions, d'actions en adéquation avec notre interprétation des faits.

Voici d'une façon très concrète les cinq étapes fondamentales de notre *Boîte à Outils psychique* (que nous nommerons BAO) individuelle :

1) *Observation* : approcher et intégrer de nouvelles informations.
2) *Analyse* : comprendre la mécanique logique, cerner, délimiter.
3) *Constat/prise de conscience* : accepter une réalité ou la refuser.
4) *Positionnement/choix* : faire un choix.
5) *Action* : mettre une dynamique en place.

Cinq axes de développement de l'information qui sont ici présentés dans un ordre censé être logique. Devant une situation nouvelle, notre premier réflexe est de l'observer et d'entamer un processus de réflexion qui lui-même va engendrer une analyse. Cela nous amène à faire un constat qui suggère une prise de position et un choix. L'action peut enfin commencer, dessinant le schéma des réponses inhérentes à notre ressenti. À cet endroit précis se négocie la réaction de la personne ou pas. Si, par exemple, face à une situation, j'ai omis d'observer et de faire un constat et que je me suis contenté d'agir, mon comportement manque de regard en profondeur et l'erreur de communication s'accroît. Je laisse la porte ouverte à l'influence extérieure sans avoir pris le soin avant tout de m'écouter.

Il n'est pas réducteur d'affirmer qu'un bon nombre de nos réactions se limitent à la concentration de ces non-respects à une règle essentielle : « la pause ». Nous y avons consacré quelques lignes au chapitre II, et, c'est ici qu'elles trouvent leurs intérêts. Le mécanisme BAO s'accomplit parfois en une fraction de seconde et son caractère répétitif détruit parfois le bon fonctionnement des cinq outils ou cinq axes.

Prenez le temps de laisser naître en vous l'émotion, de la laisser s'épanouir afin qu'elle puisse vous communiquer un large éventail d'informations nécessaires à une prise de décision en toute conscience. Tentez d'appliquer cette BAO à n'importe quelle difficulté rencontrée et voyez l'efficacité du cheminement proposé. Il ne faut déroger sous aucun prétexte aux principes de l'ordre chronologique, au risque de modifier le résultat positif tant espéré.

La pensée humaine, sa couleur, le ton ou le son qu'elle peut émettre sont difficilement mesurables en termes de modules, de tableaux ou de tout autre outil.

Cependant, si j'ai pris ici la liberté de proposer quelques-uns des outils que j'ai créés pour mes sessions de formation ou mes thérapies, c'est afin de rassurer certaines personnes qui trouvent une réponse, une limite aux contours de leur âme par ce biais-là. Plus pertinent qu'un outil, c'est avant tout un éventail de moyens d'introspection réelle, une calligraphie individuelle soigneusement décryptée, une voix authentique qui ne parle qu'à celui qui veut bien prêter l'oreille.

La BAO est le premier outil dont nous disposons et voyons comment elle s'applique au cœur d'une situation de souffrance.

David vient de perdre son emploi à la suite du dépôt de bilan de la société qui l'employait. Le coup est rude car même s'il sait pouvoir compter sur l'allocation-chômage qu'il va percevoir, son parcours d'autodidacte en ressources humaines ne lui laisse que peu de chances de décrocher un poste de cadre D.R.H. ; les entreprises préférant les jeunes loups surdiplômés. Étranglé par des dettes et une situation affective peu stable, c'est le sol qui s'ouvre sous ses pieds à l'annonce de son licenciement.

Utilisons les cinq axes de la BAO affectée à sa situation :

Axe 1 - *Observation* : l'état des lieux est fait, il est sans emploi avec des allocations chômage à la clé.

Axe 2 - *Analyse* : il y a perte de sécurité d'un côté, mais une liberté ouverte à un champ large d'opportunités si l'on sait où et comment regarder.

Axe 3 - *Constatation* : il ne sert à rien de se morfondre sur un passé révolu, la réalité est au présent, ici et maintenant, et les forces projetées dans l'ancien temps ne seront d'aucun secours si elles continuent de se perdre dans un passé révolu.

Axe 4 - *Positionnemen*t : David fait le choix d'accepter la situation afin de la détourner à son avantage, et pour cela utilise d'autres outils d'introspection qui le conduisent à mieux se connaître, s'accepter pour mieux se « vendre », ou bien il refuse et stagne dans son marasme.

Axe 5 - *Action* : il attend un miracle et sabote lui-même ses chances de réussite ou poursuit la lecture de ce livre en appliquant avec franchise et sincérité les autres moyens mis à sa disposition.

Il n'est pas trop abusif de dire que notre « Boîte à Outils » psychique tient en notre prise de conscience d'une réalité, d'une responsabilité, d'une acceptation ou d'un refus des faits. C'est en cela qu'elle dérange, titille, énerve l'ego qui, bien entendu, ne va pas se gêner pour tirer tout cela vers le bas, le passé, l'échec. « Rappelle-toi, David, les dernières fois où tu as tenté de faire ceci ou cela et que tu t'es trompé ! ». Voilà un exemple de discours que tient l'ego, sécuritaire et peureux, afin de déstabiliser le pauvre David déjà mal en point.

Si l'on utilise la BAO à cette réflexion tout devient plus clair :

Axe 1 : *Observation* : par le passé, il y a eu des échecs, c'est vrai, des leçons à apprendre et non retenues.

Axe 2 : *Analyse* : ces échecs n'étaient que le produit d'un manque de confiance en soi dicté par qui ? Et oui, déjà l'ego, magma négatif d'expériences ou de vécus émotionnels refoulés et prisonniers d'une soi-disant sécurité ou limite.

Axe 3 : *Constatation* : le pouvoir de David s'est transformé en pouvoir du « moi » et l'a poussé à épouser la cause frileuse de son ego comme une réalité qui n'était pas la sienne en réalité.

Axe 4 : *Positionnement* : il a pris le parti de la fuite et du déni croyant se rassurer sur ses expériences apparemment fiables.

Axe 5 : *Action* : il n'a rien fait ou a fait échouer les tentatives d'actions, en ayant l'impression de l'avoir échappé belle, et par là même a conforté la position despotique de l'ego. S'il poursuit dans cette voie, il est fort probable que ce schéma d'apprentissage de la vie trace un axe descendant où les leçons de vie risquent fort d'être souffrances et douleurs.

Aucune exploration interne n'est possible avec l'ego. Aucun marchandage intelligent ne doit subsister avec ce « moi » sournois, faux, ce tartuffe de l'intellect qui bride l'émotion et assassine l'esprit créatif. Dites-vous bien cependant que l'on ne se bat jamais contre son ego, mais avec lui ! Et oui ! Se battre contre le renforcerait bien davantage, alors que l'inviter à rester à sa place par notre acte de conscience en soi est bien plus pertinent.

Cet homicide volontaire et prémédité, David peut en prendre conscience. La fécondation intracognitive de la volonté et de la motivation va engendrer la croissance intérieure vraie, l'ouverture de l'espace de liberté, d'expression de son moi authentique délivré, émancipé. Toutes les notions de mouvements, d'équilibre, de pensée binaire, de choix, d'enjeux, d'intérêts, de pouvoir, de vouloir, etc., assure à cet instant le spectacle d'une folle parade carnavalesque où les sens mis à vif s'avouent désorientés, désemparés.

Pas de panique, toutes ces notions que nous avons pris soin d'observer sous différents « regards portés » sont en vous, uniques et diversifiées, dispersées et pourtant unifiées. Il n'est pas question de croire à une force extérieure, un canal salvateur, mais en un guide, un retour, une limite qui peut, faire ressentir, sentir l'étendue de sa pensée, entendre l'écho de l'âme, de la vérité. Si on accepte d'accueillir et de poser les armes qui ne sont pas les nôtres, nous libérons notre esprit, notre moi authentique. Alors comment peut-on gagner cette partie, comment, au-delà de cette ridicule BAO, peut-on soulager ces maux conscients et inconscients ? En poursuivant le travail d'introspection, sans mentir, et en répondant à ces quelques questions, guides et moyens révélateurs de son mode de fonctionnement interne.

Le premier exercice que voici a le mérite de mettre à plat (toujours en utilisant la BAO) la situation rencontrée.

• Prenez une feuille et un crayon et lancez-vous. Listez ce qui suit :

Tableau de résolution et d'identification de la problématique

Difficultés	**Pourquoi**	**Comment**	**Dans quelle mesure**
Les identifier Les nommer (n'hésitez pas !)	Rechercher la cause objective selon vous	Quels sont les moyens dont je dispose pour solutionner ?	Quels objectifs et dans quel temps vais-je me fixer ?
A	**B**	**C**	**D**

• Imaginez sans complexe que vous avez la possibilité d'exprimer tout ceci à ceux que vous estimez coupable de la situation. Déchaînez-vous, ne faites aucune concession, dites tout !

Une fois ce premier travail effectué, un léger apaisement (tout est relatif) commence à pointer le bout de son nez. Vous avez osé l'écrire, c'est un premier cri, une vraie prise de responsabilité. La confiance en vous est toujours là.

Les deux premières colonnes A et B n'ont pas dû vous poser grand problème.

Par contre C et D restent plus coriaces. Peu importe que n'ayez pas les réponses à ce stade, c'est normal, la suite vous permettra d'y parvenir.

Nous introduisons la dimension d'objectifs dans le temps, pourquoi ? Les objectifs sont en étroite collaboration avec la conscience des événements, d'une façon stable, constante, permanente ici et maintenant pour la construction et la consolidation de la volonté future d'aboutir. Ils sont la résultante de l'effort, de l'intérêt, bref, de la motivation que nous sommes prêts à investir pour notre avenir.

Je tiens à lever toute suspicion de projections fantasmagoriques, car par objectifs, j'entends mettre en exergue la révélation au temps présent des potentiels émotionnels et rationnels humains au service d'une conscience élargie, la Métaconscience. Cette projection est davantage affiliée à la prise de possession, ici et maintenant et une bonne fois pour toutes, de notre vrai « moi », plutôt que d'un rêve, d'un idéal, spécialité de l'ego empirique.

Cette zone d'ombre éclairée, nous poursuivons notre ascension. La rigueur manque cruellement à ce premier tableau qui n'a en fait pour fonction que d'exprimer de manière générale un malaise diffus. Nous savons que l'amplitude du « mal-être » flirte aisément avec la pensée binaire.

Deuxième exercice :

• Prenez les réponses au premier tableau et suivez les indications du second tableau que j'ai baptisé « tableau binaire » en l'honneur de ces deux extrêmes qui nous habitent constamment et qui parfois impulsent des réactions plutôt surprenantes.

L'examen de conscience continue.

Tableau binaire

A		B	
Solutions extrêmes conseillées (de pulsion)		Solutions de médiation	
Pourquoi ?		Pourquoi ?	
+ avantages	- inconvénients	+ avantages	- inconvénients

Quel est l'intérêt du tableau binaire ? Vous permettre de mesurer, d'évaluer la distance réactionnelle, émotive ou rationnelle.

En d'autres termes, lorsque David dit qu'il ne trouvera pas de travail qui lui convienne, il sait qu'il s'inscrit dans la colonne A-, donc dans le déni. S'il décide de partir le lendemain en Australie pour se vendre, il est dans le A+

Pleurnicher deux jours et entreprendre les démarches auprès des administrations est de l'ordre de B-. Se prendre en main en listant toutes les actions que l'on va entreprendre pour s'en sortir est B+.

Tout cela est bien sûr schématique et il n'est pas rare de passer par tous ces stades. Ce qui importe ici, c'est de choisir sa position au présent et de l'écrire. La prise de conscience devient effective.

Quel est l'objectif premier de ces deux exercices ?

Se trouver, se rassembler, se construire pour mieux évoluer ; cerner et définir ses limites et celles des autres ; se comprendre pour enfin se réaliser.

Je tiens à faire une petite parenthèse en ce qui concerne la notion d'écrit. Il me paraît fondamental que lorsqu'on commence un travail d'introspection, chaque individu puisse utiliser tous les sens propres à sa personne. C'est à cet effet que l'acte thérapeutique Métaconscient utilise l'écriture comme un support tout à fait incontournable. L'écrit reste et les paroles s'envolent, dit-on. En fait, dans notre approche Métaconsciente, écrire, parler, écouter, ressentir, visualiser, etc. sont autant d'actions conscientes qu'il faut combiner afin d'arriver au résultat le plus juste possible. Choisir sa liberté d'être passe forcément par l'activation d'éléments pluriels inscrits en nous.

Revenons sur un autre exercice qui permet justement la combinaison de tous ces sens : vaste programme qui suit quatre phases appelées P.E.V.P. (Problématique, Étiologie, Vision globale, Projection).

1) Poser et définir la problématique (P)
2) Trouver l'étiologie du « mal-être » (E)
3) Visualiser le contexte global de la situation (V)
4) Projeter les différentes solutions possibles (P)

Cela s'applique à n'importe quel domaine de la vie courante, et vous allez retrouver une fois de plus cet ordre, ce fameux enchaînement, cette subtile organisation au sein de toute problématique, quelle qu'elle soit. Commencez par projeter avant d'étudier la problématique et tout s'effondre. Croyez regarder la situation d'un œil aérien sans avoir émis une hypothèse de la cause à votre souffrance et vous prenez le risque de survoler votre propre prise de conscience.

Tout comme l'ordre immuable de la BAO, P.E.V.P suit le même cheminement. Ne retenez pas ces sigles ridicules qui nous envahissent au quotidien. Comprenez l'essentiel de la démarche, cela suffit.

Pour vous aider dans votre introspection personnelle, voici deux autres tableaux qui sont non exhaustifs quant aux questions à se poser, mais qui ont le mérite d'introduire une nouvelle notion, celle du plaisir.

Tableau du plaisir au quotidien

	Famille	Amour	Santé	Argent
Ce que je suis aujourd'hui par rapport à telle situation				
Ce que j'aimerais être par rapport à telle situation				
Quelle est la note de 1 à 10 par rapport à telle situation (que je me donne) ?				
Que devrais-je objectivement faire, face à...?				
Que puis-je réellement faire ? Mes objectifs				

Tableau professionnel du plaisir

	Emploi	Formation	Hiérarchie	Carrière
Ce que je suis aujourd'hui par rapport à telle situation				
Ce que j'aimerais être par rapport à telle situation				
Note de 1 à 10 que je me donne par rapport à telle situation				
Que devrais-je objectivement faire, face à...?				
Que puis-je réellement faire ? Mes objectifs				

Serais-je en proie à une frénésie hédoniste ou partisan de la doctrine masochiste qui attendrissait des dévots de la Renaissance ? Se mortifier sous-tend pour certains une philosophie douloureuse du plaisir, mais démontre bien qu'il existe une forte coalition, éventuellement substantielle, mais bien réelle et indispensable, à l'édification du traité de la souffrance.

L'envergure de cette fusion virtuelle maux/plaisirs dans la dimension sombre de notre esprit tient une place non négligeable. Prendre conscience que notre souffrance nous fait plaisir est pour l'instant difficilement acceptable et je ne m'engagerai sur ce terrain qu'à la fin de cette approche psychologique déjà entamée.

Là où je souhaite interpeller le lecteur, c'est sur l'abstraction faite par notre environnement de la notion de plaisir.

N'est-ce pas censé être un antidote à la souffrance ou plutôt à la douleur ? Comment envisagez-vous le plaisir dans votre vie ? Le considérez-vous comme un droit, un mythe, un rêve ou une réalité ? Que diable vient faire ici cet élan charnel aux allures de jouissances lubriques journalières ?

C'est ce que nous allons voir.

Plaisir et jouissance : Où en êtes-vous ?

« Le plaisir est l'objet, le devoir et le but de tous les êtres raisonnables. » (Voltaire)

Après avoir survolé la texture de l'affectif au chapitre V de la première partie, il est apparu clairement à nos esprits opaques que le bonheur n'était pas une composante unique et fixe, mais une mixité large d'affects, de concepts interconnectés les uns aux autres, justifiant cet état de conscience pleinement satisfait de contentement.

À l'instar de la Métaconscience, le plaisir s'immisce dans la recette du bonheur, se fondant dans le tout, et tombe sous le coup de l'observation. C'est l'attribution du plaisir aux seules fonctions « lipidiques » et épicuriennes du terme qui a enterré prématurément une notion omniprésente et vitale à tout être humain : faire ce qui lui plaît, ce qui lui fait du bien…

Encore faut-il avoir conscience de ce que l'on fait, d'où l'intérêt d'utiliser ces exercices. En fait, si l'acte d'observation aide la personne à prendre conscience de sa réalité, identifier son plaisir, ses plaisirs au quotidien lui indiquent qu'il juge bon pour lui ce qu'il veut. Eh oui, encore la volonté et le « regard porté ».

Le plaisir est l'enfant du désir, du besoin, de l'activité physique et psychique, de la relation et de l'émotion.

Faisons un petit tour du côté d'un test qui se décline sous quatre étapes, structurées de la façon suivante :

1) Capital Énergie/Plaisir
2) Expression
3) Médiation
4) Visualisation

1) Capital Énergie/Plaisir

Cet exercice a pour objectif de lister les moments de stress au cours de la journée, de prendre conscience de la structuration ordonnée des instants clés de la journée, de repérer les temps forts en énergie et émotions, et enfin d'avoir une vue d'ensemble cadrant avec les notions d'espace et de temps.

Le stress est un conflit intérieur déclencheur de maladies physiques ou psychiques.

Le principe est simple : faire un bilan du capital énergie disponible du lever au coucher du soleil. On noie volontairement personnel et professionnel sans aucune distinction.

- Listez de façon non exhaustive (mais précise) les étapes de votre journée.

Exemple : réveil à quelle heure, dans quelles conditions, état d'esprit, les premiers gestes (douche, sport, petit-déjeuner, dans quelles conditions...)

- réveil
- ordre chronologique des actions
- obligations (déposer les enfants…)
- trajet (comment, durée, ambiance…)
- arrivée au travail (heure, ambiance, premières tâches…)

- pauses, conditions, impératifs
- déjeuner (où, comment, avec qui, quoi)
- reprise du travail (conditions, impressions…)
- trajet retour, obligations, heures
- soirée personnelle (organisation)
- repas, détente
- amis, parents rencontrés
- plaisirs que vous vous êtes accordés ou refusés
- (...)

Cela peut prendre un certain temps, mais ne soyez pas avare de ce dernier, car vous êtes en train d'expérimenter les premiers indicateurs d'une prise de conscience qui peut vous délivrer de votre prison intérieure.

2) Expression

Principe : repérer selon le déroulement CAPITAL ÉNERGIE :

- les moments où la communication a été déficiente
- les conflits
- les moments où l'on n'a pas su dire « non »
- les instants où l'on aurait voulu parler
- les instants où l'on a « pensé » parler sans passer à l'acte

Notez-les à la suite du premier exercice, surlignez-les au marqueur fluorescent, si besoin est.

3) Médiation

Qu'est-ce qu'une médiation si ce n'est une recherche d'équilibre, d'harmonie ou de conciliation ?

Cette entremise destinée à créer une réponse, un processus d'évolution d'un stade initial cloisonné à un stade supérieur autonome et libéré, s'accomplit en regard des exercices 1 et 2.

Nous fusionnons ceux-ci par le biais du premier tableau (« tableau de résolution et d'identification de la problématique »).

À chaque instant de la journée, une difficulté rencontrée prend place dans ce tableau, et à nouveau vous notez ce qui a été fait, ce qui aurait dû être fait et comment y arriver. Fixez les objectifs honnêtes que vous vous sentez capable d'atteindre, sans oublier d'énoncer un délai de temps raisonnable.

Refusez catégoriquement d'entrer dans le jeu de l'ego et de la « pensée automatique ».

4) Visualisation

La visualisation, au sens où je l'entends, s'apparente à la mise en images de situations choisies, voulues et ressenties comme une réalité pouvant réellement exister à l'instant présent.

Cela n'est en aucun cas une projection futuriste calquée sur des exemples sélectionnés dans votre entourage. Vous êtes le pilote conscient du voyage entrepris, ayant pris soin d'éluder les propos parasites de l'ego et du passé. Notre pensée crée notre réalité, nous l'avons démontré avec la théorie quantique appliquée à la Métaconscience, d'où l'extrême vigilance nécessaire à la surveillance de votre « ressenti » qui risque fort d'influer sur votre comportement et vos réalisations futures.

Nous développerons plus loin les fondements de la visualisation, ce qui est important ici, c'est de repérer les instants négatifs pour les transformer en positifs, ainsi que les moments de plaisir afin de les consolider et de les amener à se pérenniser.

Faites un petit tableau à deux colonnes où vous énumérerez d'un côté tous les points négatifs, de l'autre, les positifs.

Travaillons sur le négatif d'abord. Comment inverser la courbe ? Où se trouve le binaire dans ces situations difficiles ? Pas de panique, vous allez le créer, c'est aussi simple que cela.

Négatif	Positif

Prenons un exemple : vous avez du mal à vous réveiller le matin. Cela peut être tout à fait positif si vous imaginez la veille en vous endormant que vous vous réveillerez en pleine forme afin d'attaquer une nouvelle journée ouverte à toutes les possibilités de chances, de plaisirs, de rencontres. Si cela ne suffit pas, voyez-vous rempli d'énergie à la sonnerie du réveil qui annonce votre capacité à la mettre en mouvement au saut du lit. Imaginez le plaisir de se lever tout de suite, de foncer sous la douche et de prendre le temps de faire un câlin ou de déjeuner. Pensez à toutes les opportunités qu'offre cet état de conscience éveillé qui vous permet de jouir des plaisirs d'un réveil vif et frais. Visualisez-vous profitant des premiers instants de la journée alors que les autres dorment, perdant tous les éléments positifs de ce nouvel état conscient.

La notion d'effort ici peut s'annuler face à des objectifs aussi simples que du pain et des croissants chauds avec un bon café.

Autre exemple, l'idée de retrouver des collègues de travail insupportables vous détruit ?

Eh bien non ! Là encore, vous êtes un être, un individu à part entière qui n'est pas forcé de remettre son âme entre les mains des autres. L'autonomie de pensée existe, et c'est votre liberté d'esprit que vous mettez en jeu. Décidez une fois pour toutes que rien ni personne ne pensera à votre place. Arrivé au bureau, imaginez-vous être le patron, le dirigeant qui maîtrise tous les rouages de son activité, de ses relations interprofessionnelles et évacuez ces peurs des reproches et remontrances des collègues qui en fait ne se servent de vous que comme miroir leur renvoyant leurs propres images.

Je me souviens d'une époque où ne pouvant plus supporter une collègue de travail frustrée, j'ai décidé d'être « miroir » et de renvoyer l'image de son propre dégoût d'elle-même. Elle n'existait plus, son soi-disant ascendant n'avait aucune accroche sur moi, et devant mon refus obstiné de la regarder, de prêter attention à sa méchanceté, c'est elle qui s'effondra. Il aura fallu des semaines de ras-le-bol avant d'utiliser cette technique.

Un dernier exemple de visualisation : vous êtes au taquet de vos possibilités financières, acculé aux « bornes rouge limite » de votre compte et vous vous creusez la cervelle pour vous en sortir.

Imaginez un relevé de compte créditeur, voyez votre nom en haut et projetez l'image de votre banquier souriant, accueillant à l'idée de vous recevoir, vous et votre argent. À force de cultiver des pensées de ce style, vous allez enclencher des processus inconscients de solutions à vos problèmes, et la vapeur risque fort de s'inverser, parole de déficitaire.

Je conçois aisément que l'approche du « comment fait-on pour sortir de sa souffrance » par le biais d'exercices aux allures de tests psychologiques puisse dérouter certains. À cet effet, il est tout aussi pertinent de vous présenter d'autres possibilités d'introspection, plus enclines à exciter vos émotions et aspirations affectives.

Le « Savoir - Être » au quotidien : de l'esprit vers le corps

Voici une appellation bien difficile à saisir pour le néophyte qui se triture les méninges, face à deux mots qui, une fois associés, semblent traduire un comportement pédant, non accessible au commun des mortels. Le « Savoir - Être » n'est rien de tout cela, vous en faites l'expérience tous les jours, chez vous, au travail, en famille, en vacances.

Le Savoir nous renvoie à la connaissance, l'information acquise par notre activité mentale, l'érudition, la culture, la somme d'instructions enregistrées dans notre petit cerveau, de telle sorte que celui-ci a conscience de l'objet de son savoir. La conscience, l'observation sont inhérentes au savoir et permettent la rime facile avec « pouvoir ».

Être, en revanche, vient caresser le doux rêve de la réalité, de l'existence innée et consciente, brute d'informations. « Je pense, donc je suis » de Descartes muta en « on me voit, donc je suis » de Sartre qui surenchérit plus tard avec un petit mot très intéressant :

« *Les consciences ne sont pas, elles se font.* »

Voilà une transition toute faite afin de lier « savoir » et « être », la connaissance alliée à la conscience d'exister. Cela peut prendre pour certains une tournure philosophique détachée des propos Métaconscients qui nous intéressent, et pourtant, ce n'est pas le cas.

Le « Savoir-Etre » se conjugue sous la déclinaison évidente du « bien-être ». Enfin, en théorie, car d'autres personnes lui préfèrent le « mal-être », mettant en exergue un dysfonctionnement de la prise de conscience et de ses potentiels créatifs.

Le but de cet ouvrage n'est pas un « suicide mode d'emploi », mais plutôt un révélateur des potentialités joie et bonheur qui s'inscrivent en vous, avec comme finalité l'équilibre intérieur. La finalité étant, à plus ou moins long terme, d'être capable pour le lecteur de faire en toute conscience ses choix de liberté, ses choix de vérité intérieure avant tout.

Je vais donc vous présenter une série d'actions et de faits favorisant l'accès à notre objectif (et finalité), au travers d'un maillage ordonné de façon subtile. On pourrait tout aussi bien appeler cela « les commandements du savoir-être », mais je ne voudrais pas être taxé de mauvais esprit.

1) Passer une journée sans mentir : je n'accuse personne d'être un menteur, je vise plutôt ces petits mensonges anodins que l'on dit gentiment ou poliment. Cela s'adresse également à soi, bien entendu !

2) Avoir une parole gentille et sincère une fois dans la journée pour quelqu'un : faire connaître son point de vue honnête à l'encontre de quelqu'un attire la réciproque. Si cela n'est pas dans l'immédiat, la conscience de l'autre travaille pour vous.

3) S'offrir un cadeau une fois dans la semaine : savoir se choyer, c'est aussi avoir conscience que l'on est une personne importante qui mérite l'accès au plaisir fait de petits riens.

4) Noter les qualités que l'on a travaillées cette semaine écoulée : un petit check-up de ses points positifs optimisés ne fait pas de mal et l'ego ne s'en plaindra pas.

5) S'arrêter un instant sur un évènement mondial qui vous a perturbé : l'actualité parfois dramatique nous « recentre » sur notre réalité, en fin de compte pas si mauvaise.

6) Se fixer un créneau horaire de silence intérieur : journalier ou hebdomadaire, ce moment privilégié de calme doit vous permettre de vous apaiser et ne doit tolérer aucune intrusion (téléphone, bruits divers). Cela surprend au début d'être là, seul, dans le silence. N'ayez crainte, fermez les yeux, détendez-vous et respirez profondément.

7) Oser dire non, une fois dans la journée : au mendiant, à votre patron, à votre femme ou mari.

8) Oser dire oui, une fois dans la journée (idem 7).

9) Se fixer un objectif à atteindre par semaine, mois, année, en regard des exercices précédents (tableaux binaires).

10) Écrire ses angoisses ou une angoisse ressentie pendant la journée : munissez-vous d'un petit carnet et notez chaque instant qui a entraîné une angoisse au cours de la journée. Relisez-les le soir ou en fin de semaine et faites un bilan.

11) Faire quelque chose d'inhabituel, voire en opposition avec ses contradictions (aller à l'opéra, visiter une exposition de peinture, discuter avec une personne sans domicile fixe).

12) Affronter quelqu'un une fois dans le mois sans donner d'explications, sans se justifier.

13) Faire un jeûne à date fixe durant une journée : cela permet de ressentir son corps, d'aiguiser ses sens, d'apprécier les mets.

14) Faire un excès une fois par mois : laissez-vous aller à la démesure de temps en temps, cela recentre le corps et l'esprit.

15) Cuisiner avec des amis ou de la famille : préparer un repas et avoir le plaisir de tous les sens exacerbés en même temps est formidable. Plaisirs du goût, des odeurs, des sons et paroles, de « la main à la pâte ».

16) Oser mettre un jogging pour aller courir, marcher, faire du vélo : le sport nous réconcilie avec notre corps et nous permet de renouer avec des sens essentiels, primaires, aiguisés (toujours nos cinq sens).

17) S'adonner à une activité au cœur de la nature : jardinage, randonnée, etc., favorisent le rapprochement de notre être avec les forces de la nature.

18) Prendre un bain très chaud pour se détendre et le terminer par une douche froide : une amplitude vigoureuse synonyme de bien-être absolu. Cet exercice vous ouvre les portes de la sensation de tous les muscles de votre corps.

19) Écouter une musique relaxante (type méditation) allongé confortablement en laissant glisser vos pensées.

20) Prendre des cours de dessin, de sculpture, de gymnastique ou de yoga, à la surprise de votre entourage.

21) Manger végétarien pendant une semaine : la viande est un aliment sept fois moins énergétique qu'un légume ou un fruit. La raison de cette déperdition est que les plantes sont en amont de la chaîne alimentaire et donc plus riches en énergie (soleil). La viande est issue d'un processus à multiples transformations, et donc plus pauvre. Faites une cure de légumes frais, de pâtes et laitages.

22) Supprimer pendant un laps de temps défini alcool et cigarettes : ces toxines encombrent votre corps et votre esprit. Un petit effort de temps en temps amènera un grand bien-être à votre plus grande surprise. Cessez de penser à la prise de poids. Tout n'est que mental. Vous créez ce que vous souhaitez.

23) Renouer avec un sommeil réparateur : couchez-vous au plus tard à 22 heures. Au début, cela paraît impossible, et laissez-passer l'idée que vous ne pouvez vous endormir. L'habitude de trois ou quatre fois consécutives va modifier considérablement votre capacité énergétique au saut du lit !

24) Éviter de regarder la télévision avant de vous coucher ou toute activité intellectuelle trop intense. Cela énerve et stimule et ne prépare pas au repos salvateur. Pourquoi ne pas décider d'une soirée sans télévision ?

25) Faites-vous plaisir et laissez votre corps et votre esprit vous montrer les chemins oubliés des plaisirs simples avec ces quelques propositions d'exercices non exhaustives.

La conjugaison des sens : Porte ouverte en Métaconscience

Ce qui m'interpelle depuis fort longtemps, lorsque je prends le temps d'observer l'attitude de mes compatriotes, c'est l'enthousiasme débordant qu'ils sont capables de faire émerger à l'annonce de réjouissances, fêtes, commémorations ou manifestations diverses à caractère festif. Autant d'énergies débordantes qui vont créer une dynamique de bonheur communicative nous prédisposant à l'affûtage d'outils tout à fait appropriés : nos cinq sens. L'ouïe, la vue, l'odorat, le goût et le toucher cadenassent fermement le concept de l'épicurisme inscrit depuis des lustres au creux de notre ADN.

Cette vision sympathique des choses ne peut occulter cependant le fait que ces cinq sens apparents déterminent aussi des limites et des réalités parfois plus douloureuses.

La nature (appelons cela ainsi) nous fait don, pour la majorité d'entre nous, de toutes ces facultés, et lorsque cela n'est plus le cas, des palliatifs sont toujours présents. L'aveugle développera son sens du toucher, le sourd son acuité visuelle, etc.

Il me semble, arrivé à ce stade de ce livre, qu'il n'est plus utile de vous démontrer que ces cinq sens ne sont qu'un pâle reflet d'une autre réalité, imbriquée dans la nôtre, qui nous offre la possibilité d'accéder à des sens complémentaires (les plus communément appelés « 6ème sens »).

C'est précisément à cela que nous allons nous attacher ici : passer en revue nos cinq sens et leurs incroyables potentialités d'énergies qu'il peut être profitable de mettre au service de ces sens Métaconscients, bien réels, souvent latents et puissants.

Permettez-moi une métaphore très parlante. Et si nos cinq sens n'étaient que des vaisseaux sanguins, conducteurs d'un flux tactile, certes, mais qui, à force de se muscler devenaient des artères, épousant une autre fonction plus noble, celle d'atteindre le cœur, le centre de l'être, berceau du mouvement de la vie ? J'admets que pour moi, ayant travaillé avec force le sens de l'intuition, une panoplie de sensations étranges, mais non moins tangibles, ont vite investi mon être.

Oui mais voilà, ce dont on dispose à un moment précis n'est pas une preuve de continuité (cf. l'impermanence des choses) et comme toujours, l'effort et la volonté orientent vers les résultats probants. La difficile loi de la transformation de toute chose s'avère parfois être une réelle catastrophe qui ne donne aucun signe d'essoufflement. Il existe cependant une alternative pour contrecarrer cette certitude qui consiste à connaître parfaitement ses sens et le moyen de les maîtriser.

La maîtrise est l'excellence du « non-être » en permanence.

Qu'est-ce que je veux bien entendre par cette phrase aux allures bien mystérieuses ?

La connaissance de nos facultés, de nos sens, ainsi que leur maîtrise au temps présent, ici et maintenant, élimine toute notion d'effort, de réflexions méningées manichéennes. C'est aussi simple et évident que cela ! Je n'ai rien inventé, Socrate nous propose depuis des siècles de mieux nous connaître afin de connaître le monde qui nous entoure. Vous voyez, rien d'extraordinaire là-dedans ! Du bon sens et rien de plus !

Eh bien parlons-en du sens, de ces sens.

La vue

Des cinq sens répertoriés, celui-ci cumule le plus d'informations et gagne par sa richesse à être classé comme le sens le plus fédérateur de données extérieures.

Cette position supérieure, traduit la difficulté croissante à maîtriser et connaître la manière dont nous sommes disposés face à la vue.

Certains, dits « visuels », enregistreront aisément plus d'informations par ce canal qui leur convient davantage.

D'autres, plus désorientés, auront l'impression de s'adonner à un exercice périlleux quant au maintien d'un équilibre précaire, face à d'innombrables messages captés.

Il y a une soixantaine d'années, une promenade à vélo au sein d'une petite ville pouvait laisser supposer pour l'œil une tension d'observation réduite. Le même exercice aujourd'hui a démultiplié considérablement l'attention et l'agression visuelle. La circulation intense, les panneaux publicitaires, la foule croissante, etc., excitent considérablement notre regard et nous demandent d'être sélectif, rigoureux et attentionné. Notez de plus que le vélo a été troqué contre le scooter ou la moto, ce qui n'arrange pas les choses.

La vitesse nous a pris par défaut et accélère nos temps de réflexion et de réponse au point de devenir un RÉFLEXE.

Le coupable est désigné, le saboteur du sens visuel a réussi son conditionnement sournois. Rien de bien étonnant dans un monde rapide, avide « de plus », qui dévore l'information à grand coup de matraquage d'images. Nous sommes ici au centre d'un épiphénomène, (tout comme le sont les quatre autres sens) appelé l'entropie. Une appellation familière maintenant qui, sous son aspect scientifique, ne désigne qu'un mode de fonctionnement naturel, cyclique, de l'augmentation de l'information et par conséquent du désordre qu'il véhicule.

Je ne suis pas un fervent opposant au réflexe, sauf s'il détourne l'intérêt et le bien être d'une personne. Dans ce cas, ce qui aurait pu devenir l'outil pertinent d'un stress positif a viré à son contraire, en binaire extrême négatif.

Par quelle magie peut-on éradiquer ce mal ? Je vous le donne en mille : par l'information. Pour être plus exact, on devrait parler d'éducation, voire d'apprentissage. Je n'ai pas l'intention de développer ici une nouvelle théorie fleuve, narguant les comportementalistes, Piagetistes ou autres. Ce qui m'importe et qui va se décliner également pour les autres sens, c'est de faire comprendre au lecteur qu'il a le potentiel du savoir en lui, mieux que cela, il est le savoir incarné au même titre que la Métaconscience.

Alors ouvrir le débat sur le conditionnement, l'action et l'objet me semble à des années lumières, ici même ! La constante humaine qui, elle, reste intacte, c'est la motivation et la volonté. Si l'on veut toujours en voir plus, c'est bien qu'il existe une raison ?

Effectivement, la recherche d'un savoir, peu importe lequel, tyrannise notre œil au détriment d'un résultat défini à l'avance.

A tout vouloir voir, on n'obtient parfois que peu de choses et sans intérêt. Une recherche sans objectif va se perdre dans un spectre infini et détruit donc par trop d'images les mécanismes de fonctionnement de sa propre image.

Prenons un exemple concret :

Vous allez chez le coiffeur avec l'envie de changer de tête, sans plus. Le coiffeur vous montre trois cents photos pour vous décider, vous oriente vers des cassettes vidéos, et comme il est obstiné, fait venir ses collègues pour vous aider à choisir. Votre petite motivation de départ, trop fragile, a subi le bombardement d'images et vous laisse un sacré dilemme entre les mains.

Autre exemple :

Une visite guidée expresse d'un château lors d'une excursion organisée par votre comité d'entreprise. Une belle intention expéditive qui ressemble aux mariages japonais, chronométrés, où l'on doit s'en mettre plein la vue en un temps record pour un moindre coût !

Qu'en est-il de la qualité et des plaisirs consciemment observés par l'œil ? Le critère argent et le facteur temps supplantent-ils la perception visuelle ? Décidément, le temps, toujours cette précieuse affaire, ne fait pas la nôtre. Le canal visuel astreint à une vigilance accrue due à l'excitation du regard.

Bien souvent, au cours d'une journée, on ne fait que regarder et à peine voir, et surtout très peu observer. Pour ne plus fatiguer inutilement ce sens exacerbé, prenez le temps de vous arrêter en marchant, d'observer, de regarder votre environnement.

Quelles sont les couleurs dominantes chez vous, dans la pièce où vous lisez ? Pouvez-vous y répondre sans lever le nez de votre livre ? Avez-vous repéré les différentes architectures des immeubles et maisons proches de la vôtre ? Quel étonnement parfois, après des années de proximité, de prendre conscience des trésors culturels, artistiques, esthétiques qui ont au cours du temps fait le lit de l'indifférence, de l'attention trop pressée.

Quels sont vos goûts en matière de couleurs ? Avez-vous pris le temps de chercher le ton qui vous apaise, vous calme et vous repose ?

Vers quelle politique de couleur vous orientez-vous ? Savez-vous qu'à chacune d'elles correspondent des significations plus ou moins proches de vos états d'âme, vos envies, votre ressenti ? La trouver, c'est commencer à s'exprimer par ce canal visuel. Vivre dans une maison et une ambiance détendue passe par l'harmonisation des couleurs. Mais l'environnement matériel est tout aussi important. Les objets de votre quotidien vous conviennent-ils quant à leurs formes, leurs dispositions, leurs attraits ? Avez-vous pensé à mettre une plante quelque part dans votre lieu de vie ?

Toutes ces questions ne sont pas dénuées de sens, au contraire, elles sont là pour équilibrer un sens : la vue.

Si cet équilibre environnemental est trouvé, le comportemental suit, et je pense au regard, plus précisément.

Regardez-vous les gens dans les yeux, baissez-vous ce regard facilement, fuyez-vous par cette échappatoire ? Là aussi, l'harmonie passe par quelques objectifs finalisés dans le temps, en construisant sa confiance en soi par étapes. Aujourd'hui, vous fixerez la boulangère dans les yeux en lui demandant votre pain, et demain votre patron lorsque vous le croiserez dans le couloir. Le sens visuel est un outil, ne l'oubliez pas. Il se travaille, s'apprend et se recharge en énergie dans une atmosphère appropriée et choisie. Si vous avez déjà le profil de l'observateur aguerri, vous allez pouvoir jouir plus vite des bienfaits de ce sens. Dans le cas contraire, une attention arrêtée plus prononcée va vous ouvrir de nouveaux horizons.

L'odorat

Dire que nous devons nos réactions émotionnelles à un nerf olfactif qui retransmet ses informations au cerveau est une réalité scientifique et médicale. Mais cela me semble un peu triste tout de même ! Le sens olfactif est un élément majeur dans l'établissement de la communion intérieure. Couplez celui-ci au visuel et dans le cas d'une image agréable, d'un paysage merveilleux doublé d'une odeur nauséabonde, vous saisirez mes propos.

La magie d'un parfum, d'une odeur raffinée et subtile, invite à la détente et à la réflexion sans contraintes. Parfumez-vous le matin après une bonne douche, et déjà la bonne humeur montre le bout de son nez. Découvrez l'aromathérapie et ses vertus, vous ne pourrez plus vous en passer. Une odeur d'encens, d'huiles essentielles au foyer, prend volontiers la place d'odeurs gourmandes des suites d'un bon repas mijoté.

Autant de délices qui tracent une des lignes de votre bien être au quotidien. Bien entendu, l'odeur de transpiration de votre collègue de travail doit vous permettre de vous affirmer, tout comme il le fait lui-même, peut-être de façon inconsciente.

La sensualité a ses odeurs propres et dans le respect de l'hygiène se trouve un puits de délectation sans comparaison. Aiguisez votre appétit de saveurs odorantes et cultivez-le !

Le goût

Des milliers de capteurs qui pétillent au contact d'un mets séduisant, un festival de sensations va créer des images douces et sucrées, acides et amères, bien à l'abri dans notre mental. Épices et condiments entonnent le chant sacré des saveurs multiples et parfumées. Une invitation gustative que je préconise aux gourmands et surtout aux autres. Interrogez un ancien fumeur sur ses nouvelles facultés de goût retrouvées..., il en bave d'émotion et de plaisirs gastronomiques authentiques enfin ressuscités.

Le goût est lié à l'alimentation, à son hygiène et à la digestion. En Inde, certaines familles ont leur propre curry composé de dizaines d'épices qui régulent des saveurs différentes avec des mets identiques. La pluralité des émotions gustatives que l'on peut susciter fait oublier que l'on goûte au même plat de légumes ou de riz.

L'avantage du curry est cette merveilleuse et magnifique combinaison visuelle, olfactive et gustative, bref, un vrai péché véniel.

Ne mangez plus comme un robot, dégustez et prenez le temps de mâcher les aliments au lieu de les avaler tout crus. Savez-vous qu'entre le temps où vous goûtez un mets et celui où il va commencer à rassasier votre estomac, il se passe un délai de quinze à vingt minutes. Imaginez les kilos superflus envolés pour le seul fait de ne pas se précipiter sur la nourriture et sentir avec justesse le moment où il n'est plus nécessaire d'alourdir ce pauvre estomac.

L'équilibre alimentaire tient une place de choix dans l'accession au bien-être. Restez à l'écoute de votre corps : il sait vous faire comprendre son désaccord. Retrouvez les plaisirs et les sensations de la bouche à leur juste valeur, sans excès extrêmes, en accord avec votre esprit.

L'ouïe

Bien souvent sujet de discussions ô combien passionnées, l'ouïe est, il est vrai, fort malmenée depuis quelques décennies. La fameuse pollution auditive affecte nos contemporains qui admettent péniblement cette souffrance comme l'une des premières raisons de stress, déprime et agressivité. Les trois-quarts des Français se plaignent de leurs voisins, du bruit qu'ils font et de la vie impossible que leur impose la cité urbaine. C'est là une triste réalité qui accapare nos précieux moments de silence pris en otage.

L'oreille, cet organe magique, est mise à contribution, tout autant que la vue, avec un certain acharnement.
Paradoxalement, alors que cet outil nous permet de saisir des sons, il est à mon goût loin de satisfaire sa fonction première : l'appréciation du silence.

Au risque de faire sourire, « entendre, écouter » signifie « saisir, sélectionner, avoir plaisir à percevoir un son », et non s'abrutir de cacophonies infâmes au risque de déclencher affrontements ou fuites. Si le son peut être une source non négligeable d'émotions, d'apaisement, une saturation perturbe le corps/esprit jusqu'à le rendre fou. L'épiphénomène de la vitesse et de l'augmentation en masse de bruits dénature le son. D'ailleurs, comme pour nous rappeler le fondement de ce sens, ne devient-on pas sourd à force d'intoxication de décibels ? On en revient au silence comme pour nous rappeler qu'un état conscient, réfléchi, n'existe que dans des conditions d'écoute paisible, harmonieuse. Si l'on sait se ménager des moments de pause auditive privilégiés, dans un endroit choisi (nature, chambre...), l'esprit, calme, retrouve son potentiel créatif. Certains grands musiciens ont délivré de nombreux chefs-d'œuvre après s'être retrouvés seuls, face à la feuille blanche, dans le calme.

La méditation est rarement pratiquée au son des marteaux-piqueurs. N'oublions pas que le son est une onde qui transporte un message vers un complexe d'ondes qu'est notre corps.

Cherchez en vous le son qui renoue avec les liens d'une nature simple et généreuse en toute humilité.

Le toucher

Un sens qui connaît aujourd'hui, lui aussi, un regain d'attention supplémentaire de la part des thérapeutes et qui pourtant effraie, repousse et surprend. Drôle d'ambivalence pour une société qui cherche à se rapprocher sans se toucher.

Il est vrai que ce sens-là est particulier, car il force au contact intime par la chaleur que diffuse l'autre. À moins de percevoir l'autre comme « un outil », le toucher suscite l'émotion, les sentiments et bien sûr le sexe. Un amalgame curieux et confus qui mérite également attention et observation.

Cette sensation tactile est riche en informations et suppose un examen quotidien de nos instruments que sont nos mains. Quatre-vingts pour cent des maladies se véhiculent par les mains et cent pour cent des caresses tendres aussi. Une amplitude qui gère rigueur et pratiques amoureuses, entre autres.

Le toucher, c'est surtout un lien que l'on refuse ou que l'on accepte, mais qui stimule la réponse sans équivoque de l'autre. Il est le prolongement de l'émotion mentale qui traduit le ressenti intérieur. Cela peut prendre la forme d'une gifle, mais pourquoi pas celle d'une main tendue, d'un soin, d'un massage… Le toucher construit, crée des œuvres, des statues. En ce qui concerne la partie soin, je vous conseille la lecture du livre d'Anne Meurois-Givaudan *Lecture d'auras et soins esséniens*. Une approche Métaconsciente des soins y est donnée de façon admirable.

Le sens du toucher est peut-être pour l'Homme la première barrière tangible de la preuve d'exister et en cela, il demeure le dernier chaînon des sens matériels qui paraissent réels, définitifs, plus mesurables dans la durée, donc plus présents.

Nos cinq sens sont la porte ouverte à notre réalité, c'est un fait, mais surtout la clé de la porte qui mène aux chemins de tous les sens par excellence, j'ai nommé la Métaconscience.

Si nous revenons en arrière avec notre pyramide de la Métaconscience au chapitre I, j'ai expliqué clairement que la vie terrestre était un gros filtre à la conscience globale et universelle qui habite en nous et partout à la fois. Les sens perçus ici-bas sont pauvres, mais suffisants pour retrouver la force des sens Métaconscients.

L'intuition, la perception d'auras, la clairvoyance, autant de phénomènes parfaitement normaux, en sommeil, comme floués par notre conscience terrestre ; le dénominateur commun à la révélation de tous ces potentiels est toujours le même : L'AMOUR.
Et pourquoi, me direz-vous ? Simplement parce que c'est lui qui gouverne nos sens, nos volontés, nos ambitions d'exister.

Il n'existe pas sur cette Terre un Homme qui n'ait pas d'amour en lui. Je vois déjà la levée de boucliers concernant les crimes de guerres ou autres, mais cela n'enlève pas le fait que le sentiment est là, enfoui, écrasé, biaisé et bafoué par des actes qui hurlent et dénoncent les dérapages de l'amour en haine (son binaire). Même le plus horrible tortionnaire aime ! Il aime sa mère, il aime torturer, il aime un souvenir d'enfance réconfortant qui le conduit vers la traduction inverse de ce sentiment d'amour qu'il a enfoui, masqué, caché. Le sentiment existe, quoiqu'on en dise, et il faut absolument sortir du jugement, du contexte et observer.

L'AMOUR comme je l'ai déjà écrit est L'AINSITE. Il est, et il n'y a rien de plus à dire. Ce sont bien nos sens, ces cinq petits sens reconnus et éphémères, qui vont construire les chemins de la Métaconscience. L'amour se trouve en ligne de mire, tel un objectif divin finalisé au zénith de notre vie. De là à comparer l'amour à un « sens unique », somme de tous les autres sens, il n'y a qu'un pas à franchir que je franchis allégrement. L'amour est un accord parfait de tous les sens, un équilibre constant qui s'auto génère. Cela, c'est dans l'absolu, et ici-bas, la mise en place d'une telle synergie est synonyme de tracas, il faut bien le reconnaître.

C'est pour cela que l'on ne sait par quelle magie cinq petits sens et seulement trois dimensions nous ont été confiées avec tant de soins.

Quant au mode d'emploi, il semblerait qu'il soit quelque part dans ce petit « kit » sympathique, mais comment le trouver ? Encore une fois, rien de plus simple, en utilisant les cadeaux que l'on nous a donnés, ces informations qui nous conduiront à la source d'une information magistrale.

Mais oui, utilisez ces cinq sens, votre capacité à observer, à analyser et faites des expériences, trouvez les chemins de la vie, de la vérité de la liberté. L'unique difficulté qui peut vous effleurer c'est la possibilité d'utiliser vos sens correctement. De quoi en avoir le tournis, c'est sûr ! Mais avec ces histoires de sens, on ne sait plus où aller, alors courage, on y vient.

Si j'ai pris le soin de vous parler de « savoir être », c'est un peu le préambule à la solution tant recherchée. Ne passez pas à côté de vos sens, et tous les exercices proposés jusqu'ici avaient pour objectifs de vous faire prendre conscience de votre être, de votre personnalité et de la manière dont vous pouvez vivre en harmonie avec vos cinq sens. Alors n'hésitez pas à les relire et surtout à vous approprier leurs vertus. Je ne puis le faire à votre place. Ce qui est de ma compétence cependant, c'est l'action qui consiste à vous présenter un complément de méthodologie d'accession à cet état Métaconscient au travers d'un « credo » qui lui est propre.

Les chemins de la liberté en Métaconscience : Credo

Il fallait oser un parallèle avec la religion chrétienne qui a fait de son credo un emblème de foi reconnu par ses fidèles et au-delà ! Mais voilà, c'était indispensable à notre démarche philosophique Métaconsciente, bien mieux encore, nous ne pouvions souffrir le détour de ce terme.

L'appellation « credo » trahit le caractère sacré des recommandations qui suivent, en se détachant toutefois de tout prosélytisme, que cela soit bien convenu.

Dérouler cette supplique terrienne ne sacralise en rien un rite quelconque, si ce n'est celui que vous souhaiterez définir vous-même, pour vous et par vous.

Je m'efforce d'être non directif, avec l'espoir que les mots et les phrases que je vais proposer sauront vous parler mieux que moi, dans un langage reconnaissable et identifiable par chacun, selon ses limites, ses interprétations.

Au-delà de la prise de conscience, se tient majestueusement offerte celle qui nous toise à notre insu : « la prise de Métaconscience ». C'est bien de prise dont il s'agit, de possession, d'appropriation d'une conscience qui, furtive et discrète, laisse en premier lieu sa petite sœur (la prise de conscience) être conquise par l'Homme qui veut bien accepter sa condition d'existence.

Projection holographique originelle, son sens multidirectionnel, hors du temps et de notre notion de l'espace, fait chavirer plus d'un esprit humain, souvent trop étroit, trop timide. C'est pourtant elle, la Métaconscience qui l'a créé, et c'est en lui que croît cette force de vie primale. Notre esprit ne peut la reconnaître s'il ne parvient auparavant à se connaître lui-même, c'est ainsi.

Un enfant ne peut gravir une échelle s'il ne sait pas se tenir sur ses jambes ! Chercher et trouver les chemins de Métaconscience, c'est aller au-delà du pessimisme ou de l'esprit positif afin de rejoindre une dimension de soutien spirituel, de pensées créatrices, de ressentis profonds et sincères du vrai « moi ».

> *On ne court pas vers la Métaconscience, on l'illumine en soi, on la révèle, on la sent !*

Si tout se passe bien, elle s'exprime, vous parle et vous guide. Vous découvrez le centre d'attraction de cette force, son pouvoir céleste, son centre de gravitation qui n'est que votre personne et le monde qui vous entoure.

Vous êtes enfants de Métaconscience, ne l'oubliez pas.

Je vous livre donc les étapes que je reconnais comme utiles pour favoriser l'accession à la puissance de son être selon notre philosophie.

1) J'accepte de regarder en moi et d'exprimer mon ressenti.

2) J'admets mon appartenance à un tout.

3) Je reconnais mes actions et réactions face aux différentes situations de vie rencontrées.

4) Je suis le seul et unique responsable de mon devenir.

5) J'accepte mon « moi » tel qu'il est en connaissance de cause.

6) Le respect des autres et de moi-même motive mon engagement.

7) Je ressens l'évolution constante de mes potentiels créatifs en moi.

8) Je m'autorise le pouvoir en me pardonnant avant de pardonner à autrui.

9) La vie n'a que des leçons à m'apprendre et je suis avide de connaissances.

10) Je me laisse du temps pour accéder à mes objectifs et je réfléchis avant d'agir.

11) Je cherche à transmettre dans le respect ma joie de vivre auprès de ceux qui sollicitent une aide, une attention.

12) J'ai conscience d'exister afin de mieux exister pour autrui.

13) Je sais que rien n'est acquis, mais que tout ne peut qu'évoluer.

14) J'ai foi en moi, je suis ma foi, je suis la foi.

Nous allons reprendre un à un ces quatorze points cruciaux pour l'édification du plus beau monument, celui de l'être, de la reconnaissance de l'identité de la personne que vous êtes. Ce n'est pas à des fins de rabâchage que j'explicite ces phrases, mais seulement afin d'apporter plus de clarté aux messages forts, inscrits en ces quelques mots.

1. J'accepte de regarder en moi et d'exprimer mon ressenti.

La connaissance de son être intérieur passe forcément, en premier lieu, par une introspection consciente et volontaire de soi. Cette action effectuée, le regard porté cède la place à l'expression du sentiment quel qu'il soit, et par quelque moyen que ce soit. On peut crier, pleurer, hurler, rire, peu importe, le ressenti, s'il n'est pas exprimé, risque de s'enfuir dans les profondeurs noires de la conscience et de surgir un jour, de façon inopinée, métamorphosé en actions/réactions incompréhensibles, démesurées, désordonnées.

Une information non exprimée, surtout si elle est négative, peut mûrir en fruit amer et dangereux, plus tard. Laissez-vous aller, osez dire ce que vous pensez, faites-le !

2. J'admets mon appartenance à un tout.

Se croire seul et unique, non relié aux autres êtres humains, à la nature et à l'univers, équivaut à un suicide inconscient et de surcroît présomptueux. Il m'est difficile d'être aussi rigide, mais sans l'adhésion totale à ce second point, la route de la libération de l'être risque d'être longue et douloureuse. Appartenir à un tout signifie davantage l'acceptation des interactions du monde qui m'entoure avec moi-même, plutôt que la conversion en une quelconque religion animiste ou monothéiste.

« Je suis l'univers, et l'univers me contient » éclate de vérité dans mon court énoncé. Être conscient d'exister au sein d'un tout engendre la faculté de tirer l'énergie de l'extérieur vers l'intérieur afin de l'illuminer.

3. Je reconnais mes actions et réactions face aux différentes situations de vie rencontrées.

Être lucide sur ses propres actions et réactions sans en référer à quiconque dénote un fort potentiel créateur sous-jacent. Connaître ses réponses possibles et les reconnaître enclenche un processus palliatif et préventif pour de futures situations délicates.

La maîtrise et la confiance en soi passe par ce point essentiel qui accentuera une démarche créatrice en réponses adéquates, tout en souplesse.

4. Je suis le seul et unique responsable de mon devenir.

Une marche difficile à gravir en apparence et seulement en apparence. La nécessité absolue de faire sien ce quatrième point n'est pas à démontrer. J'ai apostrophé longuement et à plusieurs reprises le lecteur au cours des chapitres précédents sur le fondement existentiel de cette notion de responsabilité. Si vous souhaitez remettre votre destin entre les mains d'autres personnes, ce quatrième adage ne peut rien pour vous et votre éventuelle accession à la Métaconscience.

L'autonomie de penser et l'acceptation de son manque de vigilance et d'attention détruisent la faute rejetée sur l'autre. Être responsable, c'est admettre que seule notre implication vraie et voulue dirige notre existence. À vous de choisir.

5. J'accepte mon « moi » tel qu'il est, en connaissance de cause.

Si vous savez que vous êtes moche, gros, laid, vicieux, avare et sans scrupule, autant l'admettre ! Peut-être pas aux yeux des autres tout de suite, mais il est un fait certain, l'accepter c'est prendre conscience d'une difficulté, d'une souffrance traduite par des défauts et rien de plus ! La culpabilité ne tient aucune place dans ce cinquième point.

Être responsable de son « moi », c'est accepter qu'une relation quelle qu'elle soit ait pu modifier votre être. La réversibilité n'est qu'une question d'acceptation du « moi », accompagnée de la volonté personnelle et profonde de changer cela en un binaire positif.

Acceptez surtout les qualités qui existent en vous afin de les optimiser.

6. Le respect des autres et de moi-même motive mon engagement.

« Le respect est l'antichambre de la réalisation de soi », tel pourrait être le dicton qui me semble traduire fidèlement ce sixième point. La valeur et la considération que l'on s'attribue rejaillissent sur les autres en projection de nos actions à leur encontre. Il est impératif de se respecter afin de respecter l'autre ! Croire en soi, en ses potentiels, en ses qualités, impulse une ouverture plus large sur l'esprit d'autrui. L'effet miroir prend ici toute son envergure. L'action qui suit le cheminement réactionnel emprunte parfaitement l'état d'esprit dans lequel vous vous estimez. Se moquer de son allure, de son comportement, de son image n'invitera pas à un engagement respectueux ni véritable envers le monde. Le désordre attire l'identique, c'est une loi universelle .

7. Je ressens l'évolution constante de mes potentiels créatifs en moi.

L'effet de mouvement perpétuel en nous et en toutes choses qui vit n'est plus à démontrer. Tout bouge, tout évolue, c'est une vérité immuable et constante. L'erreur d'hier sert l'action d'aujourd'hui. Observez l'évolution de vos actes, de votre vie, des moments désagréables que finalement vous avez passés sans encombre.

Le poids de l'instant passé semble dérisoire sous ce regard présent. Vous avez créé, imaginé et construisez bien plus que vous ne le pensiez. Ces mêmes capacités créatrices peuvent générer une énergie nouvelle de bien-être et d'équilibre.

8. Je m'autorise le pouvoir en me pardonnant avant de pardonner aux autres.

Deux notions importantes marquent le huitième point : le pouvoir et le pardon. Le premier fait référence à la faculté d'être soi-même et de se doter des moyens nécessaires à la satisfaction de ses besoins et désirs, toujours selon les sept autres points précédents.

S'autoriser le pouvoir, c'est comprendre que nous vivons au quotidien des relations d'influence qui vont établir des règles, nos règles intérieures et extérieures. C'est aussi imposer sa personnalité, ses idées ou simplement les soumettre à l'étude des autres.

Quoi qu'il en soit, le pouvoir, votre pouvoir, construit votre identité. Mais cela ne peut avoir d'impact que si vous acceptez le fait de vous être trompé en un moment donné.

Se pardonner ses erreurs et les comprendre est le seul chemin possible avant de pardonner à autrui. Votre pardon aura plus de poids, de vérité, de profondeur s'il est compris en vous, avant d'être donné. Ce pardon devient pouvoir, ou plutôt puissance du « moi ». C'est le plus beau cadeau que vous puissiez vous faire avant d'en faire don à votre tour.

9. La vie n'a que des leçons à m'apprendre et je suis avide de connaissances.

Acquérir de la connaissance, de l'information est une programmation inscrite dans les schèmes complexes de notre ADN et cela avec un but bien précis… Lequel ? Permettre l'équilibre entre une incroyable structure qu'est l'être humain et la simplicité du mode de fonctionnement imperturbable de la vie.

Apprendre, c'est trouver l'équilibre qui rassure cette dualité fragile et extrême à la fois. C'est alimenter le tourbillon de l'existence en prenant soin d'harmoniser le flux permanent des données. C'est se donner la chance de vivre sa vie au lieu de subir la pression de l'ignorance, grande muette, vide de sens, de réalité.

La recherche de la connaissance est la voie sacrée de la révélation de soi en regard des 13 autres points bien évidemment. C'est un maillon vital à la croissance personnelle et à l'épanouissement de nos sens.

Il n'est pas difficile d'apprendre ou même de comprendre ; la difficulté se situe davantage au niveau de l'effort, de la volonté et de la démystification du soi-disant effort qu'engendre l'apprentissage. Le schéma de la vie se calque sur celui de l'apprentissage[15] .

10. Je me laisse du temps pour accéder à mes objectifs et je réfléchis avant d'agir.

J'imagine le sourire amusé de certains d'entre vous à la lecture de ce dixième point. La passion, l'émotion, l'explosion des sens ne laissent parfois que peu de place à cette étrange substance éthérique, éphémère et calculée qu'est le temps.

Le temps est le paradoxe le plus fascinant de notre réalité. À peine est-il vécu qu'il est déjà dépassé pour ne laisser finalement que le temps présent, perpétuel et continu. Notre dimension espace-temps confère à celui-ci une direction unique et évolutive, mais malheureusement dépressive.

C'est pourquoi la notion de « la pause » incite à vivre l'instant présent comme détaché de cette dépression, avec un regard objectif, arrêté, sur un fait sorti de ce contexte entropique. Toutes les chances d'une analyse fine et juste sont réunies dans ces conditions.

Croyez-moi, la précipitation ne contente qu'une seule chose : votre ego.

11. Je cherche à transmettre, dans le respect, ma joie de vivre auprès de ceux qui sollicitent une aide, une attention.

Pourquoi ne pas faire profiter vos semblables de vos découvertes en matière de joie et de bonheur existentiels ? Il ne s'agit surtout pas d'imposer, de prêcher votre vision euphorique des choses de la vie.

---

[15] Cf Chapitre I de la première partie, la pyramide de la Métaconscience.

Un comportement équilibré attire l'attention des personnes déprimées en quête de savoir-être. Parlez-leur de la philosophie de vie inhérente à la Métaconscience et partagez avec eux les interrogations en toute humilité ! Il n'y a pas plus de professeurs que de maîtres vénérés. Seuls le ressenti et le vécu forgent le chemin de la connaissance et de la libération.

Ne forcez pas l'éducation, suscitez là ! Favorisez la guidance.

12. J'ai conscience d'exister afin de mieux exister pour autrui.

Cette étape devient réalité après s'être appropriée les 11 autres.

Avoir connaissance des sujets, des objets qui conceptualisent notre matrice psychique, nos réactions, nos comportements, c'est être conscient d'exister. C'est aussi saisir l'intérêt et l'enjeu d'un pouvoir qui s'exerce mutuellement entre moi et mon environnement.

Une évidence, en fait, qui fusionne toutes les synergies du « moi » en qualité de vie adaptée au milieu du conscient collectif, avec pour objectif l'harmonisation des échanges, de la communication vraie, de la relation authentique avec moi-même et les autres.

13. Je sais que rien n'est acquis, mais que tout ne peut qu'évoluer.

La seule acquisition saine et définitive est celle de l'amour. Pourquoi cette provocation ? Car en fait, c'est là l'unique réalité, fondement de l'existence humaine, genèse de la conscience et de la Métaconscience.

Le débat promet d'être explosif si l'on s'en réfère à tous les déçus de l'amour. Et pourtant les 12 étapes précédentes devraient avoir travaillé pour vous !

Par amour, j'entends le sentiment vrai, authentique, sincère et pur, donné sans espérer recevoir, en étant là, conscient et heureux d'apporter, sans oublier d'exister par soi-même, indépendamment. Cet amour-là est rare et précieux ; parfois d'infimes parties sont données et l'on pense l'avoir perdu. Ce n'est que l'illusion de vos attentes, de votre manque d'introspection et de respect de vous-même que vous avez perdu. L'amour est là, et si l'autre ne le voit pas, c'est que son regard fuit vers d'autres horizons, par peur de ne plus exister pour l'amour et non pas par l'amour.

L'amour universel n'est pas le feu de la passion, de l'oubli de soi, de la perte de conscience. Il est au-delà de cette faiblesse peu « réchauffante », et brûle à jamais au fond des cœurs.

Rien n'est acquis, mais tout évolue, et lorsque la blessure fait saigner votre âme, c'est afin de cicatriser vos mauvaises pensées. C'est pour transformer une idée pauvre en énergie salvatrice, créatrice de nouveaux savoir-être. Lise Bourbeau dans son livre *Je suis Dieu wow !* a un très joli mot sur l'évolution et l'épreuve. Elle écrit que l'univers a confiance en nous, proportionnellement aux dettes que nous avons ici-bas. Certains d'entre nous ont une richesse insoupçonnée !

Acceptez le fait que, sur cette terre, seul l'amour construit l'acquisition réelle et valable ; ce qui est en décalage avec notre siècle matérialiste.

Et pourtant, tout n'est qu'illusion, rien n'existe, sauf le sentiment qui construit ou détruit selon la prise de conscience, de Métaconscience.

14. J'ai foi en moi, je suis ma foi, je suis la foi.

La boucle est bouclée à cette ultime étape. Je sens ma confiance en moi, je crée ma puissance intérieure en moi, je suis en accord avec l'origine de mon être et je deviens cette entité puissante et créatrice qu'est la foi, Dieu, le créateur, mon essence originelle. Je ressens Dieu en moi car nous sommes de même nature et seul un filtre de conscience opaque nous sépare. Il permet cette dualité afin de mieux travailler à l'unité.

Le père engendre le fils qui à son tour deviendra père. Je suis une parcelle infinie qui construit le tout. Unité ou multiplicité sont les deux côtés d'une même pièce, ce qui signifie que la structure de mon être est identique à celle de l'univers, du tout. Je suis en « résonance » » avec le tout.

La foi que je ressens est la foi d'une réalité englobant le tout. La foi existe en tout et partout, car elle est la dynamique du tout, de la vie. Les filtres de nos consciences opacifient le rayonnement de cet ordre parfait. Retrouvez l'origine de votre foi en vous, l'origine de ce tout, votre origine.

Si vous êtes conscient, vous pouvez vivre la Métaconscience. D'autres dimensions exponentielles vont s'ouvrir à vous. Gardez les pieds sur terre et poursuivez votre chemin intérieur. À un certain moment, l'intérieur mène à l'extérieur, qui mène à l'intérieur, puis à l'extérieur…

Cette ballade Métaconsciente au cœur du « comment » touche à sa fin. Ce n'est là qu'une approche à peine effleurée qui méritera plus tard un développement supplémentaire.

Les moyens disponibles à la révélation de cette réalité nous sont donnés dès notre arrivée en ce monde.

Le retour à ces sens originels, qui complètent nos cinq sens reconnus, ne dépend que de l'investissement personnel en une foi en soi, détournée par la suite vers les autres.

Ne perdons jamais de vue que lesdites « techniques introspectives » ne sont que des canaux, des outils, qui à un moment précis, vont être en adéquation avec notre volonté de comprendre, de sentir et ressentir une vérité, une foi, un sens complémentaire, une vraie réalité d'existence.

Cela ne ressemble en rien à une fuite, une échappatoire d'une réalité parfois morne, triste, sans espérances fondées. C'est l'entrée profonde au sein même de cette fausse et apparente souffrance actuelle, avec l'ambition première de regarder en face un diagnostic amer pour certains qui ne regardent plus la vie qu'avec les yeux des autres, qui ne réfléchissent plus qu'avec « du prêt à penser ».

Cela n'est pas non plus un espoir illusoire teinté de spiritualité. Chaque Homme est responsable de croire plutôt que de chercher en lui, d'entendre l'écho de la petite voix authentique ou de suivre les discours d'un chef spirituel sans se poser de questions.

La vérité, votre vérité vous appartient, et remettre en question les faits permet d'accroître la vigilance d'une conscience éclairée. « Je souffre, donc je suis » n'a pas lieu d'exister. « Je souffre, car je suis » mérite de trouver et de comprendre quel être vous êtes, et quel mode de fonctionnement vous maintient dans cette condition d'avilissement.

C'est ce chemin autonome, et seulement celui-là, qui vous rapprochera des autres et vous conduira ainsi au seuil de Métaconscience, libéré des illusions de vos souffrances. Le choix de se libérer, le choix de trouver sa liberté d'être sera enfin acquis. Il vivra en vous et évoluera selon l'accomplissement de votre conscience en Métaconscience.

Bonne route.

TROISIÈME PARTIE

QUELQUES GRANDS THÈMES EXISTENTIELS EN MÉTACONSCIENCE

Nous voilà enfin parvenus à la dernière partie de cet ouvrage. Le concept et la philosophie Métaconsciente s'immiscent au cœur de tous les grands thèmes de la vie, de toutes les grandes questions qui gouvernent notre temps. Il est important en effet de démontrer pourquoi et comment certains actes posés par l'homme viennent parfois détruire l'essence même de sa nature profonde : Métaconscience.

Mon objectif est donc simple, celui d'amener le lecteur à prendre conscience de la répercussion de ses actes pour lui, mais aussi pour son environnement global. Il n'est pas dans mon intention de culpabiliser qui que ce soit et encore moins de porter un jugement sur les choix des personnes, mais il est toujours intéressant de mesurer en prospective les chemins individuels et collectifs.

Les thèmes choisis reprennent tous la notion de liberté de l'être, que ce soit au travers de la personne, de son contexte social, de son statut ou de ses opinions. Chacun comprendra combien cette notion fondamentale à l'exercice de la vie est bien trop souvent soustraite à une dictature silencieuse.

Le choix n'a pas été simple, compte tenu du fait que tout est en interrelation et que, quel que soit le sujet abordé, il est empreint de conscience. C'est l'amour qui a dicté cette sélection en favorisant les regards que l'homme pose sur ses contemporains afin de les séduire, de les attirer à lui pour composer sa vie, son environnement, ses croyances et ses maux.

Je tiens juste à préciser que le thème concernant les pères divorcés relate des faits et un cas bien précis : le mien. Cela ne signifie nullement que, pour de nombreuses femmes, le problème évoqué ne peut s'étendre à elles, bien au contraire. Nous ne sommes jamais dans un système hermétique ni arrêté en Métaconsciences. L'expérience propre à un individu vient souvent d'une résonance existant chez d'autres personnes, quels que soient leurs sexes, leurs races, ou leurs opinions…

Je ne m'étendrai donc pas davantage sur le contenu des thèmes qui suivent et je vous laisse le plaisir de les découvrir selon le concept de Métaconscience. Bonne lecture, et bon voyage.

Métaconscience et religion : « Y a-t-il un pilote dans l'avion ? »

Le syncrétisme et la Métaconscience

Nous voici face à un terme qui côtoie volontiers les doctrines religieuses et philosophiques, en saupoudrant ça et là l'illusion d'une notion bien complexe pour le quidam.

Détrompez-vous, le syncrétisme est une invention humaine, qui, à peu de choses près, propose une appréhension globale d'un fait, d'un tout.

D'un point de vue ethnologique, on parle plus aisément de fusion de plusieurs éléments culturels ou religieux qui cohabitent dans un cadre observé.

En ce qui concerne mon approche personnelle, je dirais que le syncrétisme Métaconscient est un pléonasme en ce sens que la nature du premier terme est identique au second. Nous parlons ici de mélange, de doctrines, de systèmes, ce qui corrobore l'identité interactive de la Métaconscience. Un nouveau regard holistique qui voit se consolider l'idée claire que nous avions déjà démontrée auparavant.

Alors, la question d'un syncrétisme Métaconscient poursuit quel intérêt ici même ? C'est un pont, une passerelle ingénieuse qui va mettre en lumière d'autres modes de fonctionnement, d'autres systèmes et concepts intellectuels ou spirituels, en l'occurrence, la religion.

Car c'est bien en religion, en philosophie, parfois en physique quantique que l'on tente d'appliquer les principes syncrétistes, plus ou moins maladroitement (selon les convictions de chacun).

Louis de Broglie, éminent physicien du début du XXème siècle, proposa l'idée que tout corps matériel était associé à une onde. Il sortit les matérialistes convaincus de leurs cloisonnements hermétiques en prenant une tangente idéaliste, plus abstraite certes, mais tellement vraie, imaginative, créatrice et pertinente en fin de compte.

Le syncrétisme quantique a cherché et cherche toujours une possible réconciliation matérialistes/idéalistes.

Ces courants de pensées dualistes trouvent écho au sein de la dimension spirituelle où une pléthore de conceptions déistes et autres bâtit des édifices prestigieux sur des espoirs, des craintes et la volonté de détenir « la réponse ». Une réponse à une question somme toute fort simple :

Qui doit-on remercier, craindre ou idolâtrer ?

Alors, bien loin des schémas syncrétistes constructifs (dont fusion, communion et respect en sont les noyaux durs), une guerre ouverte déchaîna et déchaîne toujours quelques passions parfois sanglantes chez ceux qui, au nom d'un Dieu créateur, sont devenus destructeurs et tueurs.

Une ambivalence qui ne gêne en rien ces fous de Dieu, plus fous que Dieu !

Au-delà de la religion : la Métaconscience

La courte approche des rituels religieux comme canaux de la Métaconscience a été évoquée au chapitre III de la première partie. Le point que je tiens à préciser met en exergue l'importance des règles et des limites que l'homme s'est imposées afin de trouver la voix d'un Dieu supposé exister. Les règles extérieures à l'être humain, issues d'hypothétiques et prosaïques révélations rapportées, sont les guides communs à toutes les religions qui, empreintes d'une énergie « du dehors », doivent façonner l'intérieur, du profane comme du pratiquant.

L'erreur majeure qu'ont commise ces religions, c'est de penser, de ressentir et d'imposer en occultant la dimension individuelle du fidèle, seule entité susceptible et capable de révéler sa conscience en présence d'un Dieu créateur. Unique énergie aussi ayant le pouvoir de se fondre dans son essence d'origine.

Les dogmes ne sont pas des vérités, ils le deviennent pour celui qui se sent proche et en adéquation avec eux. Les adeptes de religions, quels qu'ils soient, trouvent un canal qui leur correspond au travers de leurs rites et de leurs cultes. Là où j'émets des réserves, c'est lorsque la liberté de penser, de parler, lorsque la peur, la crainte émergente sous prétexte qu'il n'existe qu'un Dieu à la face totalitaire et répressive.

La liberté et l'amour restent les seules mesures étalon qui doivent investir tout processus spirituel sans différenciation possible !

Être libre de se poser des questions, de vouloir comprendre plutôt que de subir, amène forcément à ressentir, à identifier une fois en soi. Ici, même un syncrétisme religieux, le syncrétisme de foi trouve son sens.

La foi n'est plus une croyance, mais un ressenti individuel qui baigne dans une idée de foi collective. Comment cela se peut-il ?

En jetant un regard Métaconscient, au-delà des règles strictes établies, la force de mon néologisme c'est de ne pas proposer de « prêt-à-penser » ou un salut à la clé. La Métaconscience est bien plus qu'une religion : elle invite à la recherche de sa conscience, de ses limites, au travers d'une conscience collective, mais cependant unitaire. L'un n'existe pas sans l'autre.

L'analogie entre Bouddhisme (qui, rappelons-le, n'est pas une religion, mais une philosophie) et Métaconscience est troublante. La voie de la spiritualité est à l'intérieur et il n'y a rien d'étonnant à cela lorsqu'on sait que nous sommes au centre d'un tout qui lui-même l'est aussi ! (théorie de l'hologramme). Pour les bouddhistes, l'homme, par sa nature profonde de bouddha, n'est pas distinct de la nature, de tous les êtres ou éléments ici-bas.

Le folklore (les rites, cultes, danses, transes…) qui accompagne le sentiment d'appartenance à un tout, n'est qu'un point de repère, une limite humaine de reconnaissance d'un type de foi, de religion connue.

L'essence même de la foi, de par sa nature, ne peut traduire qu'une authenticité épanouie en chaque cœur, au fond de chaque âme. Il faut se sentir à l'aise dans sa foi et cela n'est possible que par des « techniques » de libération de l'esprit visant l'unité des consciences.

La Métaconscience est le trait d'union de la pratique vers la foi. Elle est le syncrétisme spirituel évident. Elle est la foi. La question épineuse du « Faut-il croire aux symboles religieux ? » n'a d'intérêt que pour celle ou celui qui justement y porte de l'intérêt ! On crée ce que l'on pense et ressent, donc on se crée des « supports » individuels ou collectifs. Des milliers d'hommes priant pour une entité, incarnation de Dieu, créent celle-ci et entretiennent une aura et, plus fort encore, l'alimentent au point de lui donner une consistance, un statut, une identité réelle.

Que Jésus, Bouddha ou qui que ce soit divisent encore aujourd'hui théologiens et scientifiques quant à leur existence réelle n'a aucun sens. L'impact des pensées que génèrent les prophètes a traversé des milliers d'années qui ont forgé de puissants sentiments de foi, d'amour. C'est cela qui importe.

La matérialité de la preuve de l'existence de Dieu n'existe que chez ceux qui ne se sentent pas exister ou qui ont peur d'exister ailleurs qu'en eux.

Dans le premier cas, c'est de l'orgueil et de la prétention, voire de la bêtise de l'humain qui s'estime être au-dessus de tout. Un manque de volonté d'introspection est évident, doublé d'un sentiment de supériorité matérialiste indéniable. L'inscription rationnelle extrême signe sa présence despotique.

Dans le second cas, la conscience individuelle de celui qui aimerait croire en Dieu se bloque, par peur de faire face à un désarroi, un renvoi à son image vraie, à un regard intérieur qui étalerait au grand jour toutes les facettes de sa personnalité, l'obligeant à se remettre en cause aux yeux du monde qui l'entoure.

La démarche qu'il faut mettre en œuvre, de mon point de vue, n'est pas de se poser la question de l'authenticité de tels ou tels propos rapportés par des saints hommes du passé au travers d'écrits, de chants, etc.

Alors qu'en est-il de ce « folklore » afférent aux nombreux rites et cultes religieux ? Faut-il ou non y croire ?

Évidemment que oui ! Mais avec discernement, car il est essentiel de s'intéresser à ces « différentes approches des pratiques de l'intérieur », car ils ne sont rien d'autre que cela.

Ce sont, tel l'ouvrier consciencieux, impatient de construire sa maison, des outils, des plans qui permettent d'accomplir, de s'accomplir selon un processus de vie identique, en tout et toutes choses. Et comme chaque ouvrier travaille avec ses propres outils, chaque homme doit reconnaître ses propres outils d'introspection vers la divinité qui vit en lui.

Voilà pourquoi devenir bouddhiste ou musulman, si l'on est né dans une famille catholique, protestante, etc, à laquelle on est attaché, n'a guère de sens. C'est possible, mais il y a une souffrance cachée dans cette démarche ! Cela semble inutile, à moins que l'on se sente davantage à l'aise dans le nouveau canal choisi.

Gardez vos « guides » de croyances originels et complétez-les avec d'autres techniques respectueuses de vos convictions. Il est des moines et des prêtres catholiques adeptes du bouddhisme et du zen. Évitons de radicaliser en éradiquant une culture religieuse de notre berceau, en se disant qu'ailleurs c'est mieux. L'ailleurs est en soi, pas au dehors ! Ne rejetons pas tout en bloc, d'où que ce soit.

Il est une constante universelle et nécessaire en chaque chose, c'est « la voie du milieu », qui tient à distance les extrêmes douteuses et radicales.

L'essentiel reste et demeure le ressenti de votre foi, dénuée si possible de tout jugement à l'égard d'autres pratiques. Le regard que l'on porte sur la façon dont les autres « pratiquent », est révélateur de sa propre pratique. Si vous condamnez une autre religion, vous condamnez la partie la plus ouverte et sensible en vous, en ne vivant votre spiritualité (ou une forme de spiritualité) qu'en autarcie, de façon fermée, ce qui est antinomique.

La Métaconscience est un syncrétisme religieux, humain, ainsi que tout ce qui vit et meurt à notre conscience. Pourrait-on dire qu'elle symbolise en même temps anticonformisme et voie directrice ?

Réflexions Métaconscientes

Vous l'avez compris, depuis le début de cet ouvrage, Métaconscience rime avec essence, au point d'enflammer les esprits des uns et des autres.

La Métaconscience est sensée apporter la réponse à la question : « Y a-t-il un pilote dans l'avion ? » ou autrement dit, Dieu existe-t-il ? La création de ce néologisme répond à cette question méta… physique. Comment donc vous n'avez toujours pas trouvé la réponse ? ?

Je ne sais quel nom lui donner, si ce n'est celui, que l'Église catholique m'a enseigné dans mon enfance. Cela, ce sont mes limites, mes points de repères à moi, ou du moins une partie de la construction de ma foi.

Je suis tenté de répondre comme Lise Bourbeau par le titre de son livre *Je suis Dieu*. N'y voyez là aucune déviance « mégalo-mythomaniaque », mais l'affirmation d'un point de vue crucial que l'interdépendance de toutes les natures existantes sont enfouies en moi.

« Je suis l'univers et l'univers me contient. » me satisfait pleinement.

La question qui, impulsée par la raison, demande si Dieu existe est une aberration. La bonne question n'est pas de savoir qui et où il est, mais « comment » il est. Ce comment n'est pas centré sur son apparence, mais plutôt sur son fonctionnement au sein du tout. Donc, dire que je suis Dieu est valable pour nous tous qui constituons son identité globale.

Autrement dit, une conscience globale qui rassemble les consciences individuelles, créées à l'origine parfaites, mais déviées par le prisme vibratoire de notre monde trop lourd. En bref, c'est la définition de la Métaconscience.

Dieu est une perception personnelle en notre for intérieur du monde qui nous entoure. Il est également la perception individuelle de notre propre identité et du regard que l'on peut poser sur soi. Dieu est amour, amour de soi, des autres, respect et compassion.

Il n'y a aucun vieillard à la barbe jaunie nous guettant sur son nuage moelleux. Juste un respect, une volonté d'amour, de perfection, élaguée de ses contraintes, remplacée par des leçons, de l'évolution. Un effort synonyme de réconfort plutôt que d'âpreté. Une lucidité en toute honnêteté, loin de la peur d'être rejeté. Dieu n'est pas ce patriarche sévère et justicier, scrutant vos faux pas afin de vous punir. Dieu est conscience de vous-même, conscience que vous avez d'exister, il est la conscience que vous souhaitez, sentez, osez lui apporter. Il est aussi la conscience des autres, celle que vous en avez.

Dieu est l'unité, celle que vous défendez, celle que vous ressentez, celle que vous décidez de vivre en vous.

L'évolution vers la perfection et l'unité sont les fondements de notre nature. Normal, Dieu est parfait et nous existons afin de lui permettre d'exister également.

Le but de toutes civilisations est de pérenniser, d'évoluer, de croître. A-t-on déjà vu des hommes sains dire qu'ils souhaitent que tout régresse ? Notre but commun est l'unité, l'amélioration, la reconnaissance, la progression volontaire vers un idéal.

La dualité n'existe que pour nous assurer qu'un seul lien nous tient ensemble, unis par un objectif commun : la diversité dans l'unité.

Ce lien est l'énergie qui cimente nos consciences en une seule.

Métaconscience ou la Métaconscience, Dieu, le créateur, il est celui que vous désignerez, sentirez, accepterez en vous, et vous seulement. Il est le créateur et le créé.

Métaconscience et para quelque chose

Le paranormal, pas normal…

L'illusion ou l'authenticité de quoi que ce soit passe par la capacité de l'être humain à la reconnaître comme fiable ou non, selon les critères de sa conscience personnelle.

L'homme conscient, donc responsable, sait que tout n'est qu'illusion et qu'il est idiot de vouloir prouver la matérialité des choses constantes, alors que tout n'est que mouvement, état éphémère et évolution.

Il m'est plus facile de commencer ce sujet par la conclusion en sachant que celle-ci ne débouche en fait, comme tout le reste, que sur une introduction. Mort, naissance, quelle importance lorsqu'on sait que l'un mène à l'autre, que l'un est l'autre.

Toutefois, il faut bien apporter une nuance ou du moins un état de fait incontournable : peu de gens regardent la réalité avec autant de sagesse et de circonspection. On peut même admettre qu'une bonne partie d'entre nous a vite fait de cataloguer tout ce qui pourrait paraître suspect à notre ego matérialiste pur et dur.

Comme le brave Saint Thomas, l'ego demande à voir avant d'esquisser un quelconque intérêt ou plan de création. La raison est simple, on s'appuie sur l'expérience, et de là, on en tire la connaissance. Je ne blâme personne, je ne peux m'empêcher de sourire devant ce mode de pensée fainéante, autocrate et sans gêne. N'est-ce pas là une traduction littérale de la peur ?

La preuve se doit avant tout d'apporter par sa crédibilité tangible (je dirais « crée débilité »), une caution d'authenticité. Alors tout ce qui ne prend pas le chemin du palpable tourne aux alentours du normal, en orbite, et l'on a inventé le paranormal. Une déviance humaine de la peur qui s'est scindée en deux.

En effet, officiellement la peur a donné naissance à la religion, et tous ceux qui osaient repousser cette offre se trouvaient exclus, rejetés autour de cette norme légale, autour du normal, donc paranormal. Alors que la religion avait déjà du mal à modeler les âmes malgré sa multitude de punitions, d'angoisses, etc., il était difficilement acceptable pour dame religion qu'un autre monde que le sien, et de surcroît introspectif, existât.

On prit l'option d'amplifier cette « para-peur », afin de la diaboliser à l'extrême. Quand le pouvoir vous échappe, on resserre d'un cran pour intensifier la terreur.

Voilà comment le paranormal, qui par simple définition tourne autour d'une normalité devint… pas normal ! Et même pas moral du tout !

Si vous m'avez bien suivi depuis le début de ce livre, vous savez qu'une pensée crée une réalité, et qu'un collectif de pensées identiques et fausses crée une fausse vérité. Difficile d'admettre par la suite que tout le monde s'est planté, que l'on n'a pas bien regardé, qu'on s'est laissé surprendre à penser par les autres. Bref, encore une fois l'honnêteté qui fait mal à l'ego a du chemin à parcourir.

Pourtant, quelques illuminés, adeptes d'autres religions, plus enclins à l'écoute de soi, ne considéraient pas le paranormal comme un hôte étranger. Ils choisirent d'utiliser ce satellite afin de mieux communiquer à l'intérieur de soi. Le bouddhisme, le taoïsme, etc., ont pris cette tangente qui inquiète et vide les églises religieuses classiques, les dures, les orthodoxes.

Je vais donc essayer de vous présenter un petit aperçu de ce que j'appelle « mon paranormal », tout à fait normal, afin de rassurer de pauvres âmes martyrisées depuis des siècles sur ce diable de para pas normal.

Voyants, guérisseurs, karma…, même combat

Comme si les mots avaient perdu leur sens premier, le paranormal renferme pourtant une réponse évidente rien qu'à la lecture du terme. Autour de ce qui semble la réalité (la norme) s'inscrit une autre réalité. Qu'y a t-il d'extraordinaire là-dedans que de dire qu'il existe différentes lois aux lois reconnues et observées par un collectif ? Cela prend des airs de déjà-vu… avec la définition de la Métaconscience, cette super-conscience qui encadre nos petites consciences individuelles, formant parfois un collectif de consciences trop renfermé, un peu borné, il faut bien le dire.

Cependant, observer un type de plante en vallée ne signifie aucunement que ce type de plante ne pousse qu'en vallée !

Et pourtant, l'homme pense aujourd'hui, dans notre ère de progrès, que si la majorité d'entre nous s'appuie sur du concret, c'est que cette majorité se doit absolue, preuve irréfutable parce que palpable.

Quelle évolution, quel progrès et quelle ouverture d'esprit magnifique pour une race supérieure, une race dite de la technologie avancée, affolée comme au Moyen-Âge au moindre frémissement possible d'une écoute intérieure qui, elle, sait avant d'en avoir la preuve.

Nous allons passer en revue les thèmes chauds qui font les choux gras des magazines à sensation cherchant à informer avec du sensationnel. De l'information « débilitante », le choc des mots sans poids ni photos. Afin de planter le décor, tout ce qui peut contribuer à éclairer les zones d'ombre sur ces peurs de l'inconnu passe par une seule et unique évidence : il n'existe rien que vous ne sachiez déjà. Tout en vous sait et a perdu les modes d'emploi d'une communication intime avec sa vraie conscience en cherchant « la preuve ».

Cette preuve n'est qu'une illusion, malheureusement ou heureusement, fruit du phénomène appelé « séparabilité », dualité, qui du coup crée l'espace-temps. Si, si, je vous l'assure ! Nous avons démontré que le temps n'existe pas et que l'espace est confondu. Le paradigme espace-temps est identique à celui du savoir, du faire et de la propriété. La perception de la normalité est déformée par la conscience et sa dualité des choses.

Si je sais que je suis le tout et une infime partie à la fois, de quoi puis-je avoir peur ? Si je n'ai pas de peurs, je suis en harmonie avec moi-même, avec le monde, je suis moi-même le monde qui m'entoure.

Bon, d'accord, ce discours est un peu loin du citoyen lambda, mais parce qu'il a été modelé depuis l'enfance à observer, à regarder avec les yeux des autres, du collectif, avant qu'il ait pu s'observer tout d'abord. Voilà pourquoi ce qui suit n'est que l'évidence, la normalité du para et du normal confondus. Toujours l'unité, voyez-vous.

Voyants et médiums

Après avoir avoué ce statut passé, j'admets prendre le risque de me décrédibiliser aux yeux des « Preuvistes » convaincus (il ne s'agit d'ailleurs que de « leurre » perceptions !). Je suis au regret de leur dire qu'il ne m'apparaît plus nécessaire de démontrer ce qui est. Je suis seulement triste qu'ils soient à la merci de leurs propres créations mentales, de leurs prisons, accusant celui qui sait, l'éveillé, de ne pas souffrir, de ne pas avoir peur comme lui.

J'appellerais cela un cri d'amour inconscient et désespéré, mais qui au moins a le mérite d'être avoué.

Il est cependant immoral de fanfaronner haut et fort la gloire du concret en se référant à des faits qui ne seront jamais des preuves, mais des illusions.

Moi au moins, j'essaye d'être vrai, dans l'ici et maintenant, en explicitant clairement l'illusion et la création de l'esprit comme mécanismes de fonctionnement de notre être. Je laisse libre toute personne de chercher en elle confirmation de mes dires.

Je comprends tellement cette méfiance de mes semblables qu'il m'est difficile et surtout impossible de les juger. Je ne fais qu'observer, et cela doit rester ainsi.

Mensonges et faussetés trahissent tant de comportements susceptibles de perdre quelques âmes que nombreuses sont les personnes sur leurs gardes. C'est un point de départ. Commencez par vous sécurisez avant de sécuriser les autres.

Donc, n'adoptez pas l'expérience des autres, ne croyez pas ce que j'écris, mais réfléchissez, ressentez en partant de ce que vous êtes.

Qu'est-ce que la voyance ? Une faculté d'être soi, dans l'ici et maintenant, débarrassé des parasites de la conscience terrestre, afin d'être en union momentanée avec la Métaconscience, c'est tout !

Comment est-ce possible ? En étant soi, en ne trichant pas, en acceptant d'être canal un moment, sans plus ! Le terme canal est imagé. Le terme « amour donné sans rien attendre » est plus juste. Lorsque vous êtes conscient à un moment donné d'être le tout, donner est synonyme de se donner à soi-même. Les impressions magnifiques que j'ai vécues au cours de voyances me satisfaisaient bien plus que le prix de la consultation.

D'où la réponse à la question du « Comment ne pas se laisser berner par un faux voyant » : celui qui choisit d'être canal est honnête, il vous fait uniquement part **d'observations**. Il ou elle ne demande une compensation financière qu'en regard de la personne et de ses moyens et n'invite à aucune autre prestation ou autre voyance avant un an minimum. Il ou elle avertit le consultant que les « flashs » ne sont que des options, des indicateurs possibles, des « futuribles »[16] (donc rien de définitif) et laisse le libre arbitre à chacun. Il ou elle se doit, dans son honnêteté, de décrire les faits perçus sans porter de jugements et rien de plus.

Expliquer au consultant que cet acte d'observation est normal est une obligation ; que c'est un mode de communication qu'il a développé (comme un muscle) et que ce peut être le cas de quiconque souhaite être à l'écoute de soi.

Il faut démystifier ce mythe du don divin ou de la grâce divine tombée sur le berceau du voyant ou mieux encore, transmis par filiation.

Le seul don que le voyant a reçu, c'est celui d'accéder à sa conscience profonde avec plus de facilité, et encore ne s'agit-il là que de travail, comme n'importe quel artiste ou ouvrier qui exerce dans l'amour de ce qu'il fait et dans le respect de soi et des autres.

Au « Comment cela fonctionne-t-il ? », je réponds que l'essence même de notre conscience individuelle produit de la super-conscience, apporte les réponses au travers de cet ouvrage. La Métaconscience, c'est vous, c'est nous. Je peux être ici et ailleurs à la fois ; me détacher un instant afin de me transporter dans d'autres consciences.

---

[16] Cf, *Le nouveau mystère du Vatican*, François Brune

Quant à la prédiction de l'avenir et la révélation du passé, cela prend parfois des proportions impressionnantes ; et alors ! Lire dans une conscience ou un livre, quelle est la différence ? Ce n'est qu'une question d'habitude, d'entraînement, de méthode. Ne soyez pas dupe, toutes mes explications antérieures vous ont montré que seul le présent existe et qu'en vous, avec un peu d'attention, vous avez les réponses.

Le voyant ou médium qui communique avec ces informations d'un autre espace-temps n'est qu'un révélateur pour vous à un moment donné et non un Dieu auquel il faut jurer fidélité et absolue dévotion. Ne devenez pas un « toxico » de ces pratiques ou, si c'est le cas, demandez-vous si vous n'êtes pas en train de confier votre vie à quelqu'un d'autre au lieu de faire l'effort de vous prendre en main.

Vous serez demain ce que vous aurez choisi d'être aujourd'hui dans l'instant présent, car ne l'oubliez surtout pas : votre pensée crée votre devenir !

Alors, si possible, réfléchissez au présent avant d'agir selon les prédictions d'avenir faites par un voyant. Aujourd'hui, je refuse à qui que ce soit de faire des voyances, car j'ai acquis la certitude que cela handicape lourdement le libre arbitre des personnes. Je n'utilise mes facultés que pour mes consultations de thérapeute, sans rien en dire au patient. Je suis là pour l'aider à devenir autonome et non accro au paranormal ! Le jeu n'en vaut très souvent pas la chandelle et la vague qui déferle de nos jours sur le monde de l'édition ésotérique me glace le sang. Des livres écrits par des médiums ou voyants qui se prennent pour des messagers de mondes intra et extraterrestres me font bien sourire ; quand ils ne me mettent pas simplement en colère. En effet, sous couvert d'amour universel, ces propos invitent le lecteur à entrer dans une secte soigneusement dissimulée derrière un don qui lui, est bien exploité financièrement... Faites attention aux délires de ces personnes. Encore un tuyau pour vous aider à les reconnaître : plus cela paraît « gros » dans leur discours, mieux c'est pour nous, car ainsi on peut les dévoiler plus aisément. Ils ont imagination digne des meilleurs Walt Disney !

Karma et réincarnation

Les mots sont peu de choses comparés à l'étendue de la pensée. Ils en limitent certes le sens et deviennent parfois de dangereuses contradictions selon l'interprétation que l'on fait sienne.

Réincarnation, résurrection, renaissance ou transmigration caressent le doux rêve de pointer du doigt le principe fondamental de l'existence.

D'un point de vue historique, la notion de karma n'est pas toute jeune puisqu'elle apparaît dans les textes sacrés des *Upanishads*, sept siècles avant Jésus Christ, pour se répandre timidement par d'autres textes hindous (*Bayavad Gîta*) cinq siècles plus tard. De Pythagore en passant par Platon, le karma attendra sagement 1875 afin de se présenter en Occident où il perdra forcément en intensité spirituelle quant au contenu premier du sens du mot. Une confrontation culturelle évidente dénatura ce terme de karma, ballotté entre des consciences hindouistes et bouddhistes éveillées, opposées au climat européen de l'époque et de ses consciences fraîchement illuminées (les Lumières).

La notion d'évolution diverge selon la culture propre à chaque société :

> *L'une est très orientée sur « avoir » qui permet « d'être » (surtout paraître), et l'autre, est consciente « qu'être » c'est forcément « avoir ».*

Je n'entrerai pas dans le détail et j'espère que vous me pardonnerez cette simplification. Un point commun cependant demeure au centre de ces différentes visions : l'extrémisme.

En Occident, la peur d'un divin courroux impulse l'ascétisme, tout comme en Orient ou en Asie, mais cette fois déguisée sous l'appellation « karma ».

En Occident, le karma est synonyme de seconde chance, après avoir fait un tri opportuniste, élagué des aspects négatifs et contraignants de cette notion. Pourtant, le sens originel revêt l'apparence d'un calvaire pour les adeptes fidèles à la tradition. Chez nous, on en redemande, alors que chez eux, on espère la fin de ce cycle de misère dont il faut se défaire afin d'accéder au nirvana.

Je vais donc tenter une explication Métaconsciente de ce terme ambivalent dont l'amplitude spirituelle donne parfois le vertige.

L'idée même de revenir est exacte et fausse à la fois, car si l'on est une partie du tout, le voyage risque fort d'être circulaire et sans fin. Et nous y voilà ; le Samsara, qui indique la roue des existences, traduit en partie l'idée d'une continuité infinie de vies, mais ne doit pas ou plutôt, ne peut pas induire le concept de peur ou de répression externe, car c'est antinomique, contraire à l'essence originelle de Métaconscience qui est créatrice et évolutive. Ces peurs de châtiments sont des créations internes à nos consciences et non fondées.

Je pense, non, je sais que ma conscience ici n'est qu'une infime partie de moi qui existe ailleurs, dans un autre espace-temps, une autre dimension, la même dimension, pourquoi pas à une époque différente.

Plus fort encore, j'existe au travers de vous, de mon environnement, en infimes parties.

Pas facile de croire cela mais plus évident de le ressentir en soi. Qui de vous n'a jamais eu l'impression de revivre une scène qui se déroule devant lui ? Et ce sentiment si fort et si troublant d'être quelqu'un d'autre, dans une autre époque ! Quelle étrangeté de rencontrer quelqu'un que l'on est sûr de connaître depuis si longtemps. Et ces endroits curieux qui vous parlent alors que vous venez juste d'arriver. Dieu s'en amuse sûrement !

La question karma et réincarnation n'est pas la question qu'il faut poser ; nous sommes hors sujet. La véritable question est :

Quelle conscience avez-vous aujourd'hui de la personne que vous êtes ici et maintenant, en sachant qu'elle est confondue en bien d'autres parties de vous, ailleurs, dans d'autres espaces-temps ?

Nous élevons le débat à un degré supérieur. Qui êtes-vous ? Où allez-vous ? Où vous situez-vous donc au temps présent ? À quel stade de l'unité avec votre environnement (univers, hommes…) vous placez-vous ?.. Et là, tout s'éclaire !

Douleurs, peurs, souffrances disparaissent pour ne laisser que ce petit hologramme de perfection, d'amour que vous êtes.

Notre filtre, notre conscience, nos illusions ne sont là qu'afin de révéler la véritable identité de l'existence. La vérité absolue a besoin d'éprouver qu'elle existe par la pauvre vérité de nos consciences terrestres.

C'est le principe « *de la divine dichotomie* », comme cela est très bien écrit par Neale Donald Walsh [17]. « Séparabilité » céleste ou segmentation vibratoire, peu importe l'appellation.

Alors vous l'avez compris, je ne crois pas à ces désordres maléfiques et souffrances nécessaires. Ce qui m'apparaît aujourd'hui comme mauvais est une pure création de l'esprit, une projection matérialisée de nos pensées opaques, utiles et indispensables à la prise de conscience de ce que nous sommes tous en fait : de la Métaconscience.

Donc, n'ayez pas de craintes stupides et répressives. À ceux qui croient que, sans peur, l'anarchie emboîte le pas, je réponds uniquement et catégoriquement, non ! Juste amour et respect.

La force de l'amour authentique achemine nos consciences vers l'union, l'unité, jusqu'à ce que tout recommence, car la création et l'évolution constante sont notre essence originelle.

L'au-delà

Juste quelques mots sur ce sujet, car je ne m'étendrai pas davantage, sachant que mon ami le Père François Brune s'y est attelé mieux que moi dans ses ouvrages [18].

Communiquer avec les morts n'est pas anormal et mauvais. C'est permanent, journalier (les rêves) et possible, voilà tout

Respectons leurs évolutions et les moyens qu'ils mettent à notre disposition. Les uniques craintes sont celles de votre imagination.

---

[17] *Conversation avec Dieu*

[18] *Les morts nous parlent, En direct de l'au-delà* (Cf bibliographic)

Réflexions Métaconscientes

Le paranormal a fasciné depuis la nuit des temps toutes civilisations et restreint en second lieu le champ d'investigation de nos consciences terrestres, l'appauvrissant et le privant de ses richesses élémentaires.

L'amour vrai a cédé la place à la peur sous le nez de Dieu, et ainsi naquit une autre forme déviée de lui, un prisme de conscience nécessaire au retour de la connaissance originelle. Une dualité voulue par l'unité.

Comme je l'ai écrit, le paranormal est une autre forme, elle aussi, un prisme d'une autre réalité. Il s'est également confondu en peur alors qu'il n'est qu'amour et authenticité, loin des mythes farfelus.

Le libre arbitre de chacun invite tout homme à se situer, non pas en regard de ce qu'il doit faire ou être dans l'avenir, mais parce qu'il est au présent.

La mémoire vive de notre ordinateur interne doit prendre le temps de se rappeler qu'elle est aussi une mémoire morte, un disque dur. L'illusion est telle cette mémoire vive qui s'efface et dépend de l'opérateur qui choisira ou non de réactualiser des données en mémoire morte, d'accepter sa mémoire actuelle comme éphémère, bien qu'elle soit aussi source de révélation de toutes ses informations identitaires.

Métaconscience et environnement

Écoutez pousser les fleurs…

N'est-ce pas là un titre provocateur sorti tout droit d'un fantasme sous ecstasy, ou invite-t-il plus sérieusement à s'interroger sur l'attention, la communication, le libre arbitre de chacun face à la nature ?

En ce début de siècle, nombreuses sont les voix qui s'élèvent pour la sauvegarde de notre planète, utilisant parfois des moyens extrêmes afin d'alerter l'opinion publique sur des dérives volontaires, orchestrées par quelques monstres du profit et du pouvoir.

Alors plutôt que de dresser une liste non exhaustive de situations dramatiques pour la dimension écologique planétaire, je préfère au diagnostic le remède et la méthode salvatrice de ces maux douloureux.

Faire un constat alarmant n'est pas de mon ressort, d'autres sont compétents et efficaces.

Ce qui m'interpelle ici, c'est une fois de plus la compréhension du mécanisme de cause à effet de nos comportements face à l'environnement. Ce processus observé sous le regard Métaconscient va démontrer à quel point il nous est impossible de fermer les yeux et de laisser ces questions aux spécialistes et professionnels de ce secteur épineux.

En fait, même si certains peuvent sourire à la lecture de mes propos, il s'agit aussi d'un phénomène individuel qui conduit au thème central de ce livre : le dépassement de la souffrance.

Mais de quelles souffrances parle-t-on présentement ?

D'une souffrance silencieuse et résignée qui laisse parfois transpirer sa colère par des catastrophes « naturelles ». D'une souffrance bâillonnée que l'on dédaigne et que l'on méprise, nous autres, grands esprits d'hommes supérieurs, avec une liberté arrogante. D'une souffrance qui communique avec ces mots que l'on ne veut pas entendre.

Oui, c'est un fait, l'homme dans sa quête de l'évolution est parfois trop pressé et n'entend plus pousser les fleurs. Il reste sourd au chant du vent dans les arbres, de l'écume sur les rochers, du clapotis de la pluie sur le pavé. Il écoute en mono un son en stéréo, il regarde en noir et blanc un paysage en couleur.

Alors, afin de comprendre comment s'harmoniser avec la nature, je vais revenir aux concepts de la Métaconscience, appliqués à l'environnement. L'objectif est simple : rendre responsable l'individu en formant un collectif responsable. La finalité est plus ambitieuse : c'est l'osmose d'un être avec son essence d'origine, et cela en permanence.

Dis-moi comment ça marche ?

L'analogie proposée entre l'être humain et la nature se doit d'être simple. Quel est le point commun entre une pierre, un arbre et nous ? Nous sommes composés d'atomes identiques, aucun scientifique ne dira le contraire. L'aspect soi-disant matériel des choses se compose d'éléments identiques à la base.

Ce qui diffère du fait que vous êtes un homme ou une femme plutôt qu'un poivron rouge, c'est une forme de combinaison complexe, plus évoluée, qui vous permet d'avoir cette apparence. Voilà pour la partie matérielle des choses.

Tous les modes de pensées convergent lorsqu'il s'agit d'affirmer que nous pensons de façon plus pertinente qu'un légume. Et pourtant, à bien y regarder, l'aubergine dans toute sa splendeur peut se prévaloir d'une qualité fondamentale qui la caractérise comme sympathique au nez de l'être humain : elle ne triche pas !

Comment le discours d'un légume peut nous faire mijoter ?...

Alors peut-on se poser raisonnablement, nous humains, la question essentielle de la survie de l'humanité ? Les fruits et légumes sont-ils plus honnêtes que nous ?

Derrière cette interrogation surprenante se profile la vraie dynamique de la vie en étroite relation avec la nature et l'homme, j'ai nommé, dame Métaconscience.

Quel que soit l'objet observé (cailloux, fleurs, océan…), il est à considérer au même titre que nous car, mise à part sa constitution chimique majoritairement identique à la nôtre, il est fait d'ondes vibratoires, comme nous, qui interagissent forcément en nous. La différence ne tient que dans la manière dont les énergies, nous constituant l'un et l'autre, se mettent en mouvement sous l'action de l'intelligence. Et cette intelligence, puisée dans un réservoir collectif de pensées interdépendantes, (d'ondes également), représente le monde dans lequel nous vivons.

L'objet détient en lui une information vibratoire, tout comme l'ADN de l'homme. Cette information est de même nature que lui, si ce n'est qu'elle est moins évoluée dans sa faculté de penser et d'agir (une pomme est moins autonome qu'un adulte !).

Les ondes vibratoires d'objets existent bien dans des fréquences plus basses que l'être humain. L'homme préhistorique avait un mode vibratoire plus bas qu'aujourd'hui, le rapprochant donc de son environnement naturel, ou tout au moins le suppose-t-on.

Il semble bien que l'intelligence, alliée à la liberté, façonne une évolution plus grande, mais aussi plus destructrice en cas de mauvaise utilisation. Nous avons donc évolué et les pommes d'il y a plusieurs milliers d'années sont restées fidèles à elles-mêmes.

Cette vision édulcorée de l'animisme laisse supposer que les phrases que l'on retrouve dans certaines religions ont parfois du bon sens : « *Tu es poussière et tu redeviendras poussière* », « *Dieu est dans le vent, les arbres, le feu...* ».

La Métaconscience, c'est le flux organisationnel interdépendant de toute vie, toute chose, qui bâtit des structures différentes, animées ou non, faites au départ d'éléments identiques, en unité.

La nature, telle un hologramme est une partie de nous-même, mue par une intelligence similaire à la nôtre, mais dont l'expression prend des aspects vibratoires différents par sa forme. Il n'est pas rare de rencontrer des personnes qui, au cours de promenades dans la nature, assis face à une montagne, ont ressenti cette étrange impression de ne faire qu'un avec elle. De nombreux témoignages surprenants ont été recueillis par des religieux, des scientifiques, des philosophes, depuis l'Antiquité.

Il est difficile dans ces conditions de dire que seule mon entité, autonome, différente, pense et vit dans son coin, sans se préoccuper de ce qui l'entoure.

Le plus fascinant dans tout cela est sans nul doute la constatation qu'il existe un dialogue, une communication intrinsèque entre nous et la nature, pour peu que l'on puisse s'y intéresser.

Loin de moi l'idée d'entreprendre une discussion approfondie avec un poireau sur le marché du samedi matin ! Quoi que… Même si cela paraît inoffensif, il existe un mode de communication plus subtil. En effet, la souffrance qu'exprime la nature à notre égard se transmet bien souvent par le biais d'indicateurs simples, comme la perte du manteau végétal d'une forêt, la mort de poissons issus d'eaux impropres, une sécheresse abusive par effet de serre, etc. Si l'eau des océans monte et que les ouragans s'abattent, est-ce que cela ne signifie rien ?

Nous autres, êtres humains, utilisons la parole pour communiquer, échanger, alors que la nature ne dispose que d'effets chimiques ou mécaniques… Elle évolue à son rythme et selon l'intelligence qui alimente ses mutations.

Là où il y a problème, c'est lorsque l'homme, dit plus évolué, tente de faire accélérer les choses en rejetant le produit de son hyperactivité au sein même de son essence originelle. Il se pollue lui-même, se manque de respect, croyant noyer une goutte d'eau dans l'océan. Parfois la goutte d'eau fait déborder le vase…

Notre planète est unique. Détruire ses ressources vient à se détruire, tout bêtement. Alors si certains pensent qu'ils ne seront plus là pour subir le châtiment, ils se trompent, car comme nous l'avons vu précédemment, on vit toujours les conséquences de ses actes, ici ou ailleurs croyez-moi.

« Rien ne se perd, tout se transforme »
(Lavoisier, chimiste du XVIII ème siècle).

C'est applicable aux faits et gestes, à la matière et à la responsabilité. Qu'est-ce que j'entends par responsable ? C'est ce que vous êtes à présent, après la lecture de ces lignes. Vous avez conscience maintenant de l'interaction essentielle à la bonne marche de la vie et la refuser, c'est être irresponsable ! Et vlan… !

Ça fait mal, dit comme cela de but en blanc, mais si vous ressentez un malaise, c'est que vous êtes responsable et conscient du rôle que vous avez à jouer. Nous y reviendrons plus loin.

Cette douloureuse responsabilité est le fruit d'une autonomie de penser, de celle d'agir et du même coup ça devient un cadeau empoisonné pour nos consciences qui se châtient toutes seules !

La tentation d'entrer dans une philosophie du déterminisme doit être vite déconsidérée, car elle n'offre aucune possibilité de mouvement des énergies de progrès qui sont fort heureusement présentes. Je n'ai pas dit révéler, mais présentes, en sous-marin.

Ceci nous amène naturellement à cette notion de liberté, de libre arbitre, encore lui, qui fera de nous des responsables plutôt que des coupables. C'est cela choisir sa liberté !

Être conscient pour un homme que son être et la nature sont non seulement complémentaires, mais issus du même moule, induit naturellement la fibre écologique.

Seulement voilà, la liberté engendre intérêt et pouvoir destructeur, mis au service d'un profit éphémère et ô combien illusoire. Nous vivons dans un monde qui n'est qu'illusion où le filtre de nos consciences formalise de façon matérielle l'aspect des choses. La chance que nous avons, c'est de puiser en nous l'essence originelle, présente dans la nature. Notre pensée crée notre environnement, notre vie. C'est un outil d'une puissance inimaginable. Se mettre au diapason des forces du tout selon l'écho de Métaconscience est chose possible en renouant avec son dialogue intérieur, simple et authentique.

Voici donc quelques conseils qui, je l'espère, faciliteront l'objectif et la finalité cités plus haut.

Environnement au quotidien : votre implication possible

Retrouver le son originel commun entre vous et l'environnement n'est pas une utopie, mais bien une réalité.

Si vous avez passé rapidement le chapitre II de la seconde partie, relisez-le car il est primordial dans ce type de processus de pouvoir être dans un premier temps à l'écoute de soi. Cette condition s'explique simplement par le fait que l'harmonie intérieure laisse place à une écoute et une attention plus franche à l'égard de ce qui nous entoure.

Voici donc quelques propositions non exhaustives afin d'améliorer votre communion et votre communication avec l'environnement et la nature.

Ne sous-estimez pas le pouvoir de votre pensée, et il me tient à cœur de vous rappeler quelques notions développées en amont.

L'observation d'un fait permet « la pause », et donc un certain recul. En tout cas, ce devrait être le cas lorsque cela se produit… Observer, c'est prendre conscience de son être, de ce que l'on est face à notre environnement. Par la suite, on prend position et on entreprend l'action.

Si l'on vous propose de vivre au milieu d'une décharge d'ordures, je parie fort sur votre réticence ! Pourquoi ? Car votre être va se sentir sale, puant et en danger de mort. Que ressent une fleur au milieu de la même décharge ? Elle se sent périr, tout comme vous !

Vous êtes cette plante, car vous êtes de la même essence et donc vous réagissez de la même façon. La fleur meurt alors que vous vous partez ailleurs. La fleur assume, vous non ! Pourtant le degré de l'évolution de l'humain n'est-il pas supérieur ? On ne peut fuir éternellement, un jour le monde n'est plus qu'une décharge, et là, où aller ?

Alors certains me diront qu'une fleur ne peut pas partir, et qu'elle partirait sûrement si elle avait des jambes. Non, je ne pense pas, car malgré son enracinement, elle laisse la nature comme elle, le vent, transporter ses pollens qui donneront d'autres fleurs où qu'elle soit. La nature est généreuse, nous pas ! Elle poursuit et reprend ses droits dès qu'il est temps pour elle de s'accomplir.

D'autres civilisations, aussi évoluées que la nôtre, en ont fait les frais, il y a des milliers d'années. Le déni d'observation est un délit passible de l'éradication totale.

La nature, elle, a mis le temps et puis, elle est redevenue identique. Normal, elle est vraie, elle ne ment pas, et vous ?

Alors voici le seul « truc » valable que l'on puisse utiliser à tout âge, de la naissance à la mort :

Soyez honnête avec vous-même et posez-vous toujours la même question : « Si j'étais cette fleur, avec un apparent manque de libre arbitre, est-ce que j'aimerais recevoir un mégot de cigarettes, de l'huile de vidange, un nuage toxique, des pluies acides, etc. ? »

Je vous l'avais dit, c'est tellement simple à appliquer avec un peu de courage et l'honnêteté d'être vrai envers ce qui est de la même nature que soi, de ce qui bouillonne de la même intensité de vie en soi, bref, de ce qui est soi. Et le type de discours « Ce n'est pas parce que moi pour une fois je jette un bidon… », est plein de sens, car il alimente ces interactions, ces pensées créatrices négatives qui poussent à l'inconscience collective au lieu du contraire.

Extrapolons encore, et posez-vous la question : si vous étiez un morceau de trottoir, aimeriez-vous recevoir, déjections, papiers, mégots, crachats, etc. ? Ridicule dites-vous, pas si sûr ; « Je suis l'univers et l'univers me contient ». Cela vous dit quelque chose ?

Le trottoir souffre, mais il accepte sa condition en espérant qu'un jour l'homme de la rue se rendra compte que cette rue le mène vers le chemin de sa destinée, et qu'il a choisi, consciemment et en toute mauvaise foi, de n'y être que pour peu de chose face aux autres, eux plus responsables que lui.

Tout n'est qu'ondes et illusions, et ce que je pense, je le crée. Nous sommes ainsi ! Alors, si tout n'est qu'illusion, pas de problèmes, « C'est cela hein ? » C'est sûr, notre comportement risque fort de nous priver du ressenti de notre pouvoir créateur ; celui d'une réalité, qui pourtant d'un point de vue holographique nous démontre l'existence d'un monde parfait où l'évolution de nos consciences nous permettrait de vivre des bonheurs au lieu de créer de l'horreur.

Le toxicomane, qui vit dans son univers, a la sensation d'y être réellement et pousse plus loin ses limites qui deviennent des prisons virtuelles au départ, mais bien réelles par la suite.

Que cet ouvrage sans prétention permette l'éveil de nouvelles consciences vers des bonheurs vrais et profonds.

Réflexions Métaconscientes

Je veux croire que l'homme est conscient de son être autant que la nature peut le lui rappeler. Sa nature et la nature ne font qu'une même espèce, qu'une seule constante, qu'une unique conscience.

Heureusement, de nombreuses âmes véhiculent l'idée de cette unité visant à admonester des personnes sans conscience.

La responsabilité d'un individu passe par la conscience qu'il a de son être face à l'univers. S'il se nie, il nie l'univers. S'il nie l'univers, il se nie. L'évolution de notre civilisation se calcule en rapport avec la vision unitaire que l'on a de l'environnement dont nous sommes partis prenante. Autant la « séparabilité » de notre conscience humaine doit la servir, autant l'unité vibratoire, « raisonnance » de notre essence originelle, traduit le fondement même des principes de vie.

Politique, économie et… taratata

On pourrait croire, en lisant ce dernier chapitre, que l'approche Métaconsciente met son nez partout avec l'envie d'en apprendre aux autres. Et c'est exactement le cas, je ne vois pas pourquoi je prétendrais le contraire, lorsqu'on sait que le tout, l'univers, peut se représenter sous le concept de Métaconscience, cette grande conscience qui crée la réalité dont nous sommes tous issus. Les démonstrations antérieures vous ont profité, je l'espère, et je n'y reviendrai pas. C'est donc tout naturellement que la perception que nous pouvons avoir de notre univers selon notre approche présente un réel intérêt d'analyse, pourvu que l'on consente à prendre un peu de distance d'avec les schémas classiques proposés ici-bas.

Allons donc faire un petit tour du côté des définitions académiques concernant les domaines de la politique, de l'économie, sans oublier celui de « taratata ». Ne vous inquiétez pas, je n'ai pas l'intention de vous embourber dans un discours… politique.

Si l'on s'en réfère à l'histoire, le mot « Politique » trouve ses origines chez les Grecs (chez qui il signifie « la cité »). Elle était fondée sur le principe de l'égalité de tous les citoyens. Seulement voilà, ce que l'on sait moins, c'est que tout le monde ne pouvait pas devenir citoyen ! La cité était fermée ethniquement. Les femmes, les étrangers, les métèques et les esclaves étaient exclus de la citoyenneté. La fracture sociale existait donc déjà à cette époque, comme on peut le constater…

Pour les Romains, la citoyenneté était alors définie en terme juridique. Le « Civis Romanus », citoyen romain, dispose de droits civils et personnels. Les étrangers pouvaient accéder à la société politique définie en termes juridiques, ce qui donnait ainsi une vocation plus universelle à cette étrange pratique nommée : la politique.

De nos jours la notion d'État (très récente finalement) vient poser un cadre législatif qui réglemente la vie politique en mettant en avant les notions de liberté, d'égalité et de fraternité ; en tout cas, il en est ainsi pour notre bonne vieille France. Ah ! Cela tombe bien, puisque nous sommes dans le vif du sujet lorsqu'on se pose la question de « Choisir sa liberté ». Mais nous allons y revenir, faites-moi confiance.

En ce qui concerne l'économie, le sujet est finalement bien plus ancien que la politique. Elle fut de tout temps un fait, puisqu'il a toujours fallu échanger des marchandises et donc avoir recours à des comportements économiques. Voici un exemple concret de notre époque : un État peut très bien dénoncer les droits de l'homme du bout de la langue en ce qui concerne un pays donné et conclure quand même de très importants marchés financiers avec lui, sans aucun problème. Normal, l'économie est une science qui étudie la production, la consommation et l'échange des biens et des services. Nous sommes dans l'objet et non dans le sujet ! Eh alors ? Cela vous choque ?

Le mot « économie » vient du grec « *oïkonomia* » qui signifie « les lois de la maison ». À l'origine, l'économie désigne donc la gestion privée. Cependant, elle s'est élargie à la notion de groupe (l'entreprise, les États, voire le monde entier). Aujourd'hui, on appelle cela : la mondialisation. Nous sommes passés de l'individu à l'environnement qui contient celui-ci (principe holographique Métaconscient).

« Taratata », quant à lui, est un mot dont l'origine se trouve (pour ma part) dans une célèbre réplique de Scarlett O'Hara face à Rhett Butler dans le magnifique roman de Margaret Mitchell intitulé : *Autant en emporte le vent*.

Cette expression signifiant « Pas question, je ne marche pas ! » est, vous vous en doutez, le contre poids aux deux premiers mots qui font figure de « poids lourds » sur la scène de la vie quotidienne. C'est peut-être une forme douce de rébellion qui vient taquiner les consciences bien pensantes de notre environnement. Un peu de légèreté dans ce monde de brutes ne fera de mal à personne.

Si j'ai choisi d'aborder ce sujet, ce n'est pas qu'il faille taper sur la tête de toutes nos institutions ou systèmes : c'est avant tout afin de démontrer que la liberté de l'être ne se laisse pas mettre le grappin dessus par qui ou quoi que ce soit. Il est toujours possible de réagir, en tout cas de l'exprimer ! C'est une vérité intrinsèque à notre nature.

J'aimerais amener la discussion sur le droit de vote qui, à lui seul, a fait verser beaucoup d'encre et de sang depuis bien des siècles. La politique est un agrégat de volontés individuelles mise au service de la majorité des citoyens qu'elles représentent… Paraît-il. Je serais tenté de dire que la politique de nos jours sert apparemment trop souvent des intérêts individuels au dépend de la majorité. Nous sommes, en France, le pays le plus imposé et taxé du monde, celui où, lorsque vous ne votez pas, on vous fusille du regard. Mais quand vous savez que voter blanc n'est pas pris en compte, voter pour faire plaisir à ceux dont le métier est de nous représenter devient difficile. Il est normal d'avoir le sentiment d'être privé de liberté, et surtout de reconnaissance individuelle et citoyenne. Tous les scandales, abus, dérives, magouilles financières et politiques en tous genres ne donnent pas vraiment l'envie d'exprimer un droit qui ne veut plus rien dire à mon sens, qui ne nous représente que si peu en fin de compte. Il faut que l'extrême droite pointe le bout de son nez pour que les citoyens aillent voter !

Oui, mais voilà, ils votent, non pas pour une opinion politique, une gouvernance, mais juste par peur, par crainte de se retrouver nez à nez avec des fascistes. Les hommes politiques ont des convictions : nous aussi. Selon le concept de Métaconscience, la politique doit être un outil majeur dans l'expression des intérêts communs à tous, et non à une poignée de privilégiés qui vous regardent de haut. Être politicien ne signifie pas satisfaire tout le monde, seulement avoir un discours vrai, admettre les évidences et proposer avec respect d'ouvrir le débat de la vie sociale, politique et culturelle à toutes les strates du pays. Un parti quel qu'il soit implique déjà, de par sa simple définition, une fermeture évidente, un enfermement, une exclusion du dedans. C'est peut-être pour cela que la mode des « Sans étiquettes » fleurit à chaque élection. On vient cependant tout de même nous inonder d'orientations : droite, gauche, centre… On se croirait à un sens giratoire où finalement, après s'être copieusement insultés pendant une campagne, on trouve des alliances, des compromis véreux avec l'intelligence de nous faire croire que tout va bien dès lors. Quelle idiotie ! C'est avant qu'il faut s'allier, pas après la bataille ! Le désintérêt massif des Français pour l'acte de vote est de plus en plus reconnu : normal ils n'y comprennent plus rien ! Plus ils paient d'impôts et plus la dette extérieure du pays est pharaonique ! Mais qu'est-ce qu'ils font avec nos sous ?

On nous parle de devoir citoyen, mais « qui nous permet réellement de voir citoyen ? », où faut-il regarder ? Dans certains pays d'Europe, on donne des amendes à ceux qui ne vont pas voter ; c'est très certainement un moyen invitatoire très persuasif pour ceux qui ont un cerveau dans le porte-monnaie, mais pour les autres, c'est une dictature de l'ego politique insultante pour des consciences en réflexion. Je souris à l'idée farfelue qu'un jour plus aucun citoyen n'aille voter, lassé par les non-sens politiques. On ferait quoi alors ? Appel à l'armée ? Le pouvoir n'est pas toujours là où l'on croit. Esclave « Si-Toi-rien » tu es peut-être plus que ce que tu penses…

Tout n'est pas à jeter au feu, j'ai juste une préférence pour les vieux dinosaures qui nous gouvernent depuis leurs fiefs, persuadés qu'ils n'ont pas été faux pendant si longtemps pour rien et qu'enfin, ils doivent bien jouir du statut de monarque pour lequel il a tant fallu batailler et mentir. Tous ces ego qui se font mousser à longueur de temps me font bien sourire. Je peux affirmer aujourd'hui que la politique est un ego malade qu'il va bien falloir analyser un de ces quatre jeudis. Les lois n'ouvrent pas à la responsabilisation de l'individu, elles l'abrutissent. « Ne bougez pas, on vous protège, on s'occupe de tout ! », tiens, ça me rappelle le prêt à penser… Le pouvoir est à nouveau au centre de la problématique, avec l'aval de l'ego malade. L'autonomie des individus est bien menacée, oh pardon, bien encadrée par des têtes bien pensantes et formatées. Certains hommes politiques (l'ancien ministre de la défense notamment, François Léotard) admettaient dernièrement qu'il lisait parfois des discours qu'il ne comprenait même pas, qu'il mentait et que la vie politique était à son sens un panier de crabes immonde… Ça fait froid dans le dos !

Ce n'est pourtant pas la fonction qui fait l'homme, me semble-t-il ! C'est un peu comme lorsque vous voyez votre patron : vous êtes dans vos petits souliers. Devant un homme politique, c'est la même chose qui se produit généralement. Pourquoi ? C'est une forme de paternalisme résurgent du passé que l'on confond avec la capacité qu'il nous est donné d'analyser correctement la profondeur du personnage présent devant nous. Voyons donc plus loin que le bout de notre nez d'enfant.

Par contre ce qui est troublant, c'est que d'un point de vue international, les organes politiques tels que l'ONU utilisent pourtant des approches en accord avec notre philosophie Métaconsciente : La diplomatie est la première arme dont dispose l'ONU. Le Conseil de Sécurité encourage les nations à résoudre pacifiquement leurs conflits (par des recommandations, des négociations, la médiation, etc.). Si ces tentatives échouent, il peut avoir recours à des moyens non militaires (des sanctions économiques, par exemple). En dernier recours, il peut autoriser une action militaire pour imposer la paix, mais c'est extrêmement rare ! On privilégie l'écoute et la paix. Vous me direz, comme programme de campagne, cela n'est pas très accrocheur : chez nous, on préfère les promesses que l'on ne tiendra pas. Il y a donc désaccord entre la perception holographique internationale et la dimension nationale. Il est toujours plus facile de donner des conseils à l'extérieur plutôt qu'à l'intérieur, même si on le sait cependant : l'ONU est soumis au principe de non-ingérence dans les affaires intérieures des États.

La politique ne va pas bien, mais elle vit ou survit grâce à l'énergie de l'économie. Si on sait tenir la barque des finances, des biens échangés et redistribués, on a des chances que la guerre civile n'éclate pas. En théorie, l'économie doit faire coïncider au mieux la demande et l'offre. Au-delà de la science et de ses théories, l'économie est un élément essentiel de la vie moderne. Mais au terme du XXème siècle, l'économie a acquis un nouveau statut : l'argent est omniprésent, les entreprises sont devenues des groupes internationaux, la bourse détermine l'état de santé d'un pays, la mondialisation a bouleversé les rapports entre pays.

On passe gaillardement d'une microéconomie nationale à une dimension internationale qui peut gouverner et bouleverser un pays tout entier. Ce n'est finalement pas mieux que la politique, peut-être aussi dangereux, mais tout aussi enrichissant pour ceux qui jouent des deux sujets… Je ne sais ce que vous en pensez, mais savoir que des spéculations virtuelles échangées à grand coup de bluff (la bourse) sous-tendent la vie d'une nation ne me réjouit guère… Nous sommes dans la réalité du pouvoir, encore une fois ! Des millions d'emplois sont en jeux, des foyers sont en sursis, des vies sont en otages : prions le Dieu de l'argent pour que tout continue…

Où se cache donc la liberté de l'individu aujourd'hui dans tout cela ?

Taratata !

C'est étrange, mais les hommes et les femmes de notre pays ne sont jamais satisfaits, c'est bien pour cette raison que nous avons une image de « Gueulards, emmerdeurs, voire prétentieux » dans le monde entier. Sommes-nous réellement privés de liberté ? Mais qu'est-ce au juste qu'être un citoyen libre aujourd'hui ?

La liberté recouvre en réalité de nombreux aspects. C'est pourquoi on parle plus volontiers des « libertés » au pluriel, en raison de ces multiples perspectives. Ces libertés découlent des droits fondamentaux reconnus à l'homme : elles sont l'application des droits de l'homme, tels qu'ils ont été consacrés au XVIIIème siècle.

Parmi les libertés, on distingue les libertés individuelles des libertés collectives. Les libertés individuelles sont des droits que chaque individu peut exercer seul : la liberté d'aller et venir, la liberté d'opinion, la liberté religieuse, la liberté d'avoir une vie privée (le domicile est inviolable, le secret de la correspondance est protégé, etc.), la sûreté (qui consiste à être protégé contre une arrestation injuste, non fondée), etc. Nous sommes bien entendu en présence d'un modèle théorique.

Les libertés collectives sont celles que plusieurs personnes peuvent exercer ensemble : la liberté de réunion, d'association, de manifestation, de la presse. Il paraît que le droit de vote appartient aussi à la catégorie des libertés collectives : voter n'a de sens que si l'ensemble des citoyens exprime son avis, et j'en reviens à ce que j'écrivais plus haut.

Alors, je me permets d'introduire la notion de liberté de l'être, vous savez celle qu'on a examinée au chapitre VI de la première partie de ce livre : « Le dernier besoin, celui de « liberté », vient couvrir l'ÊTRE et l'épouser. Le besoin de liberté est inscrit au fond de nous tous ; nous aspirons consciemment ou non à cet état. Ah, être libre ! Cette liberté-là, c'est l'émancipation du moi au profit du toi ; c'est la conscience du ça réconciliée avec le surmoi ; c'est l'indéterminisme céleste d'un libre arbitre consciemment révélé ; c'est le fait de ne rien imposer sans se contraindre et s'imposer ; c'est vivre la distance au centre du tout ; c'est respecter le silence au cœur des remords…

Nous pouvons aisément la compléter en regard de nos thèmes développés dans ce chapitre : la politique et l'économie.

Les limites psychiques que l'individu s'impose le coupe de la réalité Métaconsciente. Nous ne sommes plus alors le citoyen d'un état ou d'un pays, mais citoyen du monde. Les contours de l'être ont l'amplitude des univers quels qu'ils soient, de l'atome aux galaxies. Les lois de l'univers sont inscrites au-delà du cadre purement humain, elles gouvernent les équilibres de vie du photon jusqu'aux confins des univers. La liberté de l'être devient l'observation de la vie dans son environnement global, détaché de tout intérêt valorisant, que ce soit purement celui de l'individu ou uniquement du monde qui l'entoure. Le terme grec désignant l'économie, « les lois de la maison », tient compte de toutes les maisons que nous abritons en nous et de celles qui nous abritent, même au-delà de nos yeux. Choisir sa liberté, c'est dépasser la gestion privée de sa nature afin de la partager avec la nature intrinsèque des choses de la vie : la vérité.

Politique, économie et Métaconscience feront bon ménage le jour où les mots suivants les lieront sans équivoque : vérité, authenticité, respect, ouverture, partage, transparence, équité, volonté, liberté et reconnaissance. Hum, hum…

L'économie ne doit pas être une spéculation de l'enrichissement personnel d'un côté au détriment de souffrances collectives de l'autre. Être libre dans ces deux domaines est de l'ordre du possible si on laisse son ego négatif de côté et que l'on observe sous les lunettes à foyers Métaconscientes la vraie réalité des choses. Il n'est pas nécessaire de vouloir faire la révolution ou d'être récupéré par n'importe quels courants politiques ou autres. Si vous souhaitez que quelque chose change dans notre société, posez-vous déjà la première question qui en vaille vraiment la peine : et moi, qu'est-ce que je fais pour améliorer tout ça ? Suis-je critique, observateur, force de proposition ou simplement démissionnaire ? Ai-je conscience que ma pensée positive peut faire élever le niveau de conscience de la planète ? Ai-je conscience que mon implication mentale peut être un vecteur d'énergie Métaconsciente mise au service de la vérité et de la liberté des hommes et de l'univers ?

En Métaconscience, politique et économie ne sont pas des ennemis, bien au contraire !

Mais où est l'ennemi alors ?

En vous, en nous, en chaque individu qui se laisse duper par son ego négatif. En chaque conscience qui, à elle seule, détient le pouvoir de dire non aux extrêmes quels qu'ils soient, non aux mensonges, non à la violence, non au racisme, non aux abus de toutes sortes, non au fait de dire non stupidement, sans rien proposer en retour de cohérent, et ceci dans le respect dû à chaque conscience, car elle a le droit de l'exiger de par sa nature Métaconsciente. Le pire ennemi de l'homme, c'est lui-même ! Le plus grand allié de l'homme peut être lui-même !

Arrêtons de laisser les autres toujours penser à notre place sans rien dire. Mais si vous faites cela, osez proposer quelque chose, posez une action, faites des rencontres, créez des pensées positives, des échanges, des partages…

La liberté de choisir sa liberté est celle d'être responsable et conscient de ses choix ici et maintenant. C'est aussi apprendre à devenir autonome dans la gestion de ses modes de pensées, détachées de ces égrégores négatifs qui n'attendent que cela. C'est refuser d'adhérer bêtement à des idéaux qui ne vous correspondent pas, ou plus !

Métaconscience peut devenir l'instrument magnifique d'une politique de vie humaine où l'économie des consciences vraies prolifère joyeusement. Le commerce équitable, les grains de sel, la solidarité authentique existent, tout comme les modèles politiques plus sains (il faut parfois se retrouver dans des tribus récemment découvertes au fond d'une jungle avant de s'en rendre compte).

Les limites, les lois et les règles sont une nécessité en Métaconscience, tant qu'elles sont régies par un code simple : le respect et la vérité.

La politique joue du sujet en s'éloignant de l'objet ; l'économie joue de l'objet et ignore le sujet. L'être et l'avoir se courent après. Mettons-les assis à la table de nos consciences en toute lucidité.

Les choses ont évolué ces dernières décennies et pas forcément en mal : on se bat pour la nature, l'eau, la pollution, l'environnement, contre les guerres, pour les droits des femmes et des enfants, contre la faim dans le monde, pour des tonnes de déviances qui perdent du terrain, croyez-moi !

Attention, rien n'est immuable, il faut toujours et encore continuer à faire évoluer l'humanité. Votre conscience peut permettre une politique et une économie de vie Métaconsciente optimale pour la planète, pour l'univers, si vous le décidez ! Si vous le voulez ! Alors foncez !

C'est votre choix, c'est ça « Choisir sa liberté » en Métaconscience.

Les enfants perdus de la Métaconscience

L'enfance nous rassemble par le fait qu'elle démontre par principe un vécu commun à tous les êtres humains. Cependant, l'humanité disparaît parfois de cette étape de construction si précieuse et nécessaire à l'évolution de la conscience de ces petites personnes. Notre monde moderne cesse de courir après le droit à la vérité, à l'authenticité, s'arrêtant sur des priorités qui ne sont que des excuses vouées au profit, à « l'avoir », à la maîtrise des standards de la mode, à l'expression corrigée par des médicaments de ses enfants hyperactifs et j'en passe. L'enfance devient un monde qui appartient aux adultes, une exploitation vertigineuse d'un marché juteux où le non droit est une priorité d'État, un enjeu social et économique, un modèle d'éducation, contrôlé.

L'odieuse exploitation des enfants dans le monde : encore !

Une session spéciale de l'ONU va s'ouvrir prochainement à New York, à l'heure où j'écris ces lignes, dix ans après avoir lancé une campagne mondiale contre le travail des enfants dans le monde. Les chiffres sont toujours aussi alarmants. Le rapport de l'Organisation Internationale du Travail (OIT) démontre des mécanismes d'exploitation multiples, pernicieux et difficiles à identifier. Dans les pays en voie de développement, le nombre d'enfants astreints au travail était de 246 millions en 2002, contre 250 millions en 1995. Quel progrès ! C'est l'Asie Pacifique qui arrive en tête avec un chiffre de 127 millions d'enfants. Viennent ensuite l'Afrique subsaharienne (48 millions), l'Amérique latine (17,4 millions), le Moyen Orient et l'Afrique du Nord (13,4 millions). Sans oublier les 2,5 millions enfants qui travaillent dans les pays industrialisés (Tiens ! C'est donc possible ?) et 2,4 dans l'ancien bloc soviétique…

L'approche Métaconsciente trouve, par le biais de ces odieux abus organisés par des adultes non scrupuleux, une raison supplémentaire d'exister afin de démontrer la perversité de ces mécanismes et d'encourager les consciences à se battre avec des moyens simples, mais très efficaces.

Avant de comprendre le terrible danger qui menace de façon directe ou indirecte les consciences individuelles et collectives, balayons ensemble le triste rapport qu'il nous est possible aujourd'hui de dénoncer, tout en sachant que les moyens d'analyse de la situation ne sont peut-être qu'une partie émergée de l'iceberg. En effet il est très difficile de parvenir à des chiffres très précis du fait de la complexité des systèmes. Il s'agit très souvent de réseaux locaux, nationaux, et internationaux. L'exploitation des enfants est beaucoup plus complexe encore, car l'ampleur du trafic est sous estimée ou méconnue [19].

Au Brésil, le trafic transfrontalier est fréquent à partir de régions pauvres. En Asie du Sud-Est, le trafic interne se fait dans les régions rurales. Les enfants, acheminés vers des pays parlant la même langue, pensent finalement n'avoir rien à perdre. L'enfant est parfois victime d'abus multiples. Au Népal, les filles recrutées pour travailler dans des restaurants sont en fait acheminées en Inde pour alimenter l'industrie du sexe. De nombreux acteurs y participent : recruteurs, agents, mais aussi les parents qui négocient un accord financier. Sans compter les nombreux intermédiaires indirects comme les chauffeurs de taxi, les conducteurs de train ou les fabricants de faux papiers. Une réelle interconnexion Métaconsciente négative vit au creux du système. La duperie passe également par de fausses promesses d'emploi, par le biais de la publication de petites annonces ou par les agences matrimoniales. Au Cameroun et au Burkina Faso, les enfants passent par de véritables agences de placement. Le génie de l'exploitation des enfants par l'homme est sans limite quand l'intérêt et l'appât du gain gouvernent les esprits.

Toutes les formes d'esclavage sont couvertes : servitude pour dettes, servage et travail forcé, prostitution et pornographie. Les enfants sont également exploités sous des formes plus pernicieuses comme les travaux industriels non réglementés, l'agriculture, le commerce des rues, le secteur du tourisme ou encore les conflits armés (Angola, Sierra Leone). Or nous avons vu que la passerelle

---

[19] Tous les chiffres présentés sont issus de l'OIT (Organisation International du Travail), L'IPEC (Programme International pour l'Abolition du Travail des Enfants), Nations Unies et ONG.

entre les travaux forcés et la prostitution est fréquemment employée. En Afrique du Sud, on estime que le nombre d'enfants prostitués entre 10 et 18 ans se situe entre 28 000 et 30 000 et la moitié aurait moins de 14 ans. Le trafic d'enfants dans les Amérique et les Caraïbes est motivé par l'activité touristique. En Europe occidentale, la demande de prostitution est très élevée et un énorme marché transite depuis l'Europe de l'Est.

La domesticité (le placement de fillettes) est une pratique courante dans le monde et sous-entend souvent une relation directement liée à l'exploitation.

Quelles sont les causes de ces trafics ? Qui sont les coupables présumés ?

La croissance économique a eu pour effet d'augmenter la demande de main-d'œuvre bon marché en permettant aux travailleurs nationaux de délaisser les emplois peu qualifiés et peu rémunérés. La Thaïlande, le Laos ou le Cambodge connaissent ce genre de situation. L'augmentation de la demande d'enfants à des fins de prostitution est liée forcément à la demande nationale et internationale, ainsi qu'à la croissance du marché du sexe.

Enfin, les enfants ne sont pas une main-d'œuvre plus rentable que les adultes parce qu'ils sont moins productifs : ils sont tout simplement plus dociles, plus malléables…

Il semblerait que le trafic persiste dans les régions pauvres où l'on espère une vie meilleure. On fait bien souvent miroiter aux yeux des victimes un Eldorado très enviable dans d'autres pays ; c'est vieux comme le monde, me direz-vous, l'herbe est toujours plus verte dans le près d'à côté… Le manque d'accès à l'éducation est un facteur tout à fait essentiel, presque indissociable des ces pratiques. Les conflits politiques et les périodes de transition marquées par les agitations économiques favorisent la migration massive. Ensuite, il ne faut pas négliger le contexte culturel ethnique ou socio-économique. Dans de nombreuses cultures, le travail des enfants fait partie de la tradition - ce qui explique que les enfants soient poussés vers des formes d'exploitation dont ils ont ensuite du mal à échapper. La législation de certains pays sur le trafic est souvent très laxiste et permet bien sûr son développement dans une totale impunité. Certains « États politiques » n'ont cette appellation que grâce aux masques inhumains qui les cachent en toute conscience ! Ils imaginent se cacher de qui ? Pour combien de temps ?

Nous comprenons ainsi que les facteurs et critères intrinsèques à différents contextes, qu'ils soient sociaux, économiques ou culturels, favorisent l'accroissement de ces pratiques intolérables. Nous pensons toujours que la misère se trouve loin de chez nous… Il ne faut pas oublier non plus que les pays européens ne soient pas en reste, puisque près de 2,5 millions d'enfants de 5 à 14 ans sont astreints à travailler dans les pays industrialisés. Et près de 11,5 millions d'adolescents de 15 à 17 ans travaillent dans des conditions limites dans des secteurs comme l'agriculture ou le textile. Ce travail est surtout répandu en Europe du Sud, au Portugal, dans le sud de l'Italie et en Espagne. Cela va des mauvaises conditions de travail dans les petits ateliers industriels ou dans le bâtiment. (En Italie, 10 % des actifs de 10 à 14 ans sont dans le bâtiment). En tout, 1 enfant sur 8, soit 179 millions d'enfants, effectue un travail dangereux. Il est difficile après de tels chiffres de ne pas avoir le vertige, n'est-ce pas ?

Quelles sont les sanctions prises à l'encontre des pays qui favorisent ces pratiques ? Il s'agit de sanctions avant tout sous forme de suspension de l'aide non humanitaire et non liée au commerce. Ces pays sont également confrontés à une suspension de l'aide américaine de la part d'institutions financières comme le FMI et la Banque mondiale. D'autres initiatives régionales ont été menées en Asie du Sud, dans la région du Mékong, en Afrique du Centre et de l'Ouest par l'IPEC, par l'Unicef, la Banque Mondiale et par des organisations intergouvernementales et des ONG.

Que faire en Métaconscience ?

Alors pourquoi encore tant d'horreurs dans le monde, alors que diverses organisations (qu'elles soient politiques ou privées) tentent d'apporter leur soutien ? En fait, ça reste une goutte d'eau dans un océan de misère. Il est cependant possible pour chacun de nous d'apporter un soutien à ces enfants par résonance Métaconsciente, par transmission d'énergie mentale extrêmement puissante afin qu'ils puissent supporter leur condition, s'en délivrer dans le meilleur des cas ; cela peut même faire reculer la motivation sournoise des monstres qui les utilisent. Vous allez saisir comment cela peut avoir une si grande influence sur la condition de nos petits êtres.

Une puissante pensée d'amour est une aile de papillon qui peut déclencher un ouragan à l'autre bout de la Terre. C'est trop simple ! pensez-vous ? Eh oui, c'est déjà un début de réponse qui a réellement un effet. La science vient à notre secours afin de confirmer ce qui pour moi est une évidence depuis bien longtemps : notre appartenance à Métaconscience est notre reliance.

Les dernières découvertes scientifiques entreprises par le GCP (Global Consciousness Project) nous démontrent que tous les êtres humains sont bien reliés les uns aux autres. À cet effet, plusieurs laboratoires dans le monde entretiennent un réseau de générateurs de nombres aléatoires. Ces appareils, capteurs des mouvements de consciences, modifient des séquences vibratoires sous l'influence de la conscience d'un groupe de personnes dans un état d'esprit émotionnel particulier. Dans le cas d'événements à fort retentissement émotionnel tels que les funérailles de la princesse Lady Di, tout comme pour l'attentat du 11 septembre aux USA, ces petites machines ont toutes montré qu'un effet de résonance se propage et affecte les personnes, même si elles ne sont pas au courant de l'actualité. Mieux encore, il semblerait que cela puisse être perçu avant même que l'événement se soit produit : génial ! N'est-ce pas là la signature d'une conscience collective qui lie toutes les consciences individuelles en dehors de l'espace et du temps ? Une sorte d'énergie de consciences imbriquées les unes dans les autres forme un langage commun inscrit au plus profond de chaque être humain. Il est donc tout naturel de faire un lien avec une puissance Métaconsciente qui se cache sous un autre nom : l'égrégore.

L'égrégore

L'égrégore est une manifestation de l'universalité, une entité de force et de cohésion éveillée loin du carré sorcier occultiste qui sent le souffre. En effet, il s'agit d'une concentration de pensées rassemblées en vue d'un but commun. Cela devient alors un accumulateur d'énergies venant de l'intérieur, aspirant du dedans l'immensité des cieux. Il donne naissance à un flux Divin qui vient se fondre sur les consciences déficitaires de son énergie d'amour. C'est un baume cataplasmique universel. L'égrégore a le ton et la couleur des pensées des hommes. Il n'est pas « sexué » en bien ou en mal, il est la divine matrice intérieure, la partie noble de la conscience au plus haut degré. Il permet d'unifier les groupes de personnes cherchant à intégrer la source en eux comme un puits de lumière inonde l'âme. Il est un moyen de mise en forme de la puissance de la vie et de son évolution.

Voilà pourquoi, mis au service des plus démunis, des plus défavorisés, l'acte d'observation, de recentrage en soi pour les autres devient une solution avérée et primale. Les moyens d'éradication de la souffrance de l'être sont divers et variés, complémentaires et associés. Imaginez-vous chaque matin au lever du jour avoir une pensée puissante reliée à l'égrégore de l'amour universel et envoyez-la à ces enfants abusés. Si chaque être humain osait faire cela une minute par jour, nous créerions un monde lavé des noirceurs des âmes sans scrupule. Ces âmes démoniaques ont leurs égrégores négatifs qui peuvent être détournés par notre seule volonté d'union à la lumière céleste. Les enfants ont une conscience encore pure et proche de Métaconscience. Leur authenticité les rapproche de leur nature encore bien présente en eux. Leur conscience n'a pas encore été totalement effacée par la nature dont ils sont issus depuis bien moins longtemps que nous. Ils ont encore un pied dans les terres Métaconscientes, dans les flux de ces égrégores de lumières qui rendent l'amour à la réponse des maux.

Vous saisissez l'importance première d'utiliser cet outil formidable qu'est votre cerveau, votre conscience. Au-delà de tous les faits possibles et opposables concrètement à l'exploitation des enfants (qui ne seront jamais assez suffisants !!!), ce que je propose, en concentrant une pensée d'amour tous les jours pour ces petites personnes, ne vous coûte rien : au contraire, c'est un acte d'amour pour vous-même grâce à l'effet résonance. Tout cela revient en retour, donc c'est un acte de don de soi vers l'autre pour soi-même.

Il existe encore d'autres moyens de ne pas alimenter ces climats esclavagistes. Vérifiez la provenance de vos habits, de vos chaussures. Renseignez-vous afin de savoir si ce qu'il y a dans votre chariot a pu faire l'objet du travail des enfants. Encore une fois, ne pensez pas que tout ceci soit inutile. L'intérêt en Métaconscience, si petit soit-il, peut avoir une répercussion importante dans le monde entier. Vous saisissez aujourd'hui l'impact phénoménal des pensées dans le monde, la force gigantesque qu'il nous est possible de transmettre de façon consciente ou non à ceux qui nous entourent. Les marchants d'enfants ont une conscience qui n'est même pas animale : elle est pré-humaine, tout simplement. Je distingue volontairement la conscience animale de celle de l'homme, car elle ne peut être comparée. Ce type d'hommes disposent d'une raison qu'ils opacifient volontairement, n'étant eux-mêmes égaux qu'à la projection qu'ils font sur ces enfants : ils sont des objets simples animés de peu de raison. Parfois la tentation est grande de laisser la colère nous envahir, mais réfléchissez bien avant de penser quoi que ce soit. Quelle attitude sera la plus juste lorsqu'on connaît l'impact que cela pourrait avoir ?

Je terminerai ce chapitre sur une note optimiste. Un des traités dans cette troisième partie reprend la notion de karma en démystifiant toute cette glu négative qu'il nous faudrait porter pendant tant de vies. Notre conscience humaine ne peut saisir l'ampleur de la dimension karmique, car elle est cause et effet à la fois. Ce qui va sembler injuste à un moment donné trouve une réponse justifiée par la suite. L'enfant abusé aujourd'hui est peut-être l'abuseur d'autrefois qui épure son être, ou une âme qui a choisi d'endurer pour les autres d'atroces souffrances. La vérité nous échappe, mais pas la réalité. Nous vivons ici et maintenant avec la conscience que les abus d'enfants existent aux quatre coins de la planète. Donnons-leur ainsi la chance de poursuivre nos combats de quelque façon que ce soit. En ce qui nous concerne, en Métaconscience, maintenant vous savez que vous aussi vous pouvez faire quelque chose par le simple acte de penser… Et qui sait, ainsi de panser !

La codépendance affective

Nous voici à nouveau en présence d'un néologisme qui vit le jour aux États-Unis dans le Minnesota vers la fin des années soixante-dix, au travers de recherches brillamment orchestrées par la psychologue Sondra Smalley, spécialiste des phénomènes de dépendance chimique (alcool, drogues...). Le contexte particulier de ses études accoucha d'un terme à consonance médicale, la codépendance. Un mot qui allait enfin circonscrire nos maux de l'âme.

Aujourd'hui, repris généreusement par une myriade de spécialistes en sciences humaines, la codépendance a acquis ses lettres de noblesse, demeurant la panacée d'un public selon moi trop restreint.

J'ai choisi d'aborder ce thème en connaissance de cause, car il s'inscrit idéalement au sein même de notre notion de Métaconscience, au cœur même de la souffrance. Il sera d'ailleurs développé davantage dans un prochain ouvrage intitulé : *L'union sacrée.*

Qu'est-ce que la codépendance ?

Si l'on dissèque ce terme, on obtient deux mouvements de pensées distincts. L'un s'appuie sur l'idée de la communion, de la réunion du couple et l'autre s'astreint à un concept plus corrosif, celui de la soumission, de la servitude, de l'assujettissement de la personne.

Ma définition de la codépendance affective est la suivante :
sentiment répressif répété ou perçu par un individu comme tel qui refoule son ressenti (tout comme l'expression de ses sentiments) au profit d'une fusion relationnelle substitut et artificielle.

Je vois déjà les yeux exorbités de certains, cherchant le rapport de cette définition avec le mot décrypté. Afin de mieux comprendre l'identité de la codépendance, nous devons faire un petit détour historique au travers de l'évolution de l'homme au cours de sa vie.

L'ovule (la partie féminine) s'accouple avec le spermatozoïde (la partie masculine) avec le projet de féconder un œuf, puis un fœtus humain. Le commencement de la vie est une fusion du yin (féminin) et du yang (masculin), tout comme la genèse (le ciel avec la terre) [20]. Je ne souhaite pas entrer dans des explications plus complexes liées à la psychanalyse et m'excuse à l'avance de la simplification de mes propos. L'unité est donc le produit d'une dualité homme/femme qui va se tirailler de l'enfance jusqu'à l'état adulte. On associe volontiers l'aspect émotionnel au yin et rationnel au yang. L'intuition, la sensibilité, les sentiments délicats sont des attributs de femmes ; alors que l'action, le rationalisme et la raison sont des principes alloués aux hommes.

À tort ou à raison, là n'est pas la question, car ce qui importe ici ; c'est la réunion de ces composantes en un seul être qui, dès sa venue sur terre, connaît déjà largement au moins une partie de son identité grâce au ventre qui l'a porté et surtout au suivi des deux premières années associées au yin de la maman. C'est le premier monde qui nous accueille et la recherche du yang, son binaire, est censée s'opérer grâce au père ou tout autre substitut identique. L'absence de ce dernier peut expliquer la difficulté de l'enfant à s'attribuer la texture yang.

C'est la recherche continue de sa double identité qui va traduire de façon inconsciente ses futurs comportements. En cas de manque, une frustration naîtra sous la forme d'une possible déviance du type : féminité dominante, peur de l'action ou au contraire provocation violente, recherche de confrontation permanente avec l'autorité, etc.

Ce qui nous intéresse ici, c'est l'évolution de ce processus de recherche au cours du temps et l'amplification de cette résonance véritable « raisonnance intérieure », frustrée ou comblée.

C'est à ce titre le schéma identique à l'essence même de la Métaconscience, une structure de vie en mouvement, des sentiments, des vécus en évolution constante qui retranscrivent à la façon holographique une situation de base qui affecte un nombre exponentiel de situations identiques ailleurs.

---

[20] Ces éléments sont repris dans mon prochain ouvrage : *L'union sacrée.*

Notre pensée crée notre devenir, notre présent et son interaction avec d'autres construit une démarche orchestrée par notre seule volonté.

Cette interdépendance Métaconsciente va jouer un rôle et une fonction extraordinairement puissants sur ce comportement de codépendance affective. Si vous êtes né de père inconnu, surprotégé par vos mère, grands-mères et tantes, il est possible que votre côté yang en forte régression émette des signaux et des vibrations inconscientes en regard de votre investigation amoureuse.

L'attention de votre conscience, de cette Métaconscience, vous donne satisfaction en la personne d'une femme (ou d'un homme) « très yang » afin de contrebalancer ces manques.

Prenons l'exemple de Manuel.

Ce jeune homme de 32 ans vit chez sa mère. Son père, décédé alors qu'il n'était qu'un bambin, lui a manqué. Fils unique, tous les espoirs de sa mère d'origine étrangère étaient fondés sur Manuel qui réussit une carrière de fonctionnaire d'État. Un garçon « tout comme il faut » dit-on de lui, qui cependant reste désespérément célibataire, se noyant à corps perdu dans le travail et dans le sport.

Dès qu'il fait une rencontre, sa gentillesse naturelle, associée à sa volonté de préserver sa mère, fait fuir ses conquêtes qui elles, sont par contre souvent très actives et décidées. Un manque de yang chez Manuel est évident, alors qu'au contraire, il a développé sa partie féminine, sensible, très appréciée des femmes, mais qui ne leur suffit cependant pas. Enfant, il ne s'est pas opposé à un modèle unique qu'il a pris en référence sans jamais le faire évoluer, sans jamais affirmer sa personnalité.

L'impact holographique est clair en la personne de dame amplification, par le biais d'un malaise qui a grandi avec l'âge. L'entropie croissante déstabilise une vie qui ne souhaite qu'à s'épanouir, prisonnière d'un vécu qui englue une prise de conscience sous contrôle affectif maternel. Combien d'échecs seront nécessaires avant la révélation de son autonomie de penser, d'être ?

Édith aime à butiner les fleurs de l'amour et goûter aux parfums enchanteurs des contes de fées. Le temps d'une saison, lorsque se fanent ses belles plantes, elle fait le deuil de ses aventures. Une beauté éphémère qui la détruit. À chaque nouvelle rencontre, « c'est le bon », et puis une semaine plus tard, le bellâtre se transforme en bel affreux ! Sa situation professionnelle stable lui convient, mais pas ses histoires de cœur. Ayant vécu une enfance ballottée entre un père alcoolique divorcé d'une mère hypocondriaque et névrosée, elle oscille entre la brute et le truand, le docile et le frustré, le médecin et le malade.

Bref, ses histoires se résument à des hommes vivant des situations extrêmes, proches de celles de son passé, en recherche permanente de repères. Elle vit une forte codépendance, revivant son passé par le biais de stéréotypes calqués sur papa et maman.

Elle continue à se demander pourquoi elle papillonne autant. Il n'est pas question de rejeter la responsabilité sur ses parents. Sa prise de conscience ne peut s'effectuer que par sa propre volonté et si ce sont ces situations de vies qui l'ont conduite ici, c'est qu'il doit lui être possible d'inverser le processus. Les outils sont en elle, à elle de les trouver.

Marie est une jeune femme dynamique, bourrée d'énergie, qui vécut une grande souffrance affective avec son père manquant et sa mère incapable de lui tendre la main en raison du choix porté sur un nouveau conjoint. Lorsqu'elle rencontre José, elle l'idolâtre aux yeux de tous, ayant trouvé l'écho à son grand besoin d'amour et d'attention. Plus rien ne compte que José sur lequel elle centre toute sa vie et son univers, si bien que lorsque celui-ci souhaite partir, tout s'effondre en elle, elle n'existe plus.

Marie a fusionné toutes ses attentes affectives jusqu'à les personnifier en José qui, se sentant étouffé, a craqué malgré l'amour qu'il avait pour elle.

Quels sont les points communs, ainsi que les mécanismes qui régissent les modes de fonctionnement des « psychoaffectifs dépendants » que nous venons de voir ? Où se situe le point de rupture nécessaire à cette torture imposée par notre vécu ?

De l'enfant vers l'adulte : l'hologramme en Métaconscience

Afin de clarifier au mieux la notion d'hologramme Métaconscient, revenons un instant sur sa définition. Un hologramme est un procédé technique utilisant la photo permettant de voir une image en trois dimensions, à condition que vous la placiez sous une lumière, par exemple un faisceau laser.

La particularité de l'hologramme est que, si vous découpez un morceau de l'image et que vous l'exposez à nouveau sous le faisceau, l'image réapparaît entièrement. Comme si une seule partie du puzzle contenait toutes les informations de l'ensemble qu'il suffit d'observer sous une clarté spécifique.

L'hologramme Métaconscient reprend le même schéma transposé à l'univers, à l'humanité, en partant du fait que nous sommes un petit morceau d'une autre dimension, plus éclairée, dans un autre espace-temps.

Notre hologramme est une petite partie de conscience, une bribe d'une « méga-conscience » extraordinaire qui englobe toutes les consciences et l'univers, toutes les pensées et informations contenues forcément en nous !

Notre conscience contient un filtre brouillé, une distorsion de réalité qui abuse la réalité en nous faisant croire que la matière existe réellement. La matière nous éloigne parfois de la puissance originelle de notre ressenti, face à une apparente matérialité des choses (preuve existentielle paraît-il).

Alors, lorsque je souhaite démontrer l'existence d'un hologramme Métaconscient, qu'est-ce que je sous-entends ? Quel lien y a-t-il avec le développement et la croissance de l'être humain ?

Un lien somme toute aussi intrinsèque à notre nature humaine qu'à l'essence même de la nature ! J'entends par-là la tentative d'osmose entre rôles et fonctions.

Déjà évoqués antérieurement, ces deux principes construisent insidieusement notre parcours d'évolution psychique, psychologique, émotionnel, rationnel ; bref, notre conscience intérieure et extérieure, au point de matérialiser par des actions/réactions nos comportements de futurs codépendants.

Quel rapport avec l'enfant et l'adulte ? Voyez plutôt !

Lors de notre venue en ce bas monde, le bambin que nous sommes va en premier lieu définir ses limites grâce à ses fonctions vitales qui le conditionnent et lui imposent une prise de conscience de ses besoins élémentaires. Un gargouillement intempestif au creux de l'estomac provoquera un braillement explicite, plébiscitant le biberon salvateur. La fonction nutrition remplit sa tâche, et ce n'est que plus tard que le rôle, avec une dimension plus étendue, va encadrer une multitude de fonctions essentielles au point de devenir un vrai coordinateur, appelons cela notre personnalité.

Le rôle de l'enfant se construit, confortant ses fonctions à grands coups de désirs, de subtiles déviations des besoins.

Plus l'enfant comprend l'impact que peut contenir son rôle, plus celui-ci pourra s'épanouir. Prenons un exemple concret.

Un enfant de six ans connaissant sa place au sein de sa famille, l'intérêt qu'il suscite et l'impact qu'il a, compte tenu de ses actions envers ses parents, va réduire son attention sur des fonctions telles que l'alimentation au profit de son rôle d'enfant.

Si ses parents s'occupent convenablement de lui, ses fonctions élémentaires sont des propriétés, des mécanismes, un enchaînement qui le libère afin d'exercer son petit pouvoir qui construit sa personnalité, son caractère, son esprit créatif.

En grandissant, la recherche de repères s'accroît en suivant toujours le même processus, de façon holographique, donnant un effet loupe au passé qui s'actualise.

C'est pour cette raison que le mode de perception de l'information dans l'enfance est capital, car il s'étend en intensité avec l'âge. Notre petit homme de six ans a de fortes chances, s'il continue sur cette voie avec le concours précieux de ses parents, de devenir un adulte qui cernera correctement son rôle, ses fonctions d'adulte.

Si une entente ou une certaine osmose existe entre ces deux tendances dans l'enfance, elle se poursuit dans l'état adulte.

Précisons ce qu'est le rôle de l'enfant :

Il est de comprendre et de reconnaître les contours de sa personne au travers des retours qu'on lui renvoie. Les fonctions « jeu », « sommeil », « alimentation » aident ce rôle à s'établir si elles sont bien remplies.

Et qui aide à ce rôle ? Un autre rôle, celui de parent qui remplit les fonctions d'adulte. Un regard Kafkaïen où le rôle « parent » encadre le rôle « enfant » qui aura établi ses limites fonctionnelles afin de les faire évoluer en fonctions officielles dites adultes ou missions adultes. Cette fonction adulte s'exerce pleinement si le rôle de parent (extension du rôle d'enfant) est épanoui.

Un véritable imbroglio à la manière poupées russes qui déstabilise et qui mérite que l'on s'y attarde par le biais d'exemples concrets.

Nous sommes de plain-pied dans la codépendance. À partir du moment où coexistent deux notions susceptibles de s'alimenter l'une et l'autre, la codépendance fait son apparition.

Voyons, à partir du petit schéma ci-après, le résumé de notre démonstration :

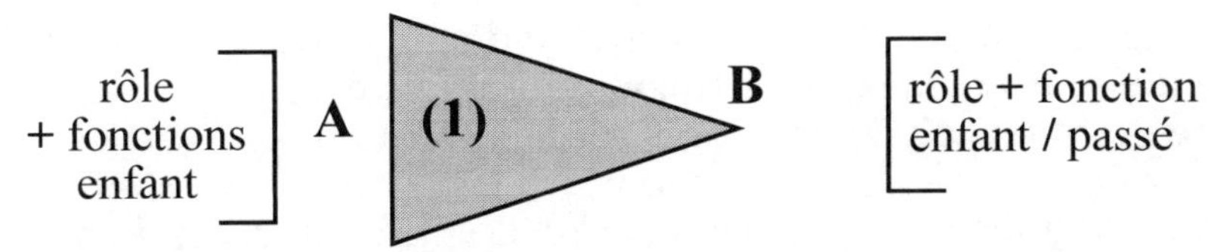

(1) Champ amplifié et potentiel de la tenue des rôles et fonctions

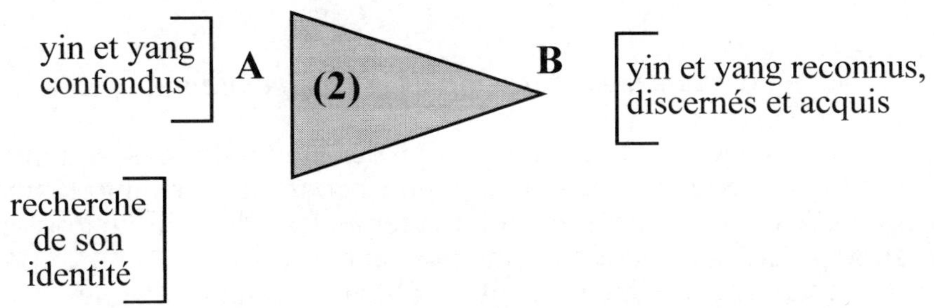

(2) Acquisition des connaissances et création de limites

La pyramide (2) couchée n'est autre qu'une représentation de celle de la Métaconscience déjà exploitée auparavant. Nous pouvons la reprendre de façon identique, appliquée à notre démonstration. Vous verrez par la suite que c'est applicable à tous les schémas de vies et situations existantes.

Que se passe-t-il entre A et B ?

Une série d'épreuves, d'échelons à gravir qui, de façon holographique, vont amplifier nos comportements d'adultes. Ce qui est intéressant, c'est l'inversion de la pyramide. La naissance étant au sommet et l'évolution du temps à l'élargissement de la base. Voici un exemple typique de la dimension binaire holographique, le haut devient le bas et vice versa. Et pourtant tout se tient. Allez, faites un petit effort d'imagination créatrice !

L'évolution holographique est une chose irréfutable, et l'augmentation de la somme considérable d'informations accumulées est un filtre supplémentaire à notre conscience.

Si aucun équilibre n'existe au départ, il peut néanmoins s'établir avec l'âge. Si les carences sont lourdes étant jeune et non résolues avec le temps, le chaos intérieur est croissant et la maturité de l'être ne correspondra pas à la coquille d'adulte. Les rôles que nous attribuons aux adultes, étant enfants, auront un écho au sein de notre future personnalité, de nos futurs rôles et fonctions.

Alors comment peut-on parvenir à décrypter « les codes d'entrée » vers une codépendance mesurée ? Existe-t-il des mécanismes réactionnels contrôlables, reconnaissables, libérateurs ? C'est ce que je vous propose de découvrir…

Mécanismes réactionnels et codépendance

Nous venons de le voir, l'interaction des modes de pensées génère à court ou long terme une réaction qui se confond en comportement défini. C'est donc notre conception interne des rôles et fonctions qui régit le processus réactionnel adéquat ou non.

Le codépendant, inconscient la plupart du temps de son état, cultive un art délicat et puissant à l'égard de l'objet qu'il aura désigné comme « support » arrêté. En l'occurrence comme il s'agit de codépendance affective, le premier objet choisi prendra souvent l'apparence d'un être cher qui va bientôt n'avoir plus de prix.

À la base de ce « déconvenu » amoureux se situent presque toujours les mêmes symptômes :

Manque de confiance en soi
Le sentiment de culpabilité
Le besoin de reconnaissance
La peur, l'angoisse, la honte
Une mauvaise image de soi
Un sentiment de rejet, d'abandon…

On peut tenter une judicieuse comparaison entre ces symptômes assimilés à une fonction, une caractéristique, une propriété. Cette fonction, elle encore, davantage empreinte à la notion de fonctionnalité, de qualité propre à la personne, en agrémente le paraître, lui signifiant donc par la suite un rôle.

Et voilà, le tour est joué, le mécanisme peut s'enclencher.

Le syndrome de la codépendance frappe à la porte, qui s'ouvre sans grande difficulté aux moyens nécessaires et diaboliques qui vont s'orchestrer :

La déprime, la dépression
La maladie, la jalousie
L'impulsivité charnelle et passionnelle
L'instabilité amoureuse
Le chantage affectif
La fuite en avant
L'obsession

Cette liste est bien évidemment non exhaustive, mais recadre succinctement les moyens mis à la disposition des rôles que l'on peut jouer afin d'atteindre l'objet du désir : le rôle du malade, du dépressif, du maître chanteur, de l'obsédé.

Il est facile à présent de comprendre le type de mécanisme qui impulse cette formidable dynamique Métaconsciente.

Dès qu'une personne perçoit un sentiment qu'elle assimile comme négatif, dévalorisant son image, elle la refoule au lieu de l'exprimer et cherche désespérément la réponse à l'extérieur d'elle-même en opérant une sorte de transfert de ce non-dit.

L'objet de cette projection revêt une apparence sacrée et vitale, véritable mission de recherche de la part de ce codépendant, annihilant comme par enchantement une donnée fondamentale à sa propre existence : son libre arbitre.

Une fois de plus, la peur d'introspection, la peur de la souffrance est bien plus lourde que la souffrance elle-même ! On préfère s'en remettre à l'extérieur, en pariant sur un sauveur potentiel que l'on aura désigné, repéré et façonné grâce à notre ego négatif qui est bien malin.

Au départ, ces manques ne sont rien d'autres que la construction en édifices de nos manques, de nos regards introspectifs inexistants, ainsi que d'une foi bafouée. Ce vide de personnalité, cette pénurie en authenticité de soi, vibre et par la pensée lance des appels incontrôlés tous azimuts à la recherche de « la possible réponse ». Une résonance irraisonnée, d'ondes négatives qui guettent un substitut positif, sous la forme d'un compagnon par exemple.

La quête entropique bat son plein et la démarche rédemptrice s'avère bien vite être un chemin de croix qui mène droit au purgatoire !

Ne soyons pas trop pessimistes, car quoi qu'il en soit, le simple fait de vivre dans un monde holographique Métaconscient inclut les vraies réponses en nous, ainsi que ce formidable processus d'évolution, de leçons de vies, de confrontations et surtout de prises de conscience propres à chaque individu.

Visitons quelques modes de fonctionnements psychologiques qui traduisent un portrait virtuel de codépendant.

Généralement cette personne ne s'arrête pas sur elle, ne prend pas le temps de faire « la pause ». La notion de temps reste toujours bien présente et active son pouvoir de destruction. Du coup, l'image de soi n'existe pas réellement et demeure floue, déviée.

L'entropie, pessimisme excessif, est une donnée constante dans la vie de la personne codépendante qui, championne de l'échec et du malheur, s'arrange souvent pour perpétrer ces derniers et s'autopunir en reproduisant ces schémas négatifs. Il y a là un plaisir malsain ou une absurdité, me direz-vous, mais nombreux sont les gens qui sabotent eux-mêmes leurs existences par peur de faire mieux que leur parent, leur ami, leur mari.

Me croyant parfaitement idiot et piètre littéraire (encore moins un possible écrivain !), j'ai longtemps poursuivi cette voie du médiocre, car on m'avait assigné cette fonction par le passé qui devint le triste rôle que je jouais brillamment ! La prise de conscience résolut en partie cette fausse idée d'incompétence qui ne m'appartenait pas.

Le codépendant se nie lui-même afin de mieux servir l'autre, les autres, pour lesquels il doit exister. Il organise la vie des autres et fait sa vie à travers celle des autres. Son travail est orienté radicalement vers l'apparence.

Le rôle et la fonction au détriment de l'être :

« Lorsque le paraître soudoie l'être. »

L'élaboration d'un plan de vie passe avant tout par le regard de l'autre qui renverra une image réconfortante ou qui répond aux attentes du co dépendant. C'est tout à fait égocentrique. Cette sensation fourbe est censée remplacer le regard introspectif sincère et honnête, tout comme la prise en charge de la personne. Le substitut est là, et c'est lui qui pérennise ce malaise intérieur.

La recherche orientée vers l'extérieur n'est pas une mauvaise solution, à condition qu'elle soit équilibrée.

Attirer l'attention signifie souvent qu'un manque signale sa présence par la réaction ou l'action de l'individu. Les fuites conscientes et inconscientes trahissent une difficulté de prise en charge de soi. Que ce soit la nourriture, l'alcool, la drogue, l'orgie de sexe, le tabac, etc., « ces petites déviances sont là où nous ne sommes pas ! »

Alors comment sortir de cet enfer de dépendances sans frustrations ?

Ébauche de réponses Métaconscientes

La première proposition explicite que je vous soumettrai sera de se pencher à nouveau sur le credo de la Métaconscience, qui, par sa nature même, introduit toute la dimension de l'être, son comportement, son harmonie intérieure sans jeter en premier lieu des ponts vers l'extérieur avant d'avoir consolidé le dedans.

Ce premier travail consiste à recentrer la personne, de telle sorte que la prise de conscience de ses potentiels soit effective.

Mais il me semble nécessaire de passer en revue quelques points de ce credo afin de les éclairer à la lumière de la codépendance.

> *Obtenir une faculté de détachement sans souffrir implique la volonté de cesser de souffrir.*
> *Je veux et je peux sortir de cette codépendance.*

Il ne s'agit pas de se convaincre ! Encore une fois, c'est la volonté et le fait de ressentir cela comme un besoin vital, essentiel au bon déroulement de l'évolution de l'être, qui établit la connexion avec le mécanisme de rupture de cet attachement douloureux. Vouloir ne plus souffrir n'est pas une souffrance, c'est une libération tout à fait possible et même fort sollicitée de nos jours.

Alors vous le voulez ? Vous le pouvez ! Le poids de votre souffrance est sûrement plus lourd que le seul effort à mobiliser pour le faire disparaître, croyez-moi !

Je suis ce que je ressens et non ce que l'on voudrait que je ressente !

Un peu de respect pour vous-même ! Si pour une fois vous essayiez d'avoir un peu d'estime pour vous avant d'en avoir pour les autres. Ce que vous croyez discerner chez l'autre et que vous enviez n'est qu'une projection de ce qui vous habite, de ce que vous voulez devenir et que l'autre vous renvoie.

Le libre arbitre reste la plus subtile force que Dieu nous ait donnée, afin d'en jouir à notre convenance. Alors pourquoi le confier à quelqu'un d'autre ? Vous êtes-vous au moins une fois posé la question des choix que vous pourriez faire, seul en toute quiétude ? Qu'est-ce qui vous en empêche ? Si vous persistez à vous fondre en l'autre, vous risquez de vous y perdre ! Ce choix est possible. Ne souhaiteriez-vous pas vivre réellement une relation saine, partagée pleinement dans un amour comblé et clarifié ? Le cas contraire m'étonnerait et là je ne puis rien faire de plus pour vous afin de modifier votre comportement de victime consentante.

On ne peut perdre ce que l'on n'a pas, tout comme la chose vers laquelle on court désespérément sans jamais l'atteindre...

La peur et l'angoisse de perdre l'autre nous amènent souvent à le perdre vraiment. Et pourquoi ?.. Cette peur est une illusion qui est le produit de notre propre création mentale, traduction du manque de confiance en nous.

L'amour est vaste et étendu, ce qui suppose que l'on puisse se perdre à ses extrêmes. Cependant sa tessiture, sa densité prône l'équilibre et l'ordre intérieur. En manque d'amour, on est mal. Trop d'amour nous étouffe. L'équilibre en amour est la voie de l'harmonie et du dépassement de soi.

L'amour vrai et authentique calme et apaise dans le respect de soi et d'autrui. Rien ni personne n'appartient à qui que ce soit. Tout n'est qu'illusion. L'amour, lui, le vrai, existe au centre du tout, en toute mesure. Il est le tout, donc, telle la Métaconscience, il est présent partout. Il n'est pas nécessaire de vouloir l'emprisonner. L'amour, c'est aussi pouvoir se priver de la prise de conscience en y accédant naturellement, comme par intuition.

La passion unique est privée d'amour. Elle n'est que la projection, la fusion d'un manque identique en réponse à des appels désespérés qui trouvent écho dans le miroir de l'autre, similaire à nous. Cela devient souvent une souffrance mesquine qui se déguise sous les traits de l'amour.

L'amour/passion est aussi une fusion, une révélation de la vraie nature de l'amour et de ses attributs authentiques avec une force exponentielle qui propose un voyage, une amplitude plus ou moins certaine.

L'amour seul est plus sage, plus fort, plus universel, plus puissant. Il tutoie Métaconscience, c'est le chemin avancé de l'amour de l'être qui entre dans le tout et qui se sent le devenir.

Le recul et la pause révèlent à nos yeux l'opacité du filtre de nos consciences trop pressées.

Il faut donner du temps au temps et préserver la chance d'accéder à cette libération. Qu'est-ce que le temps, si ce n'est la vieille bâtisse de nos expériences passées que l'on projette en l'avenir pour une meilleure rénovation ? Le présent est bien plus essentiel et primordial pour parvenir à maîtriser le temps, fuyant, lourd ou arrêté. Cet assemblage curieux, cette succession de moments qui naissent et qui meurent quand vit la conscience de l'observateur.

Ne jugez pas du temps qu'il va falloir pour ceci ou cela. Arrêtez le temps, au moment où vous le souhaitez, à l'instant que vous jugez présent.

Dans l'ici et maintenant, laissez s'exprimer les cris, les pleurs, les douleurs, le vacarme ou la chape de silence qu'impose le présent. Cette pause vous contraint à bannir le passé, cet ego de malheur, et à penser (et panser) en autonomie.

Au lieu d'affronter les autres, de les subir, de les tirer, si vous commenciez à faire le vide en vous et à lier connaissance avec votre vrai « moi » ?

Admettre ses peurs, ses angoisses, c'est communiquer avec soi d'abord, puis avec les autres ensuite.

Accepter de se dire que l'on a décelé une difficulté chez soi n'est pas une faiblesse, mais une force ! Poser le problème (pas forcément aux yeux de tous) en tentant d'y répondre amorce la communication authentique de soi, puis envers le monde extérieur.

Se parler, parler, s'exprimer, efface radicalement la racine du mal, le mensonge intérieur. Transposez cette démarche de façon identique à la vie de tous les jours et vous transcenderez peurs et non-dits.

Apprendre à dire non, c'est s'ouvrir à l'affirmative, c'est transmettre le son pour qu'apparaisse l'image.

Le paraître du « oui » constant laisse souvent supposer un non interne bâillonné, prisonnier. La fuite de « oui » codépendant trahit la frustration d'oser dire non.

Oser dire non avec le cœur, c'est pouvoir dire oui sincèrement par la suite. C'est simple, puissant et efficace… essayez !

Votre responsabilité ne fait aucun doute, votre culpabilité… si !

Culpabilité et jugement sont deux faux frères qui sévissent depuis des lustres dans les recoins poussiéreux de nos bonnes âmes et consciences. Même si cela fit l'affaire de quelques arrivistes religieux, politiques ou autres, cette combinaison archaïque ne prend plus, ou du moins je l'espère.

Le jugement est extérieur à la personne, donc dangereux, ouvert au pouvoir, à l'intérêt, à l'envie, etc. La culpabilité est issue de lui, et souvent également externe à l'individu.

Par contre, vous êtes responsable des actions que vous mettez en place. Vous poursuivez dans l'erreur, c'est votre droit et vous prenez vos responsabilités par ce fait.

Si vous vous sentez coupable, est-ce que c'est votre jugement seul et unique ou bien un « clone » de votre entourage qui fait des petits en vous ? Se prendre en main semble difficile, alors que supporter d'être sous le joug de quelqu'un est bien plus pénible ! À partir d'aujourd'hui, vous savez que vous êtes responsable, alors… Continuez-vous ? Arrêtez-vous ? Revenez-vous en arrière ?

Seules vos actions jugeront de vos futurs degrés de responsabilité, mais seulement vos actions et pas celles des autres. Le jugement d'autrui n'existe pas, leurs observations tout au plus ! Déterminez votre espace responsabilité et culpabilité sans crouler sous l'influence de l'autre. Vous êtes un être unique et détenteur de la vérité en vous, comme tout le monde. Trouvez votre chemin, faites-vous confiance.

Rompre n'est pas synonyme de fin, mais de nouvelle naissance.

La rupture, ce mot brut et rugueux, arrache de nombreux cris, peurs, pleurs et angoisses. A priori, elle n'invite pas à l'enthousiasme, et c'est pourtant une étape indispensable à la croissance intérieure. Cassures et fractures viennent prolonger cette sensation malsaine, empâtée, traînant bruyamment son chapelet de douleurs et de maux assassins.

C'est dans le respect de la reconnaissance de ses responsabilités, dans un temps choisi et défini par soi, que rompre avec la codépendance devient possible. C'est indispensable à notre évolution intérieure. Un arbre qui perd ses feuilles en hiver ne signifie pas la mort de l'arbre ! Une saison nouvelle voit naître de nouveaux bourgeons.

Cela suit un cycle respecté dans le temps tout comme vous. Rompre, c'est commencer par une cigarette en moins, un regard de chien battu vite oublié, une plainte non écoutée, un coup de téléphone soi-disant vital à reporter.

Évitez la facilité, l'esprit pragmatique, le vite fait.

Être trop pragmatique tue le regard que vous pourriez « pauser » en vous. Cela n'est pas condamnable, mais juste complice de la paresse introspective qui vous semble si inutile sur l'instant. Un délai rejeté qui ne joue pas à long terme en votre faveur. Veillez à ne pas grossir l'épaisseur du filtre de votre conscience.

Connaître ses besoins et désirs marque le vrai sens de la réalité.

Besoins et désirs s'accouplent sans pudeur avec la codépendance et ce, avec votre bénédiction. Reprenez la pyramide des besoins et posez clairement vos besoins ressentis et vos désirs attendus. Attention, ne vous mentez pas !

Réflexions :

La codépendance affective n'est pas une maladie. Elle est une nécessité de base à l'évolution de la vie, à la croissance intérieure. Lorsqu'on en souffre, l'appel vient de l'intérieur, comme une alarme interne qui signale autant que se peut un manque impressionnant de foi en soi.

Le fragile équilibre de la dimension amoureuse se rompt alors et seule la victime de cet état possède les clés qui peuvent la libérer.
L'aide extérieure existe, mais ne constitue qu'un apport de connaissance à la révélation intime.

Tout est possible à partir du moment où je le décide en mon for intérieur, par moi-même, en utilisant mes cinq sens d'observation qui m'ont été donnés à ma naissance ici-bas.

Le pouvoir des sectes : où est l'illusion ?

En France de nos jours, il existe un mot de cinq lettres qui fascine la population : le mot **secte**.

Notre vieux continent a la dent dure sur un sujet qui a même fait l'objet d'une loi et d'un décret visant à contrôler tout mouvement ou rassemblement de personnes susceptibles d'entretenir un culte pseudo-spirituel à des fins malhonnêtes. Ce n'est pas si mal comme idée, mais il vaut mieux savoir de quoi l'on parle. À vrai dire, la liberté de penser existe bien chez nous, mais c'est l'expression qui pêche…

Ayant moi-même fait l'objet d'attaques dans ce sens, je trouve naturel de faire un peu le ménage dans les délires savamment orchestrés par la douce folie sectaire qui s'est emparée de nos concitoyens. Mon expérience dans le domaine n'est pas nouvelle, car adolescent déjà, je fus confronté à ce phénomène au sein de la classe du lycée que je fréquentais. Si je vous parle de Raël et de ses soucoupes volantes, cela doit certainement trouver écho en vous ! Mais si voyons ! Après avoir été un gentil gourou (tout de même largement obsédé par le sexe…), c'est lui qui aujourd'hui tente à tout prix de cloner l'être humain afin de servir ses délires inscrits au cœur de ses livres ! Quoi de plus normal en somme ? La France lui est devenue si insupportable qu'il a trouvé asile au Canada, tout comme d'autres mouvements d'ailleurs. Ses premières histoires d'enlèvement par des extraterrestres relatées dans ses livres sont de vrais romans de science-fiction ; voilà bien la preuve que ce ne sont heureusement… ou malheureusement pour lui, que des livres de science-fiction au mieux, un délire psychique au pire. Ils sont pourtant « gentils », tous ces Raëliens ! On fait l'amour avec qui l'on veut, quand on veut, même les enfants peuvent participer ! Ben quoi ? Ça vous choque ?

Quand ces adeptes ont essayé de m'enrôler, j'étais tout juste adolescent, et ça me démangeait un petit peu, si vous voyez ce que je veux dire… C'était peut-être pour moi l'occasion de faire enfin la découverte des joies du sexe.

Le discours incohérent du gourou (missionné par les extraterrestres afin de construire une base sur Terre) - qui prêchait à l'époque les cheveux longs pour capter les messages de ses frères dans la galaxie - a aujourd'hui une toute autre allure... Allez savoir pourquoi ! Ah ces extraterrestres, toujours difficile de percer leurs comportements changeants !

Je prendrais encore un autre exemple tout à fait récent pour mon épouse et moi-même, puis nous observerons ensemble quels mécanismes talentueux ces personnages hors normes mettent en place afin de satisfaire non pas le bien de la population et de l'humanité, mais juste le déficit de leur confiance en eux et de leur compte en banque, bien entendu !

Alors que je me trouvais au côté d'un collègue, auteur tout comme moi, lors d'un salon organisé par un grand nom du livre et du disque, j'ai spontanément sympathisé avec Jean-Claude et Suzanne sa femme (nous les appellerons ainsi). Ce couple nous confia bien plus tard avoir fait partie pendant plus de vingt ans d'un ashram situé dans le sud de la France. Le gourou, décédé aujourd'hui, continuerait de poursuivre sa mission en incorporant un corps d'adepte de temps en temps afin de délivrer ses messages messianiques. Si je m'arrête sur ce couple qui en a pourtant bavé après avoir été reconnu par tous comme anciens adeptes, c'est qu'ils sont réellement et sincèrement adorables, généreux, serviables et j'en passe... Après avoir, une fois de plus, pris le soin d'expliquer à Jean-Claude que son esprit évangélique n'était absolument pas notre tasse de thé, il ne nous a plus jamais donné de nouvelles. Que s'est-il passé ? Pourquoi un homme au statut social très enviable, qui brandissait haut et fort cette amitié comme un serment indestructible, a-t-il « pété » les plombs du jour au lendemain ?

Nous n'avons jamais porté de jugement à leur égard et nous croyons sincèrement au respect mutuel de nos convictions. Seulement voilà, le profil type de ces adeptes qui se « défoncent » à 3000 % pour leurs gourous (et leurs comptes en banque) repose sur un ego d'enfant meurtri qui a besoin de reconnaissance : de re-co-naissance. Ils ont besoin de renaître grâce à quelqu'un qu'ils admirent et qui va leur renvoyer cette image si agréable pour eux-mêmes. Et oui !

Si vous saviez le nombre de fois où Jean-Claude voulait que je lui dise qu'il était un gars génial, un écrivain magnifique, un homme érudit extrêmement spirituel, un futur homme célèbre qui allait être reconnu, etc. Quel ego ! Pauvre Jean-Claude… Ma faculté de voyance le fascinait et qu'est-ce qu'il aurait donné pour avoir une telle faculté ! Il a même commencé, vers la fin de notre relation, à se prendre pour un médium, disant qu'il sentait ceci ou cela chez untel… Pas de chance, je pense que je suis bien placé pour savoir ce que sont réellement les gens en face de moi !

Après coup, mon épouse et moi-même nous sommes rendus compte qu'ils essayaient, toujours en sous-marin, de nous imposer leurs rituels, alors qu'ils savaient pertinemment que cela ne nous convenait absolument pas. J'ai rencontré dans ma carrière d'autres adeptes de sectes et ils ont à chaque fois la même démarche : évangéliser le monde, imposer une perception de leurs réalités comme étant la réalité, au lieu de soumettre uniquement leur point de vue. Les gourous ont inventé une arme effrayante, mais sûre à 100 % : la persécution et le châtiment Divin.

Ce qui a au départ soudé cette amitié avec Jean-Claude et Suzanne fut le résultat d'une manifestation nocturne assez violente à mon encontre (phénomène « paranormal » courant pour un médium) qui m'a poussé à croire que leurs rituels pouvaient peut-être me protéger de ce genre de choses ; après tout ! Je ne suis pas contre les rituels, que l'on soit bien clair, car pour certaines personnes c'est tout à fait primordial (rappelons que ce ne sont que des canaux canalisateurs de conscience, de vibration, etc.). Seulement voilà, ils se sont engouffrés dans la brèche avec une joie sans limite en se disant inconsciemment qu'ils réussiraient bien à nous convaincre tôt ou tard. Normal, ils sont depuis toujours victimes de manifestations paranormales négatives et spectaculaires, car ils entretiennent un tel niveau de peur vibratoire, ainsi qu'un état d'esprit négatif qu'ils invitent toutes les entités noires à venir leur rendre visite aussi souvent qu'elles le veulent. Je ne porte pas de jugement, car ces gens sont, je le répète, véritablement de bonne foi. Le problème, c'est que leur naïveté sert l'ego de personnes malhonnêtes (les gourous) et leur permet ainsi de rassurer leur propre ego d'enfants blessés restés en déficit d'amour.

Comment cela fonctionne-t-il alors ? Quels sont les effets en Métaconscience de telles pratiques ? Pourquoi des personnes tout à fait correctes socialement parlant entrent dans ce type de déviances ?

Il existe bel et bien un danger pour ces personnes de devenir esclaves à vie de la volonté d'une autre conscience que la leur. Plus grave encore, ils revendiquent ce droit comme un choix conscient et utile à leur existence. Ils n'hésitent absolument pas à inclure leurs enfants dans leurs pratiques et se demandent pourquoi, une fois adultes, ceux-ci leur en font voir de toutes les couleurs.

Jean-Claude m'a dit, lors de notre dernière conversation au téléphone, qu'il avait rencontré (une fois de plus !) une personne géniale qui l'écoutait, qui faisait « tout comme il faut » les rituels. Elle parlait à la lune et au soleil qui lui disaient tant de choses depuis son enfance, etc. Enfin elle était comprise. En voilà une belle occasion pour lui de briller ! Je me suis juste permis de lui dire qu'il fallait peut-être qu'il sorte du schéma de transmission un peu « spirituello-paternaliste » (ce ne fut pas en ces termes, mais le sens était là). J'ai poursuivi en lui disant de ne pas toujours voir en l'autre qu'un être exceptionnel et là, ce fut la goutte d'eau qui pour lui fit déborder le vase : je n'avais même pas cautionné sa nouvelle conquête spirituelle, j'étais certainement jaloux qu'il regarde ailleurs que chez moi, pire encore je montrais mon profond détachement avec les pratiques qu'il affectionnait, alors que cette personne trouvait cela si génial. Je fus relégué au statut des « T'es comme les autres alors ? » et c'est en se contenant avec difficulté qu'il raccrocha de façon définitive.

Observons le mécanisme, simple en fait : un homme ou une femme en manque de confiance en soi, d'amour et de reconnaissance, cherche inévitablement un retour d'amour. Dans le cas des adeptes, leur ego est extrêmement puissant et cherche à tout prix le regard complice de ceux qui peuvent enfin leur retraduire une belle image d'eux-mêmes. Ils sont prêts à tous les sacrifices, de temps, d'argent, de soumission totale, à condition d'avoir un peu de reconnaissance. Ils sont des déficitaires de consciences vraies, cherchant avant tout les réponses à l'extérieur plutôt qu'à l'intérieur. En eux n'existe qu'un long silence profond qui les aspire vers le bas, alors que le gourou, lui, sait pour eux. Il a souvent d'ailleurs des facultés plus développées que la moyenne et s'en sert largement, mais pas dans le sens positif malheureusement. Il crée ainsi une réalité qui peut virtuellement prendre un véritable pouvoir en Métaconscience. Les adeptes sont des personnes qui se rassurent par des pratiques extérieures à la sauce ésotérique. Ensemble ils mènent le combat de la lumière, faisant figure de chevaliers des temps nouveaux sous l'autorité du grand seigneur qu'est le gourou ; que dis-je grand seigneur ! Dieu incarné évidemment. Un peu de persécution là-dessus, de rêves d'enfants débordant d'imaginaire sclérosé depuis le tout jeune âge et hop ! C'est parti pour enrôler à leur cause le monde entier.

L'un des facteurs majestueux utilisé également chez ces gens est la solitude. Ce couple dont je vous parle n'existerait certainement plus depuis bien longtemps s'ils n'avaient la secte comme unique point de rencontre. En dehors des nombreuses heures de rituels en commun, peu de choses les lie ! Le sujet constant de leur vie est la secte, un point c'est tout. C'est à croire que le gourou est même présent entre-deux dans leur lit !

En Métaconscience, chaque acte posé a des conséquences dans notre réalité. N'oublions pas que de notre observation va découler la création d'une réalité vibratoire qui s'imbrique dans la réalité des autres. Non seulement il existe un phénomène d'influence, mais les croyances et les peurs créent des climats de terreurs et de phobies très dangereuses. Par exemple ; si vous n'avez pas la médaille du gourou sur vous, vous êtes perdu, livré aux entités et démons de tous poils. Si une vingtaine de personnes pense la même chose en même temps, elles créent un égrégore négatif qui devient une énergie noire au service de ceux qui pratiquent celle-ci sans scrupule. En tant que médium et voyant, je pense avoir une bonne pratique de phénomènes dits « paranormaux » et je dis que, non seulement tout s'explique, mais qu'il faut cesser de délirer sur le capitaine Zork qui, avec sa flotte de vaisseaux invisibles, entoure la Terre afin de se battre contre les forces des ténèbres… Ce n'est pas très courant pour un médium de taper sur ce genre de propos, je le sais, mais je suis cartésien et logique cependant, malgré mes facultés.

Une des idées géniales de ces Dieux incarnés sur Terre, c'est de mettre en place une série ingénieuse de niveaux d'évolution au cœur même de leurs ordres respectifs. Après avoir déguisé les adeptes en Bozo le clown sous des costumes bariolés, on leur fait miroiter l'accession à des degrés de conscience supérieure. Si on a été un G.A (un gentil adepte) on peut espérer devenir un jour un G.G.P (gentil grand prêtre). Il y en a même qui célèbrent des mariages, voyez-vous ça ! Après avoir vu des photos de leurs cérémonies, mon épouse et moi-même avons pensé la même chose : ils théâtralisent leurs ego surdimensionnés en croyant réellement faire partie d'un monde meilleur. D'ailleurs, plus c'est ridicule dans la démarche (mimétisme parfois avec certains rituels relatifs aux grandes religions) plus c'est sérieux pour eux ! Si, si ! Mais respectons leurs convictions, après tout leur ego est tellement ravi d'exister dans une hiérarchie privilégiée, enfin unique, enfin reconnue… Tant que l'on ne m'impose pas de telles élucubrations…

La force de conviction peut tout à fait faire n'importe quoi à ces personnes, nous en avons déjà vu de tristes exemples dans l'actualité. Mais comment en arrive-t-on là ?

Par amour du pouvoir pour certains, par inflation cognitive de l'ego pour d'autres, et enfin les deux le plus souvent.

Prenons un autre exemple personnel. Un ami à moi qui me prenait toujours de haut lorsque je lui parlais de mes facultés, m'appelle un jour pour savoir ce que je pensais des francs-maçons, si c'était une secte, etc. Je lui explique que non, qu'il existe différents ordres avec des ambitions différentes et le doute germe alors dans mon esprit quant au pouvoir de certaines de ces personnes… Lui qui me regardait comme une bête étrange, ne reconnaissant absolument pas mon approche spirituelle, venait d'être « enquêté » en secret par ces francs-maçons afin de rejoindre leur ordre. Il me raconte (malgré le soi-disant secret) la cérémonie d'intronisation, largement cautionnée par son ego qui venait enfin de se voir reconnu par un mouvement si secret. De qui se moque-t-on enfin ? Cet ami qui me regardait du bout des yeux en élaguant tous ce que j'étais, entrait gaillardement dans cet espace de pouvoir et de « théâtre », du moins était-ce l'impression que cela suscitait à l'entendre[21] . « Mais voyons Christophe ! Ils ne

[21] Je ne mets nullement en cause ici la véritable Franc-Maçonnerie traditionnelle vecteur de réflexion libre et porteuse d'un symbolisme riche de siècles de savoirs préservés.

sont pas dangereux ! ». Ah bon ? Quand on sait qu'une bonne partie de l'économie se cache derrière leurs farces mystiques, untel connaît untel qui est franc-maçon et donc lui attribue tel marché, etc. Je ne tape pas sur la tête de tous les francs-maçons, mais une bonne majorité d'entre eux sont dans de tels ordres afin de se faire mousser et d'en tirer profit ! C'est tout bonnement scandaleux et bien plus sournois qu'une secte qui, elle, ne se cache parfois même pas de ses abus de pouvoir. Ces gens ont un ego tellement surdimensionné qu'ils nous feraient croire, sous prétexte d'appartenir à un cercle de réflexion, qu'ils ne sont pas dangereux ? Cet ex-ami a tellement pris « le melon » comme on dit, « la grosse tête » en somme, qu'il veut maintenant entrer en politique paraît-il ! Curieux non ?.. Imaginez les délires de pouvoir que l'on entretient en Métaconscience et leur impact dans la société ? Tous ces ego en pitié forment l'ordre de l'ego suprême, celui de la supériorité secrète. Ils ne se prennent pas pour de la m… Si vous voyez ce que je veux dire !

Vous saisissez, les sectes sont partout… Mais non voyons, je ne vais tout de même pas tenir le même discours que ces gourous !

Quelle attitude alors tenir devant ces personnages pour plus de la majorité en manque de reconnaissance ? Comme je le dis souvent, celui qui vient me parler de quelque chose, je l'écoute. Celui qui vient m'imposer quelque chose, je l'écoute aussi et je change de route. La vérité en Métaconscience n'est pas à l'extérieur de l'individu, elle est en lui avant tout, détachée de son ego qui n'existe pas plus que les réalités délirantes de tous ces ego malades.

Avoir légiféré en France sur le sujet est une absurdité pour moi, car je pense que ce n'est pas de cette façon que l'on empêche quoi que ce soit. Pour vous montrer à quel point cela peut entretenir une peur collective, écoutez plutôt ceci : j'ai perdu un marché de formation important simplement parce que l'un des financeurs a associé le concept de Métaconscience à un mouvement sectaire. Il a fait un tour sur mon site Internet tout à fait respectable (autant que l'est ce livre !) et quelques coups de fils plus tard dans la journée, tout avait été monté en épingle : on m'a copieusement traité de secte ! J'ai été renvoyé le jour même ! Incroyable le climat délirant en France ! Comment gérer le bon grain de l'ivraie ?.. Qui est qui ? Qui est quoi ?

Il faut se battre pour l'expression simple de la vérité. Ceux que cela dérange doivent se poser des questions sur ce que cela réveille en eux de non digéré, leurs peurs enfouies, leur ignorance mêlée à de la bêtise. Le prêt à penser est la bête noire, la seule qui ne doit jamais dominer la conscience humaine. Le prêt à penser est la source extérieure qui avilie l'esprit de l'homme de la rue. En philosophie de vie Métaconsciente, tout est fait afin de permettre à chaque individu de devenir autonome, conscient de sa propre richesse intérieure dans le plus grand respect de l'être. L'approche permet enfin à chacun de choisir sa liberté d'être selon un acte d'observation intérieur vrai et authentique, en ne devant rien à personne, si ce n'est à soi-même. Aucun dogme, aucune référence à quelque religion que ce soit ne vient asseoir l'approche Métaconsciente. L'attention, l'empathie, la volonté d'écouter et de donner à l'autre afin de mieux se donner restent les actions uniques que je développe dans mes livres. Si j'admets aujourd'hui ne donner que très peu de formations ou de conférences, c'est justement par souci de laisser au lecteur l'entière responsabilité de percevoir mes propos comme bon lui semble : ne croyez pas ce qui est écrit dans ce livre, ressentez-le ! Sinon, laissez tomber !

Il est impensable de vouloir, au travers d'une loi, maîtriser ce qui ne peut l'être. Les religions ne sont-elles pas elles aussi des sectes dans ce cas ? Nos hommes politiques (appartenant pour certains à des mouvements spirituels) feraient mieux de donner aux gens les moyens de se centrer en eux, de lire en eux l'acte de responsabilisation potentiel qui vit au creux des consciences parfois bridées par le prêt à penser. Quand le sage montre la lune avec le doigt, les hommes ne doivent pas arrêter leur regard au doigt uniquement. Les moyens existent cependant, mais on ne les met pas en place, car c'est encore trop étrange, pas reconnu par les personnes comme étant une valeur étalon rassurante, sécuritaire. Apprendre à l'école l'autonomie de penser par des ateliers de développement personnel, selon l'approche Métaconsciente par exemple, est un pur fantasme ! Normal, je ne suis pas psychologue reconnu par la secte du diplôme tout puissant…

Je terminerai ce chapitre par un rappel important : vous valez bien plus que l'image que l'on s'efforce de vous retransmettre à l'extérieur de vous. La vérité, la réponse à nos maux, sont en nous, toujours. Observons-la avec détachement ; rien ne peut vous arriver si ce n'est accéder à la conscience élevée qui est en vous, qui est-vous : Métaconscience. Osez être vous-même et ne soyez pas constamment sur la défensive ! L'adhésion à la valeur de sa propre conscience, sans jugement et influence extérieure, s'apprend, se construit, évolue.

C'est là tout l'objet de ce livre.

Pères divorcés

Nous voici devant un sujet qui prend de plus en plus d'importance sur le devant de la scène sociale ces dernières années. Ce thème me tient à cœur car, aujourd'hui, je me rends compte que mon histoire douloureuse concernant cet « arraché cœur » qu'a été mon ex-femme est assez courante pour de nombreux pères qui souffrent en silence, séparés de leurs enfants. Il existe, je le sais, des pères totalement absents par déni ou pires encore par rejet pur et simple de leurs rejetons et nous nous y attarderons également.

Je me dois avant toute chose de spécifier que ce regard Métaconscient est centré sur un cas précis, une situation particulière qui est la mienne et qui ne peut en aucun cas servir la cause unique des pères divorcés. En effet, cela serait tout naturellement contraire au concept de Métaconscience. De nombreuses femmes, elles aussi séparées ou divorcées, se retrouvent dans le même cas de figure identique au mien, reléguée au stade de mère génitrice non reconnues dans la valeur fondamentale qu'est une mère et cela au sens noble du terme. Nous allons donc nous attacher à ce qu'on a appelé il n'y a pas encore si longtemps un épiphénomène qui demeure aujourd'hui une réalité cependant bien décevante.

Ce n'est bien évidemment pas un règlement de compte personnel que j'essaierais d'imposer par l'écriture, c'est avant tout un message d'espoir pour tous les hommes (ou les femmes comme je viens de l'écrire précédemment) qui, après avoir été des idéaux, des princes charmants, deviennent des « géniteurs », des pères jetables, comme l'écrit dans son livre Jean-Marc Wencker*.

Relégué au stade d'une capote usagée ou d'un Kleenex déchiré, le statut de père, si complexe à mettre en place pour un homme, peut très vite devenir un château de cartes qui s'effondre par la seule volonté castratrice d'une mère toute puissante. Je vais m'appliquer à analyser ces faits parfois encore tabou, car peu connus, puis proposer de les observer avec l'approche Métaconsciente afin de démontrer qu'il y a toujours un espoir et combien de telles situations peuvent amener

---

* *Père jetable,* L'Harmattan, 2002

des consciences irresponsables à détruire toute la magnificence de la vie, la transmission de l'amour qu'un homme a le droit de donner à son enfant, mieux encore, ce qu'un enfant peut prétendre recevoir de ses deux parents. En Métaconscience, tout est toujours possible, mes patients me l'ont démontré si souvent…

Ils se sont aimés…

Au départ d'une relation de couple dite « normale », deux univers diamétralement opposés par l'esprit décident de fusionner leurs certitudes et leurs histoires afin de fonder une dimension archétypale forte : un clan.

De nos jours, on appelle cela une famille, une cellule de vie affective et sociale qui tente de faire vivre sous le même toit un ordre de pouvoir prédéfini selon les coutumes ancestrales propres à l'homme. En clair, deux adultes (a priori…) conçoivent un enfant (eh oui, à deux !), en vue de créer un foyer où le temps s'écoulera paisiblement. Maman s'occupera du foyer et papa ira gagner sa croûte pour faire vivre tout le monde !.. Euh… Non, ça, c'était il y a encore un demi-siècle… Pardon ! Les choses ont changé.

Il nous manque évidemment une donnée qui rend aux femmes une légitimité bien naturelle : la libération… D'elles-mêmes, qui sait ! Vous me direz, « Choisir sa liberté » reste le centre de cet ouvrage…, donc pas étonnant qu'on la retrouve à cet endroit !

Pendant des centaines de milliers d'années, l'homme préhistorique voyait en la femme une créature plutôt sympathique créée par un Dieu qui permettait à celle-ci d'avoir le pouvoir d'enfanter. Le mâle avait la possibilité de jouir du sexe tout en ne sachant pas que sa semence y était pour quelque chose. Du coup, il lui appropria les qualités de déesse à l'attirance magique. Dieu ne pouvait être qu'une femme, forcément. Nous étions alors, contrairement aux apparences, dans une société matriarcale. Et puis, un beau jour d'il y a environ 20 000 ans, l'homme s'est rendu compte que sa semence n'était pas du lait de chèvre. Il prit son rôle au sérieux en organisant l'agriculture, la société, etc. Il dut mettre en place une série de règles propres à ses qualités de défenseur, de guerrier, afin de réguler son clan et il prit le pouvoir. C'est à cette époque que les femmes devinrent adeptes de la vaisselle, du ménage et des couches culottes... Le maintien de l'ordre était assuré par le mâle et la connaissance des armes qu'il avait lui conférait un statut de force et de pouvoir. Pris de panique à l'idée de rendre ce dernier aux femmes, il n'hésita pas à l'humilier, la dévaloriser par un arsenal de règles (à l'exception de courtes pauses historiques) qui laissait ainsi la femme moisir dans son carcan relationnel hermétique, loin de la culture et de l'économie.

C'est un peu rapide comme résumé, mais selon l'auteur et psychothérapeute Gérard Leleu, tout y est ! Il ne faut pas s'étonner si, aujourd'hui, ces femmes que l'on avait emprisonnées ont eu l'idée de se libérer en se vengeant parfois odieusement contre ces diables d'hommes. Elles se déchaînèrent ! Je ne parle pas de la majorité, bien entendu. Que s'est-il donc passé ? Comment des chiennes de garde ont-elles eu l'idée de soumettre à leur tour ceux qui les ont enfermées si longtemps dans le rôle unique de la mère ?

En fait, ce n'est pas si simple. La femme d'aujourd'hui sait qu'elle peut vivre sa vie de femme (sexuelle, professionnelle, relationnelle) et celle de mère (évidente par nature, paraît-il), réussissant ainsi comme par miracle à boucler la boucle de l'autosuffisance à elle toute seule. Pour nous messieurs, il nous manque quelque chose : nous ne donnons pas la vie, nous ne portons pas les enfants dans notre ventre (quelques litres de bières dans le meilleur des cas...) mieux encore, avoir un enfant ne va pas de soi, car cela dépend de notre histoire familiale, du désir de combler sa compagne ou de se perpétuer. La paternité ne s'impose pas : elle se construit, s'apprivoise, prend du temps. Et ça, certains genres de femmes ont bien vu ici même une opportunité d'argument génial en cas de séparation. Du coup, pour un père « bien fini » dans sa tête, il doit souvent prouver sa capacité à la paternité, ce qui devient pénible à la longue. Tant que l'on est en couple, tout va bien et pour preuve, les chiffres en France sont éloquents, car en 2002 plus de 250 000 papas ont pris un congé parental pour élever bébé. Est-ce le souhait de prendre le contre-pied des pères de l'autre génération ou une volonté sérieuse (à peine entachée par celle de la femme...) de découvrir les joies du ah reuh, ah reuh ? L'homme se féminise, la femme se masculinise, c'est à en perdre la tête. Pour ma part, devenir père n'était pas au départ ma première fonction vitale ; c'est devenu un rôle de conscience responsable par la suite. Mieux encore, sans me laisser influencer par qui que ce soit, ça a cristallisé la volonté consciente d'une magnifique quête, celle de transmettre l'amour et de l'aider à croître.

Seulement voilà, le jour où l'on décide de se séparer (50 % en France en 2001) la moitié des couples entrent dans des conflits parfois assez violents. L'homme est mis à mal, avec la complicité d'avocats qui souvent découragent le père quant à leur demande de garde des enfants : « *Laissez tomber vous savez, les juges favorisent toujours la mère...* » : 13 % des papas ont ce privilège, ce qui est tout à fait anormal à mon sens. Les rouages judiciaires sont impitoyables et l'on note l'influence démoniaque de certaines mères toutes puissantes qui prennent en otage « Leurs » enfants afin de tuer le père gênant… Non-pardon, le géniteur. La vengeance de ces femmes entières (« en-tiers… ») peut être dramatique (j'en sais quelque chose hélas !), car 34 % des pères sont amenés à ne plus jamais revoir leur enfant, ce qui est mon cas, mais nous y reviendrons plus tard (19 % moins d'une fois par mois). La spécialité de ces femmes est la manipulation de conscience des enfants qui se retrouvent dans un conflit de loyauté face aux deux parents, mais surtout la mère, si elle en a la garde.

Il se passe bien entendu parfois le même mécanisme dans le cas où c'est l'homme qui a la garde. Ces hommes manipulent eux aussi sans scrupule leurs objets, leurs enfants. Quand ces personnes se remarient, elles font tout pour briser toutes références, si positives soient-elles, à leur ancien papa ou ancienne maman…

Dans mon cas, je ne suis en fait que celui qui a donné sa semence ! Bien sûr ! La bonne vieille méthode consistant à faire appeler le nouveau mari de mon ex-femme « Papa » a bien fonctionné, bien entendu ! Les enfants s'adaptent très vite… Hélas !

Dans les cas difficiles, le juge fait souvent appel à un enquêteur social pour essayer d'y voir un peu plus clair (vu le statut largement critiquable de ces personnes, c'est la roulette russe !). Après avoir eu droit à l'enquête judiciaire (qui fut pourtant en ma faveur), l'étau était tellement serré autour de ma gorge que j'ai dû accepter de voir mes enfants en lieu neutre (c'était tout ce qu'on pouvait faire de mieux pour moi, me dit-on...), alors qu'aucune preuve de quoi que ce soit démontrant que j'ai pu être un mauvais père, ne serait-ce qu'une seule fois dans ma vie, ne fut produite. Quand la machine se met en route, vous êtes broyé sans même pouvoir vous expliquer. Du jour au lendemain, le père tant aimé et largement reconnu par tous il y a si peu devient un dangereux père dont les enfants doivent avoir peur sans raison. La mère fait sa loi et la justice la cautionne. Un père absent peut être fonctionnel dès lors qu'il existe en termes valorisants dans la bouche de la mère : tout un programme ! Le pouvoir de cette dernière lui permet de créer la réalité qu'elle souhaite pour ses enfants (et oui, elle n'a pas saisi qu'ils ne nous appartiennent pas !), selon sa volonté. Heureusement, il y a quand même des femmes qui ont compris qu'avoir un enfant pour soi, c'est aussi idiot que de se prendre pour le nombril du monde (il est vrai que les délires de l'ego parfois...). Dans des cas similaires au mien, certaines nous confisquent nos enfants pour nous punir d'une faute : celle d'avoir voulu partir un jour, même pour personne ! Nous payons ainsi des siècles de domination par la castration du pouvoir sur la famille qui devient uniquement matriarcale. Belle revanche... Un but dans chaque camp.

Nombre de pères baissent les bras devant tant d'injustice et partent dans les méandres du déni et de la fuite.

Je me dois d'ouvrir le débat sur certains pères peu recommandables. En effet, je ne peux également oublier ces pères qui renient tout simplement leur paternité, ayant l'impression de traîner un boulet qu'il faut lester à tout prix. Cette réalité existe elle aussi et n'est pas très jolie... Les attitudes de lâcheté, de bêtise, d'ignorance ou de méchanceté trouvent leurs origines bien au-delà de l'appartenance à un sexe déterminé. Soyons-en bien conscient afin d'éviter tout amalgame.

Il existe en Métaconscience une nouvelle version de choix de liberté, celui douloureux qui consiste à se confisquer soi-même une partie de sa paternité : c'est mon choix. Il est bien différent d'un refus de celle-ci. C'est bien autre chose que la simple volonté de laisser s'abattre un couperet définitif. C'est bien autre chose que de croire qu'un jour, il est possible de prendre un aller sans retour...

Pourquoi se couper de ses enfants selon l'approche Métaconsciente ?

Ne vous affolez pas, vous allez saisir très rapidement les enjeux extrêmement importants qui se dessinent derrière cette décision blessante qui n'est pas si radicale qu'elle le paraît.

Vous avez beau retourner dans votre tête toutes les solutions concernant la meilleure action à mener afin d'enrayer la spirale infernale de la souffrance de vos enfants, cela devient très rapidement cornélien. Votre souffrance vous étouffe, mais la leur est largement palpable. Et oui, laissez votre ego de côté. Quand vous appelez au téléphone toutes les semaines et que vous entendez à l'autre bout du fil le nouveau mari de maman qui demande aux enfants s'ils veulent parler à « Christophe » (normal, c'est lui le papa maintenant !), vous savez que le filtre inconscient de la terreur est bien là et que tôt ou tard, ils ne vous parleront plus du tout ! Un étranger, relégué à un prénom, veut leur parler… Et forcément, depuis ces faits, je n'ai plus de nouvelles depuis maintenant de nombreux mois. Alors que faire ? Comment expliquer à ceux que vous aimez de tout votre cœur qu'ils sont otages de la conscience de leur mère (ainsi que, généralement, de l'ex-belle famille), qu'ils n'auraient jamais dû être impliqués volontairement par celle-ci ? Si vous continuez de les appeler, on ne vous les passe plus au téléphone. Si vous n'appelez pas, vous êtes un salaud qui laisse tomber ses enfants. Si vous souhaitez qu'ils viennent chez vous, ils hurlent en faisant tout pour ne pas venir et si vous ne les prenez pas, vous les abandonnez ! Bref, quoi que vous fassiez, vous êtes de toute façon tué, radicalement ! Quant au droit de visite en lieu neutre qui tombe après le jugement, alors là, n'en parlons même pas ! J'aurai eu l'impression d'être un criminel qu'on observe au cas où… « On ne sait jamais ce qu'il pourrait bien faire, ce papa par procuration ; déjà qu'il est au RMI* (et qu'il ne paie plus de pension, le fumier… ». De toute façon, connaissant les enfants, cela aurait été bien pénible pour eux. Je ne peux tolérer de les mettre dans une situation de crise encore plus insoutenable que les précédentes.

---

* Revenu Minimun d'Insertion (360 Euros par mois environ)

Seule solution pour ne pas fragiliser la conscience grandissante des enfants : ne pas devenir un sujet quotidien qui puisse mettre en résonance toutes ces pressions et non-dits, celles et ceux qui planent dès que l'on évoque le sujet de l'ancien « Papounet ». Vous pensez que l'absence est moins enviable ? Eh bien vous allez comprendre qu'en Métaconscience, c'est complètement différent. Il ne s'agit en aucun cas de rompre totalement le contact, car une petite carte pour les anniversaires et les fêtes, avec un numéro de téléphone (au cas très hypothétique où ils souhaiteraient appeler…) maintient le lien inconscient, mais dans une certaine distance qui ne met pas les enfants en porte à faux face à leur mère. Après m'être fait retourner le cadeau d'anniversaire que j'avais acheté à ma fille de sept ans, à l'époque accompagné d'un petit mot que la décence ne me permet pas d'écrire ici, j'ai renoncé à offrir quoi que ce soit. Vous pensez qu'on laisse ainsi Maman gagner ? C'est juste, elle gagne en amplification de sa propre souffrance, de sa propre ignorance de la nature profonde des choses et risque avec le temps d'avoir une drôle de surprise.

C'est très dur pour le père au début, car je me suis retrouvé seul, sans argent, sans travail, sans femme et sans enfants ; une vraie sinécure… Le seul objectif de mon ex-femme était de me faire payer par tous les moyens ma faute (celle d'être parti), et qui sait, tuer l'homme et le père que l'on a tant essayé de raccrocher dans ses filets, pourquoi pas ?

En Métaconscience chaque conscience est reliée à toutes les consciences, ce qui me permet de « Sentir » mes enfants chaque jour que le bon Dieu fait. Nous sommes dans un monde de vibration, d'illusion, qui est gouverné par les sens de notre esprit. Lorsqu'on sait que la moindre pensée peut faire émerger en cascade une foule de situations complexes et dangereuses pour nous autres, on a plutôt intérêt à faire très attention à ce que l'on pense. Nous sommes responsables de nos actions, ce qui n'est déjà pas si mal, mais devenir coupable conscient du mal effectué à autrui est purement suicidaire pour ces âmes guerrières qui ont oublié que dans leur prochaine vie, elles pourraient bien revenir en homme…

Si cela s'arrêtait là, sur la seule volonté de faire mal au père, ça ne serait pas vraiment génial, mais bon… ; seulement penser que l'on peut couper un lien qui en fait existe au-delà de toutes les consciences, de tout ce que la conscience humaine peut bien imaginer, c'est d'une stupidité sans borne. Ces femmes, comme mon ex-femme, ont des ego tellement surdimensionnés que rien ne leur fait peur. Elles sont aveuglées par la toute puissance (également de l'argent le plus souvent), elles sont prêtes à être malhonnêtes pour arriver à leurs fins, quoi qu'il arrive.

Devant l'injustice, il ne sert à rien de trépigner, car apporter du désordre supplémentaire pour faire entendre raison n'est pas le moyen le plus efficace. La fuite non plus, bien entendu, même si de nombreux pères se résignent dans ce sens, laissant ainsi libre champ au despotisme féminin. Ils sont parfois tellement écrasés par le rouleau compresseur que conduit l'ex-femme qu'ils prennent l'option de la lâcheté. Le poids de leurs souffrances, de celle de l'ego, y est pour quelque chose évidemment. Comprenez bien que le choix que j'ai fait n'a rien à voir avec cette attitude passive.

Bonne nouvelle, messieurs ! Si vous êtes dans une situation de père jetable, le temps joue pour vous en Métaconscience, car les enfants ne sont pas des objets qui nous appartiennent. Le ventre de la mère protège l'enfant jusqu'à sa mise au monde. Le monde cependant n'est pas le reflet du ventre de la mère, bien heureusement ! Certaines ne l'ont pas compris, semble-t-il. Alors que l'enfant sait déjà qu'avec de tels comportements, il est un otage, qu'il doit mentir, devancer les volontés de maman, faire semblant d'oublier papa... Il a mal ! Un espace de souffrance intérieur grandit en lui, comme la graine de la colère qui germe lentement en attendant les délices de l'adolescence. Car oui, c'est à ce moment qu'il souhaite se libérer lui aussi. La lucidité, écrasée sous le poids d'années dirigées d'une main de fer par maman, va vouloir remonter à la surface dès les premiers conflits propres à cette période. Une fois adulte, l'enfant cherche à savoir ce qui s'est réellement passé, car lui aussi se trouve confronté à des difficultés affectives. Il revient généralement chez son père afin de comprendre son histoire. C'est à cet instant qu'il faut absolument brider votre ego, car la tentation de donner votre version des faits ne ferait qu'embrouiller la situation. C'est absolument idiot et inutile. La seule chose qu'un enfant ait le droit de savoir, c'est que son père l'a toujours aimé et qu'il reste là afin de l'aider à grandir en conscience, loin des apparentes vérités d'antan.

Un enfant est enfant avant tout, il n'est pas le confident, le souffre-douleur ou le jouet de quiconque. Il n'a aucun jugement à porter sur ses parents et son ego doit être remis à sa place sur ce point s'il esquive une tentative d'abordage dans ce sens. C'est l'amour d'un père attentionné qui doit prévaloir sur tout, et certainement pas le règlement de compte d'adultes qui se sont opposés, mettant au centre un petit être qui ne souhaitait qu'aimer ses deux parents sans histoire ! Bêtise d'adultes !

Personne ne peut enlever l'amour que vous donnez à vos enfants, même si vous ne les voyez pas. Vous pouvez tous les jours leur envoyer un maximum d'amour et de pensées sucrées. Vous n'avez de preuve à donner à quiconque, car personne n'a vécu votre vie à votre place.

« Choisir sa liberté », c'est faire le choix « d'être » avant tout, de vivre qui vous êtes devant ceux que vous aimez s'ils vous en donnent l'occasion. C'est donner en détachement, sans rien attendre en retour, juste le possible regard complice d'une compréhension commune sur ce qui est le plus essentiel à la vie : l'amour. On ne peut obliger qui que ce soit à aimer untel ou untel, et encore moins sous la menace. Un enfant aime toujours ses parents, c'est plus que génétique, même les pères les plus odieux voient un jour leurs enfants revenir. La porte doit toujours être ouverte et même si écrire « Je vous aime et je pense à vous » ne trouve aucun écho visible pendant des années d'absence, ce n'est qu'une illusion, car vous êtes présent en eux.

L'absence n'existe pas en Métaconscience. Chaque conscience est en interaction avec les autres. Nous sommes fondus les uns dans les autres. C'est un merveilleux acte de foi en soi, en eux, en l'univers qu'il faut y voir. Votre ego n'a que faire de lamentations victimisantes. La force de vie est une force d'amour inscrite en tous et partout. Allez la chercher en vous. Oubliez le passé comme référence unique à ces moments délicieux, perdus soi-disant à tout jamais. Vos enfants sont vivants en vous : donnez-leur votre foi en eux, vos espoirs, votre sécurité de l'âme, sans vous soucier d'une apparente réponse, d'un fait ou d'un geste. L'amour a cette caractéristique merveilleuse de pouvoir se transmettre à tous, où que vous soyez, qui que vous soyez. Cela devient ainsi la liberté de l'être absolu. Qui peut vous empêcher d'aimer vos enfants, même si vous ne les voyez plus ? Qui peut vous dicter les battements de votre cœur ? Qui sait mieux que vous, ce que vous ressentez ? La preuve est un leurre comme je l'écrivais dans la seconde partie de ce livre. Vous n'avez pas à prouver à qui que ce soit qui vous êtes réellement, même pas à vos propres enfants. Nous devons, en tant que parents, faire émerger le sens le plus subtil de la conscience de nos enfants : celui de la vérité par le ressenti et la reconnaissance intérieurs de l'essence de l'être qui nous anime, l'amour. C'est la seule vérité qu'ils espéraient depuis bien longtemps, qu'ils sentaient en eux avant qu'un adulte détruise cette foi authentique par bêtise et ignorance de ce qu'est la réalité de la vie, Métaconscience.

Les enfants du divorce ne sont pas tous traumatisés, bien heureusement. L'angle d'observation que j'ai proposé aujourd'hui sur ce thème existe en proportion restreinte et c'est tant mieux. La raison qui m'a fait choisir cette analyse est ancrée dans les tripes d'un homme qui fait parti d'une minorité de cas où le divorce se termine en catastrophe. Pour toutes ces personnes, hommes ou femmes qui vivent ce type de situation, il est important en Métaconscience que ces faits soient présentés afin qu'une résonance Métaconsciente vienne apaiser la douleur des cœurs. Et de quels cœurs en vérité ? Ceux d'adultes blessés qui blessent à leur tour ? Ceux d'enfants apeurés qui ne demandent que de l'amour ? :

Toute âme en fait qui, consciemment ou non, augmente le degré d'entropie, le désordre intérieur et extérieur. Toute personne qui souffre, subit ou fait subir.

Alors, au terme de ce chapitre, j'aimerais dire à mes enfants combien je les aime et combien ils comptent pour moi, à chaque minute, à chaque seconde. J'aimerais dire à tous les enfants du monde qu'ils ne sont jamais seuls, séparés, oubliés. J'aimerais dire aux adultes de laisser leurs souffrances d'enfants de côté lorsqu'ils naissent à eux-mêmes en tant que parents, s'ils sont assez vrais pour s'observer. J'aimerais crier que l'amour peut tout, même quand tout est désespéré.

La vraie liberté pour un homme ne se trouve pas dans le regard de l'autre, dans les apparences ou dans un jugement à l'emporte pièce. Elle se faufile habilement dans l'espace de la vérité intérieure qui illumine nos consciences, nos volontés d'être avant d'avoir, notre désir profond de partager plutôt que de posséder.

J'assume aujourd'hui mes choix difficiles de liberté de l'être, car je le fais en toute conscience de l'impact raisonné (et résonné) qu'ils peuvent produire. Même si parfois la violence, quelle qu'elle soit, pointe le bout de son nez dans des situations comme celles-ci, elle ne restera jamais que l'expression d'une souffrance de la part de ces femmes qui ne savent pas aimer à la hauteur de la dimension « AIMER ». Merci de m'avoir permis de grandir encore plus vite en conscience. Pierre et Léa, je vous aime mes enfants, enfants de l'univers, tout est possible…

Métaconscience, maladie et souffrance

« Je souffre donc je suis »

J'ai choisi de clore cette partie par le thème phare de ce livre : choisir sa liberté, celle de ne plus souffrir.

Je dois admettre que la provocation explicite du titre, *« Je souffre, donc je suis »*, sous-tend une vérité élémentaire, celle qui oriente la quête de notre vie vers l'amour.

Notre réalité, parfois si cruelle en apparence, s'insère habilement dans le cadre d'un processus, d'une cosmologie aux antipodes de nos ressentis premiers. L'injustice exprimée par l'enfant en fin de vie pourrait conduire à l'effondrement tous les propos largement développés depuis la première page. Cependant, les enfants nous en apprennent beaucoup sur l'authenticité, la vérité et l'amour de la vie.

Crier sa douleur ou son incompréhension est une normalité. Cela nous oblige à nous poser des questions vraies en nous, pour nous, sans tricher, en écoutant l'écho intérieur.

La justice des Hommes n'est pas un modèle. Quant à Dieu, il n'en a pas, ce mot n'existe pas, il le laisse à son créateur, l'humain, empreint d'inquiétudes et de filtres de consciences coupés de la réalité, de la perfection.

À l'homme de choisir s'il souhaite être honnête avec ses ressentis ou s'il poursuit un chemin de mensonge et de douleur.

Malgré ma réticence à vouloir faire la preuve de mes dires, j'ai opté pour une information scientifique et médicale qui vient elle-même démontrer, par nos récentes découvertes, le bien fondé de mes théories. Il faut bien donner matière à l'esprit qui, par nature, aime les comparaisons et les limites concrètes.

Je vais une dernière fois m'efforcer de rappeler les points essentiels, seules vérités utiles à l'accession à cette communion intérieure et extérieure : L'OSMOSE METACONSCIENTE.

Le monde physique est vibratoire.

Nos pensées le créent. Elles le confortent dans un sens ou dans un autre. Être malade, c'est avoir à écouter ce que le « mal a dit ». Ces maux sont des fréquences que l'on déclenche par notre action de pensées créatrices qui « attirent » ce désordre en apparence physique.

Nos corps sont les dernières barrières opaques de nos consciences. Des corps subtils, plus élevés, l'encadrent et l'imprègnent de nos ressentis.

L'expérience constitue « le faire » et la connaissance « l'être ».

On ne peut faire, avant d'être, alors qu'on est avant de faire. L'illusion de l'image d'un fait est le produit de nos consciences.

Tout « est », dans l'absolu vers lequel nous tendons tous, qui est également notre essence, monde parfait de connaissances infinies. Être soi, c'est se rappeler un savoir absolu, authentique, et biaiser le filtre de nos consciences de créations « physiques ».

L'attention et l'observation élaguées de tout jugement.

Elles sont la direction à suivre, car elles conduisent à la libération effective de la souffrance.

Le libre arbitre, la liberté sont la création dans l'harmonie : c'est l'amour offert, partagé, reçu en retour.

Personne n'est responsable d'une souffrance.

Chacun est libre d'y souscrire ou de la regarder différemment.

Ma responsabilité est mienne, tout comme ma souffrance. À vous de choisir l'action que vous souhaitez mettre en œuvre afin d'éradiquer vos maux.

Nous ne sommes pas coupables, mais responsables, si !

Si nous ne sommes pas conscients de notre responsabilité, nous n'avons alors pas conscience d'exister réellement. Si nous ne voulons pas en prendre conscience, nous laissons la porte ouverte à la souffrance.

Donner, c'est recevoir.

Nous devons aimer notre être afin d'aimer les autres.

Se pardonner, c'est pardonner. Dans l'erreur de l'expérience se cache le savoir que l'on ne voyait pas. Être aveugle sans le savoir est humain. Voir et ne pas l'admettre, c'est renier son origine céleste, parfaite, salvatrice.

L'amour est en premier et rime avec toujours.

Il se décline parfois en peur afin d'avoir conscience d'exister. Cette peur, mue en forces négatives que sont la violence, la tristesse, la souffrance et la maladie. Ces forces sont des manques de reconnaissance, des ramifications de l'amour qui apaisent nos douleurs.

Les maux viennent souvent de nos mots.

Le verbe est créateur ; la parole édifie ; le silence communie ; l'attention multiplie.

La vérité est intérieure, l'amour aussi.

Ce sont des hologrammes de conscience que nous connaissons, qu'il faut nous rappeler.

Penser, c'est créer ; ressentir, c'est voir la vérité ; observer, c'est comprendre ; entendre « le soi », c'est savoir.

Connaître, c'est « être », avoir n'est qu'un dérivé.

La liberté que vous voulez est celle que vous osez vous donner.

La liberté que vous donnez est celle que l'on vous rend. « Être libre » est un même mot, le déni de la souffrance rassemblé en un même mot.

Le mot qui guérit les maux est AMOUR.

Ce petit rappel résume les idées développées dans Métaconscience et indique à quel point il est nécessaire de ne pas se poser en tant que souffrant, mais en tant « qu'être ».

Plus simplement, l'intelligence de votre esprit est aussi celle de vos cellules, et c'est la conscience de ce que vous êtes qui peut modifier « l'apparente » souffrance que votre corps ou votre tête exprime.

« Je souffre, donc je suis » est « un » extrême.

« Je suis, mais je souffre » en est un autre.

« Je suis, j'ai conscience d'être de Métaconscience », abolis la souffrance.

Ne perdez jamais espoir, car au fond de vous, c'est votre nature de savoir que tout est possible, à partir du moment où vous acceptez ce que vous êtes.

À bientôt.

CONCLUSION

J'ai longtemps cru que pour écrire un livre sur le « pourquoi » et le « comment » de la vie, il fallait être un brillant intellectuel, bardé de diplômes et de titres reconnus.

Je me libère aujourd'hui grâce à Métaconscience, qui est bien plus à mes yeux qu'un livre de connaissances, car il est vrai, authentique, basé sur du vécu qui ne se comptabilise pas en bonne note ou quelconque validation universitaire.

La Métaconscience m'a délivré des griffes acérées du manque de confiance en moi et impulsé une formidable énergie d'amour. Et c'est bien là le terme approprié à ce fameux « pourquoi » et « comment » de la vie.

Un retour parfois difficile sur le passé révèle le présent, et donc l'avenir. Remercions nos erreurs, nos jugements, nos déceptions, nos conflits, d'avoir servi de mortier à l'assemblage des briques de notre existence. Chaque pierre de l'édifice est un pas en avant vers la connaissance de soi et forcément des autres.

Être au centre du tout ne signifie pas être nombriliste ou égoïste, c'est juste prendre conscience que l'amour que l'on a pour soi rejaillit sur l'autre par nos actions/réactions.

Il est essentiel de se permettre de se pardonner d'avoir fait des erreurs, d'avoir créé des douleurs, d'avoir nié des souffrances.

Je n'ai pas la prétention d'affirmer que la démarche proposée est facile. Chaque jour qui s'offre à moi me le démontre et ne manque pas de me rappeler que l'on enseigne ce que l'on est, ce que l'on se doit de comprendre, d'apprendre, de ressentir.

Mon activité de thérapeute m'a beaucoup apporté sur le regard que les hommes ont d'eux-mêmes et sur ce qu'ils sont capables de dépasser quand ils le veulent vraiment.

Être soi avant toute chose, c'est se respecter et transmettre la vérité, « l'esprit vrai » qui est notre nature.

Rechercher et trouver ses limites, sa place, accepter les différences canalise l'énergie du bonheur. Nos cinq sens, seuls et uniques en apparence, sont des outils offerts afin de mettre en exergue les autres, plus discrets, mais si présents… Une écoute et une attention tactiles conduisent à une vision de la réalité telle qu'elle est, la quintessence de notre être : Métaconscience.

Cette conception de nos consciences remet en question, interroge, intrigue le néophyte comme l'érudit. J'en suis heureux, car l'évolution, ce processus incontournable, nous force un jour ou l'autre à nous poser des questions.

Alors au terme de ce bout de chemin parcouru ensemble en essayant d'éradiquer la souffrance, c'est un message d'espoir que j'aimerais transmettre :

Ne croyez pas ce que vous voyez, ce que l'on vous dit, ce qui est écrit dans ce livre, sans l'avoir ressenti au plus profond de votre cœur, de votre âme. La conscience que vous avez de votre vie ne peut se vivre par procuration, vous en avez la charge ! Le poids de votre conscience vous appartient.

Il n'y a pas de peur à avoir : c'est le cadeau de la vie, la confiance qu'elle a placée en vous, l'amour que la création met en vous. Toutes les clés sont là et tendent vers la paix intérieure, le bonheur et la joie.

Croyez à ce bonheur et vous le créerez. L'extrême de certaines situations vécues ne doit pas vous décourager, car le destin ne vous confie jamais plus que vous ne pouvez supporter, que vous méritiez…

Choisir sa liberté est bien plus qu'une invitation, c'est une évidence ancrée dans notre nature profonde. Comme je l'ai souvent dit aux patients entrant en thérapie : bienvenue en Métaconscience, maintenant tout est possible pour vous.

La confiance, la foi déterminent cette capacité à réveiller en vous votre vraie nature originelle, cette harmonie, cette constante céleste, cette fusion, cette félicité que l'on nomme ici bas :

L'AMOUR

Merci de votre attention.

BIBLIOGRAPHIE

Vous trouverez ci-après, les quelques ouvrages que je connais et qui sont en adéquation avec le sujet traité dans ce livre. Ce n'est là, bien entendu, qu'une liste sommaire des ouvrages relatant des thèmes qui nous intéressent :

• Mélody BEATTIE : *Vaincre la codépendance,* (Éd. Pocket)

• Lise BOURBEAU : *Ecoute ton corps ; Je suis dieu wow !* (Éd. ETC)

• François BRUNE : *Les morts nous parlent,* (Éd. Félin) ;
Pour que l'Homme devienne Dieu et Christ et karma (Éd. Dangles)
En direct de l'au-delà (Ed. Robert Laffont) avec Rémy CHAUVIN
*Les miracles et autres prodiges (*Éd. Ph. Lebaud)
Le nouveau mystère du Vatican (Éd. Albin Michel),
et tant d'autres sans modération...

• Eileen CADDY : *La petite voix* (Éd. Le souffle d'or)

• Thomas CLEARY : *Les secrets de la méditation* (Éd. J-C Lattès)

• Jean-Jacques CREVECOEUR : *Évoluer pour guérir* (Éd. Le 3e iris)

• Rémy CHAUVIN : *La fonction psy* (Éd. Robert Laffont)

• T. CHOEDRAK : *Introduction à la médecine tibétaine* (Éd. Dangles)

• Dr Deepack CHOPRA : *Le corps quantique* (Inter-édition) *;*
*Cette énergie qui est en vous (*Éd. Presse du Châletet)

• Pr. Régis DUTHEIL - B. DUTHEIL : *L'Homme superlumineux ;*
La médecine superlumineuse (Éd.Sand)

• Patrick DROUOT : *Mémoire d'un voyageur du temps* (Éd. Âge du verseau)

• Guy FINLEY : *Les clés pour le lâché prise* (Éd. Le jour éditeur)

• Julia HASTING : *Je veux, j'obtiens (*Éd. Vivez soleil)

• Ervin LAZLO : *Aux racines de l'univers* (Éd. Fayard)

• Anna MEUROIS-GIVAUDAN : *Lecture d'auras et soins esséniens* (Éd. Amrita)

• Gitta MOLLASZ : *Dialogue avec l'ange* (Éd. Aubier)

• Sven ORTOLI et J-P PHARABOD : *Le cantique des quantiques* (Éd. Poche)

• Colette PORTELANCE : *Relation d'aide et amour de soi ; La communication authentique* (Éd. CRAM)

• Claudia RAINVILLE : *Métamédecine ; Métamédecine des relations psycho-affectives ; Vivre en harmonie (*Éd. FRJ)

• Hubert REEVES : *L'heure de s'enivrer (*Éd. Seuil)

• Hélène RENARD : *L'après vie (*Éd. Ph. Lebaud)

• Neale WALSH : *Conversation avec Dieu* (Éd. Ariane)

• LAMA THOUBTEN ZOPRA RINPOCHE : *Dompter son esprit* (Éd. Vajra yogini)

• Matthieu RICARD : *Plaidoyer pour le bonheur* (Éd. du Nil)

TABLE DES MATIÈRES

ISSN : 0397-4294
ISBN : 2-7033-0619-9

L'impression de cet ouvrage
a été réalisée par Jouve
11, bd de Sébastopol, 75001 PARIS (France)

pour le compte des Éditions DANGLES
18, rue Lavoisier – 45800 SAINT-JEAN-DE-BRAYE (France)

Dépôt légal Éditeur août 2005 – Imprimeur n° 380043K

Achevé d'imprimer en août 2005